朵 朵 蓮 生

── 真佛宗研究論集

吳有能 編著

文史哲出版社印行

國家圖書館出版品預行編目資料

朵朵蓮生：真佛宗研究論集 / 吳有能編著 --
初版 -- 臺北市：文史哲, 民 105.07
頁； 公分
ISBN 978-986-314-315-4（平裝）
ISBN 978-986-314-317-8（精裝）

1.民間信仰 2.宗教團體 3.個案研究 4.文集

271.907   105014520

朵 朵 蓮 生
—— 真佛宗研究論集

編 著 者：吳　　　　有　　　　能
出 版 者：文　史　哲　出　版　社
　　　　　http://www.lapen.com.tw
　　　　　e-mail：lapen@ms74.hinet.net
登記證字號：行政院新聞局版臺業字五三三七號
發 行 人：彭　　　　正　　　　雄
發 行 所：文　史　哲　出　版　社
印 刷 者：文　史　哲　出　版　社
　　　　　臺北市羅斯福路一段七十二巷四號
　　　　　郵政劃撥帳號：一六一八○一七五
　　　　　電話886-2-23511028・傳真886-2-23965656

平裝定價新臺幣五〇〇元
精裝定價新臺幣八〇〇元

2016 年（民一○五）七月初版

平 ISBN 978-986-314-315-4   20012
精 ISBN 978-986-314-317-8   20013

編著者序

　　「朵朵蓮生」是馬來亞大學前中文系系主任蘇慶華
教授為本書所取的書名，除了祝願真佛宗的研究像寶蓮
池中的蓮花朵朵盛開、連綿不絕以外，也願將論文比作
香花，以供養三寶之意。

　　花供是橫跨南傳、漢傳及藏傳的禮佛習慣。何以用
花供佛？花香滌垢，清淨心懷；更重要的是早上以盛放
的鮮花供佛，到了傍晚，恐怕也就枯委了！花開花謝，
正表「諸法因緣生、諸法因緣滅」之理。走過論文集的
出版路，確實感覺因緣的不可思議。本書的出版，可說
是好事多磨！

　　真佛宗的研究，先有台灣中央研究院丁仁傑教授及
輔仁大學鄭志明教授分別撰寫論文，繼後，佛光大學的
姚玉香教授的學位論文，也以真佛宗及佛光山道場為研
究對象，並取得倫敦大學博士學位，這是學界最早注意
到真佛宗。

　　其後香港中文大學的譚偉倫教授先後三次得到香港
政府大學教育資助委員會直接撥款計畫，支持其對真佛
宗的研究。三次的研究課題分別是：

1995-1996 計劃：中國群體中的佛教密宗新教
　　　　　　　　派 —— 真佛宗
1996-1997 計劃：真佛宗儀式研究
2007-2008 計劃：佛教靈驗故事研究 —— 大馬
　　　　　　　　真佛宗的個案

　　譚教授的研究，結合大馬蘇慶華教授的研究團隊，並集合港、台學者，也聯同兩位外國學者，作出扎實的田野調查。兩位外國學者分別是前美國加州大學 —— 聖巴巴拉分校美國宗教研究中心的約翰・高登・梅爾敦（J. Gordon Melton）教授和美國加州綜合學習學院的康斯坦斯・瓊絲（Constance A. Jones）教授。田野調查分三階段進行。第一次在真佛宗宗委會的帶領底下，於 2006 年的 12 月 22 日至 2007 年 1 月 10 日展開。同行的有譚教授、高登和康斯坦斯三位教授。第一次的密集真佛宗道場調查之旅，分別到了大馬般若雷藏寺、柔佛州新山的華嚴雷藏寺、台中雷藏寺、台北燃燈雜誌社和香港雷藏寺。這次非常緊湊的田野，大大加深了研究團隊對真佛道場的初步認識。當時大部份時間由加拿大蓮緻上師擔任宗委會的代表，共商田野研究的細節和安排。

　　第二次的田野從 2007 年 6 月 10 日至 22 日進行，涵蓋了東、西馬較有代表性的真佛道場，參與者有蘇慶華和譚教授。拜訪了吉隆坡的安邦心燈堂、吧生般若雷藏寺、怡保直心堂、華光功德會、檳城大山腳居林常居堂、

檳城的護弘堂、沙巴亞庇本覺堂、斗湖蓮湖雷藏寺、砂拉越古晉法輪雷藏寺、詩巫妙理雷藏寺、柔佛州新山華嚴雷藏寺、永平濟善雷藏寺、森美蘭芙蓉敬法堂。田野由加拿大蓮緻上師和馬來西亞真佛宗密教總會總會長高程祖上師、釋蓮太上師協助。

　　第三次的田野於 2008 年 7 月 14 日到 20 日 2008 年暑假期間，參訪了台灣高雄大義學會、屏東弘範同修會、參明堂、高雄本師堂、廣覺堂、大雄堂、台中台灣雷藏寺、太平同修會、靈仙精社、香華堂、華光功德會、覺心雷藏寺、金極雷藏寺、新竹福佑雷藏寺、桃園通慧堂、一智同修會、法舟堂、妙行堂、台北不動院、莊嚴雷藏寺、中觀堂、法明同修會。

　　最後一次的田野調查，譚教授邀請我加入，我本來要推辭的，因為我的研究專業是人間佛教，真佛宗並非我的專業。但八十年代，家母與嫂嫂在香港元朗接觸過真佛密法，所以我對真佛宗，早有所聞。家母後來皈依顯宗，我仍懷抱著學問上的好奇心，跟隨研究團隊到台灣參訪。當時的團隊成員，還有國立政治大學的李玉珍教授和她的學生黃詩茹等。我也帶了一名香港學生一起參與調研。隨行的還有中國真佛宗密教總會前理事長釋蓮傑上師、蓮歐上師及威德佛學院黃正務先生。我們從台灣南部到北部，一路參訪各地有代表性的分堂，也到台灣中部南投縣草屯鎮，參觀雷藏寺及密教總會。這次調查後，李玉珍教授與黃小姐分別提交了論文。

　　後來，台灣密教總會在蓮傑上師、蓮哲上師及蓮歐上師帶動下，大力推動學術工作。在宗內開展威德佛學院，對外則舉辦了多次學術研討會。我也應邀發表論文或主持會議。參與的學者來自中、港、台居多。由於這些努力，於是又出現了好些跟真佛宗有關的論文。往後，台南市真佛宗的大願學會也推動學術研究，於是又增加了一些宗派內的教授參與研究工作，並發表論文。相關的博、碩士學位論文也陸續出現。幾年下來，累積的學術會議論文，不下百多篇。我們從中選取了一些優質論文，作第一次結集，可惜出版計畫遇上不少波折，延宕至今。

　　我由於教學研究工作繁忙，加上真佛宗的研究，只是我業餘的興趣，所以一直沒有認真地寫過甚麼專題的文章。可是，我以為應該好好研究這一宗派。第一，這宗派的傳播很快，除台灣以外，已經遍佈歐洲、美加、澳洲及東南亞等地，顯然值得注意。第二，宗派人數不少，該宗派宣稱有五百萬弟子，雖然我們沒有確切數據，但從參加法會人數推估，可知宗派人數眾多，所以我也慢慢也開展了我的研究。基於這些考慮，我們對真佛宗進行認真的學術研究。

　　後來，譚教授告知在馬來西亞的出版計畫，因編輯換人，無法如期實現。幾經波折，譚教授委託我負責論文編輯及出版工作。我的立場是學術研究無禁區，但應秉持客觀學術精神，堅持嚴格地為學術標準把關。經過嚴謹的審稿後，有些研究論文只好割愛，也有的經大幅

修改後方被採納。同時，經過公開徵稿後，又增加了兩篇論文。到最後加總起來，第二次的結集，只通過了八篇論文。而關於「蓮生活佛」或「聖尊」等稱呼，我們一律在全書第一次介紹時使用尊稱，寫作「真佛宗創立人蓮生活佛盧勝彥」，但在下文，就直接稱盧勝彥。第一次使用尊稱，是表示尊重；其後不再使用，是為了符合簡便的學術原則。同理，我們也盡量少用「上師」的稱號，但李玉珍教授的論文性質上不同，她必須區分不同人的身分；所以我們就決定保留李教授文章中所使用的稱謂。我們雖確實盡力依照學術規範，進行論述，但疏漏難免，期待本書出版後，讓教界與學界同道指正。

在論文的組稿和出版過程中，我們感謝加拿大愛蒙頓淨音雷藏寺的蓮緻上師和馬來西亞真佛宗密教總會的支持，特別是總會長高程祖上師，他提供許多協助，包括借出場地召開工作會議；又多次關切論文出版的進度。沒有他們持續多年默默的鼓勵與支持，《朵朵蓮生》不可能面世！

同時，我特別感謝本論文集各位學者的不懈的努力及無私的奉獻；同時，我也感謝香港浸會大學楊廣澤、陳詠怡及丘惠媚三位同學，他們這一年承擔大量查核資料及檢查文字的工作。

最後，還得特別感謝蓮生活佛親筆題字，讓這本論文集，更有紀念價值！

吳有能 序於香港沙田
二〇一五年十二月

朵朵蓮生：眞佛宗研究論集

目　　次

學者眼中的新宗派
—— 眞佛宗爲例

譚偉倫
（香港中文大學文化及宗教研究系教授）
蘇慶華
（馬來亞大學中文系前主任、專家諮詢）

一、新興宗教是新的嗎？

聖經中有句名言：「已有的事，後必再有，作過的事，後必再作。日光之下決無新事！」（傳道書／訓道篇 Ecclesiastes1:9）[1]。古希臘哲學家赫拉克利圖斯（Heraclitus of Ephesus 536-475 BC）卻另有名句：「人不能兩次踏入同一條河流」，因為萬物皆流動而無一物不變。實如孔子（551-479 BC）所言：「逝者如斯夫！不舍晝夜。」（《論語》子罕第九：十六）[2]。變耶？不變耶？

1　《聖經》，和合本（直排紅字神版）（新北：聖經資源中心，2012），舊約，頁795。
2　朱熹，《四書集註》（台北：文化圖書公司，1991），頁107。

十多年前在新宗教研究的領域內曾經就新宗教中究竟有沒有真正的「新」元素進行過一次小規模的辯論。兩位同是新興宗教研究的殿堂級人物 —— 倫敦政治經濟學院社會學家艾琳巴克（Eileen Barker 1938-）和美國聖巴巴拉加州大學宗教歷史學家高登梅爾敦（Gordon Melton 1942-）—— 分別發表了論文討論。巴克以為新宗教之間有一個共同特徵，即都呈現一種新的面貌、新的元素[3]。新宗教之所以被稱作「新」，正是它們在某些方面與主流宗教有所不同，我們要正視這些新元素。新元素可能來自舊有宗教成份的新組合，又或不同宗教內容的一種新混合。巴克特別舉了水（H_2O）和雙氧水（H_2O_2）或稱過氧化氫）的分別來說明這個道理，二者均是氫和氧兩種元素的組合。雙氧水因為多了一個氧的元素便成為雙氧水而不是水。同理，兩個基督教教會結合便可能產生了第三個教會，與原來兩個教會都不同。所以兩個固有宗教的混合便很可能產生了一個新宗教。此外，把舊的元素放置於新環境，即所謂舊酒新瓶，如亞洲的信仰放在歐美中發展，也會產生新的信仰型態。巴克給的例子是若日本神道教跑到巴西、印度教到了賓夕法尼亞州、瑣羅亞斯德教（Zoroastrianism）／拜火教在英國、基督教在十九世紀的非洲，都有可能產生新的宗教。又或一種信仰以一種新姿態、新組織出現，如哈裡克裡希

3　Eileen Barker, "Perspective: What Are We Studying? A Sociological Case for Keeping the 'Nova'", in *Nova Religio* 8.1(July 2004):88.

納教（Hare Krishna）雖是沿自古老印度的吠陀文化（吠陀有知識、啟示的意思），卻在 1966 年以國際奎師那知覺協會（ISKCON）的新組織形式出現於紐約，於是形成了一種新宗教。

　　一種古老的宗教若招收了新類型的成員，如西方信仰被東方人接受，都會做成宗教的一種新呈現，可稱之為新宗教。巴克再以國際奎師那知覺協會作為例子，她指出他們的會員，至少在開始時，都是年青白人中的嬉皮士。巴克又舉 1930 年代起自牙買加的一個黑人基督教宗教運動拉斯塔法里教（Rastafarianism），它吸引了很多失業的年青黑人。因此，新興宗教通常都有一種單一類型的會員而不會同時吸引不同類型的人群。再者新興宗教之間的共同點是它們非常強調成員與非成員的分界，「敵」、「我」分明甚至對群體以外有敵對性；但是他們都非常熱衷於宣教！信仰者往往不被鼓勵有過多的批判思考，或會有與世隔絕的做法以確保信仰的純正。新宗教通常都有強烈的二元世界觀。新宗教都非常著重魅力領袖和其權威，領袖的問責性和透明度都不高。新宗教常常經歷迅速的轉變。前美國宗教社會學學會會長羅德尼・斯達克（Rodney Stark）（1934-）指出在一千個新宗教運動中，只會有一個能夠吸引多過十萬信眾而有超過一世紀的壽命。即使有此佳績的新興宗教

運動也只會成為宗教史上的一個小註腳[4]。巴克指出很多新宗教運動確實是只有一代或兩代的壽命。總之，經歷迅速和巨大的變革是新宗教的共同特徵之一。

梅爾敦對新宗教運動有不同的看法。他以為任何嘗試找出新宗教之間的共通點都是徒然的，比如新宗教著重領袖的魅力、有相對的獨特性、有千禧年（或末世）的思想…等，可是主流宗教裡也會找到這些特徵。梅爾敦特別反對專找新宗教壞處作為新宗教的特徵的做法。須知宗教裡有不道德和犯法的行為並不是新宗教獨有，梅爾敦特別舉了羅馬天主教中不時發生的性醜聞事件。古老宗教也好、新興宗教也好，發生醜聞事件都是特例而非通例。通例倒是「人誰無過！」，所以宗教內發生的醜聞往往是個人的錯而非宗教之過。梅爾敦也特別反對新宗教的「思想控制」或「洗腦」的論述和控訴。他認為這都是不成立的[5]，也絕非新宗教所獨有。這些論述

4　Rodney Stark, "Why Religious Movements Succeed or Fail," *Journal of Contemporary Religion* 11,no.2(1996):133.

5　見氏著"Brainwashing and the Cults:The Rise and Fall of a Theory," posted at http://www.cesnur.org/testi/melton.htm.梅爾敦推薦以下的討論：Thomas Robbins and Dick Anthony, "The Limits of Coercive Persuasion As an Explanation for Conversion to Authoritarian Sects," *Political Psychology* 2, no.22(Summer 1980): 22-37; James T. Richardson and David G. Bromley, eds., *The Brainwashing/ Deprogramming Controversy* (Lewiston, N.Y.: Edwin Mellen Press, 1983); Dick Anthony, "Religious Movements and 'Brainwashing' Litigation: Evaluating Key Testimony" in *In Gods We Trust: New Patterns of Religious Pluralism in America* ed. Thomas Robbins and Dick Anthony, 2d ed., (New Brunswick, N.J.: Transaction Press, 1989), 295-344.

都是七十年代反「邪」教運動者創造出來以對付新興宗教的論述。

　　梅爾敦注意到所有的新宗教都基本上由一種或多種固有的現存宗教傳統發展出來[6]。所以他說，每一種新宗教都有一種類型或多種類型的固有宗教作為其母體。梅爾敦以為新宗教之間難找到共通點。它們之間唯一、真正的共同特徵是新宗教都被傳統固有宗教，即其同類型的母體宗教群體所排斥，而賦予邊緣位置。梅爾敦指出很多時候我們對不認識的宗教傳統便以為是嶄新的宗教形式，比如七十年代在英、美成立的 Divine Light Mission、Sant Bani Ashram、Eckankar 的新宗教中的傳統，若我們對印度西北部的旁遮普地區的 Sant Mat 或 Radha Soami 傳統有所認識便會知曉它們實來自十三世紀的印度教。同樣地，若我們對西方的密教傳統有多一點認識，便會對好像山達基（Scientology）或新紀元運動（New Age Movement）之根源有多一點了解[7]。

　　所以梅爾敦認為所謂新宗教都是由固有宗教發展出來，中間有一個光譜的關係。首先，是建制宗教團體（Established Religious Bodies），作為社會上主流的宗教文化，比如埃及的哈納菲伊斯蘭派（Hanafi），中東

---

6 J. Gordon Melton, "Toward a Definition of 'New Religion'" in *Nova Religio* 8.1(July 2004):76.

7 J. Gordon Melton, *Finding Enlightenment: Ramtha's School of Ancient Wisdom* (Hillsboro, Oreg.: Beyond Words Publishing, 1998), especially 31-44; and chapters 18-20 in Melton, *Encyclopedia of American Religions*.

巴林的瓦哈比伊斯蘭派（Wahhabi），以色列的猶太教正統派（Orthodox Judaism）及在斯里蘭卡的小乘佛教都屬當地的主流建制宗教；在西方社會中或稱之為「教會」。主流以外但屬同一類型的宗教群體便稱為教派（sect）。它們一般比主流建制宗教團體在信仰上要求更嚴格、修持上更精進、崇拜上更熱切。梅爾敦給予的例子有伊斯蘭教中的蘇菲派（Sufi）、猶太教中的哈西德派（Hasidic）和那些不隸屬於「全日本佛教會」的佛教教派。教派以外的就被稱作新宗教（cult）。換句話說，梅爾敦以為新宗教之間的共通點不在於它們之間有甚麼相同特徵，而在於它們與建制主流宗教群體的關係，即它們之所以成為新宗教，是在於它們均被主流建制宗教群體所排斥，並賦予一種邊緣地位，甚或是局外人（outsider）的身份！此舉又往往受到政權和其他在俗機構所支持、鼓勵和認可。新宗教被建制主流宗教定性為新宗教，當然會有一些被主流宗教文化認為或認定為不可被接納的特性，如主張靈體附身、神通信仰、極端的傳教手法、不同的性倫理、不同的飲食習慣、醫療上的禁忌、對婦女角色的看法、末世思想等。但問題在於許多教派也具備這些特徵，所以光是這些特徵本身，不能視作構成新宗教的必要條件。新宗教的必要條件就是受到主流建制宗教的排斥！

二、為甚麼是「新宗派」而不是「新宗教」？

　　巴克要求學人正視新宗教的「新」創造，不論是舊元素的新組合、舊元素處於新環境、新的組織結構、新的組成成員，都可以成為新宗教之所以為「新」的必要條件。這在學術上當然站得住腳，看似是中立和客觀的。然而宗教是人的宗教，並不單是一套理念，被研究者對研究者所加諸身上的辭彙，會有甚麼的看法？究竟研究者應否考慮被研究者的看法和感受？若考慮了是否會影響學術的中立，因而研究有被操控之嫌？我們以為這些問題都不能光夠從理念上去分析而決定，而應置於實際處境來考量。我們研究新興宗教之際便曾碰到被研究者強烈要求，不要用「新宗教」這個標籤來研究他們，因為他們自己的身份認同是固有宗教傳統的一部份，若說他們對古老的傳統有所演變，加入了新的元素，他們還可以接受。

　　若說他們是徹頭徹尾的「新宗教」，他們便覺得不能接受，原因是他們正正在受盡建制主流宗教的打擊，極力否認他們作為古老傳統的一部份的權利，迫使他們承認自己是新宗教，否認他們是傳統／正統的一部份。這已是很客氣的做法。更甚者還被稱為「邪教」！若學者也把他們稱作「新宗教」，則學者也不自覺地站在建制主流宗教的一邊，幫助剝奪他們成為傳統的一部份之權利！所以成為一個傳統中的新宗派是一回事，成為一

個新宗教又是另外一回事！由於這種親身經歷，令我們深切體會到「中立」學術辭彙的另一面。本來新宗教運動（New Religious Movement）這個學術辭彙原來就是用來取締「邪教」（cult）這個充滿價值判斷的辭彙，這當然代表一種學術研究上的一種進步。然而這種進步仍有不足，因為當我們把一個宗教運動稱作「新」宗教運動之際，學者會不自覺地站到主流建制宗教群體的一邊，剝奪了新宗教群體成為正統宗教的一部份，對新宗派進行了去正統化！這相信是學者始料不及和非原來的目的。因此我們以為梅爾敦的分析方法可取，他幫助我們糾正了這方面的偏差。我們在研究新宗教運動時，必須考慮到固有宗教與新興宗教間的權力關係之問題。所以梅爾敦以為，研究新宗教，先要把它放於所屬的母體當中去考慮，再從它們之間的權力關係去分析。新宗教不能過早定位，當中有微妙的權力關係。「日光之下決無新事！」據梅爾敦的研究經驗，新宗教都是由固有宗教發展而來，若果我們對固有宗教認識足夠，產生全然嶄新、先所未有的新宗教機會很微。若我們纏繞於新宗教之新，反而會失覺於主流建制宗教群體及政權（總的來說是當權者）對整個問題所扮演的角色。從權力關係和張力的角度分析新宗教運動是一個有用的研究視角，它幫助研究者避免不自覺地站在當權者的一邊進行潛判教。

三、新宗派為何出現 —— 以台灣的真佛宗為例

　　據學者羅伯‧胡夫勞（Robert Wuthnow）（1946-）的研究，促成新宗派之出現的因素很多，社會變遷是其中一項主要因素。二次大戰後美國和歐洲的新興宗教運動和戰後的社會變遷關係密切[8]。日本在十九世紀大量出現新興宗教，和當時日本國內面對歐美西方勢力構成的政治、軍事、經濟及文化威脅從而導致的民族危機有關[9]。董芳苑（1937-）也認為新興宗教的起源與國家動亂所引起的社會危機有莫大的關係[10]。瞿海源（1943-）則認為社會變遷增加了人的不確定感，這是台灣新興宗教出現的重要原因之一。他指出當社會向自由化、市場化

8　Robert Wuthnow, "Religious Movements and Counter Movementin North America" in James A. Beckford on behalf of Research Committee 22 of the International Sociological Association ed. *New Religious Movements and Rapid Social Change* (London: Sage Publications, 1986)；中文翻譯〈北美的宗教運動與反運動〉刊於林本炫，《宗教與社會變遷》（台北：巨流圖書公司，1993），頁 219-259。

9　Shimazono Susumu（島園進）"The Development of Millennialistic Thought in Japan's New Religion" in James A. Beckford on behalf of Research Committee 22 of the International Sociological Association ed. *New Religious Movements and Rapid Social Change* (London: Sage Publications, 1986)；中文翻譯〈日本新興宗教中千禧年思想之發展：從天理教到天理本道〉刊於林本炫，《宗教與社會變遷》（台北：巨流圖書公司，1993），頁 99-143。

10　董芳苑以為自第二次大戰結束以來，印度、越南、韓國、日本、台灣，均有數不清的新興宗教出現。其出現原因除了社會危機的影響，其他五種因素是：1)民族意識的激發、2)現世安逸的嚮往、3)原有宗教的反動、4)來世極樂的期望、5)宗教天才的發明。見董芳苑，《認識臺灣民間信仰》（台北：長青文化事業股份有限公司，1986），頁 337-340。

方向發展，使個人的自由、選擇增加了，不確定的狀況
也隨著增加。現代科學本身發展快速，也為人帶來了新
的問題，尖端科技本身也充滿不確定性。現代醫學技術
還是不能有效診治多種疾病。現代家庭的不穩定，對個
人穩定的生活產生很大威脅。在富裕的社會，自我的空
虛導致個人強烈的不確定感[11]。此外，瞿海源也指出台
灣社會流動促成部分民眾脫離了舊的宗教的範疇，使得
新興宗教獲得為數甚多的潛在皈依者[12]。

　　二戰後台灣經歷激烈社會、政治、經濟與文化變遷。
首先經濟方面，1965 年為進一步吸引海外投資，台灣於
高雄（前鎮）建立亞洲第一個加工出口區。1969 年再設
楠梓與台中（潭子）兩個加工出口區，由政府提供廠房、
公共設施、租稅減免等優惠，加上台灣當年的廉價勞力，
吸引外國商人到台灣投資，將成品加工，出口海外市場，
特別在紡織與家電兩個行業，帶來工業高成長，使台灣
由農業經濟轉型為工業經濟。急速的工業化吸引許多鄉
村的勞力集中到都市，這正是瞿海源所指出的台灣社會

11　瞿海源，〈台灣的新興宗教〉《二十一世紀》8（2002・11）網絡版：
　　http://www.cuhk.edu.hk/ics/21c
12　瞿海源以為這是導致新興宗教出現的一種因素，其他四種因素是：
　　1)民眾認知水平普遍低落，促成靈驗性宗教，如私人神壇的興起。
　　2)現在傳播工具之多樣性及便利性有利於新興宗教的傳播。3)尊
　　重宗教自由的政策有利於新興宗教的發展。4)許多新興宗教具有
　　強烈的社會運動性。見瞿海源，〈台灣新興宗教現象〉，載徐正光、
　　宋文里合編《台灣新興社會運動》（台北：巨流圖書公司，1990），
　　頁 239-241。

新狀況：社會流動促成部分民眾脫離了舊的宗教範疇，使得新興宗教獲得為數甚多的潛在皈依者。七十年代雖有兩次石油危機，導致全球性經濟衰退[13]；但 1973 年，蔣經國（1910-1988）上任行政院長後，提出五年內完成十大建設，包括南北高速公路、桃園國際機場、鐵路電氣化等，帶領台灣安然渡過石油危機，使經濟持續發展，並使台灣與南韓、香港、新加坡一同躋身「亞洲四小龍」之列。經濟的高速增長以外，在政治方面，1971 年聯合國決議由北京中華人民共和國取代國民黨政權在聯合國的中國席次的代表權，台灣被迫退出聯合國；日本、美國相繼與台灣斷交。對應此新的政治形勢，1972 年蔣介石（中正）（1887-1975）總統提名兒子蔣經國為行政院長，開始台灣的蔣經國時代，亦即「本土化」的開始，包括起用台籍政治精英，大量任用台籍人士入閣；又銳意發展自由民主改革，修改「動員戡亂時期臨時條款」，加入「增額」中央民意代表選舉。相比以前受「動員戡亂」體制的限制，台灣的選舉最高層次只能選到省議員和縣市長，不能改選中央民意代表，這是一大進步。1975 年蔣中正總統去世，蔣經國繼任第六任總統，以本省籍

---

13 1973 年 10 月第四次中東戰爭爆發，為打擊以色列及其支持者，石油輸出國組織的阿拉伯成員國當年 12 月宣佈收回石油標價權，並將其積陳原油價格從每桶 3.011 美元提高到 10.651 美元，使油價猛然上漲了兩倍多，從而觸發了第二次世界大戰之後最嚴重的全球經濟危機。持續三年的石油危機使美國的工業生產下降了 14%，日本的工業生產下降了 20%以上。

的謝東閔（1908-2001）任副總統，加速本土化發展。1987
年蔣經國宣佈解除戒嚴，開放大陸探親，為自由民主發
展邁進一大步。1988 年蔣經國去世，副總統李登輝繼
任，繼續蔣經國的民主化改革路線。80 年代前後，台灣
工資提高、地價上漲、環保成本增加，造成產業外移。
加上開放中國家急起直追，台灣為推動產業升級，1980
年成立新竹科學園，推展消耗能源少、低污染、技術密
集、附加價值高的策略性工業[14]。

　　從以上的簡短描述，可見二戰後的台灣，特別是從
1965（開始設立加工出口區）到 1980（成立新竹科學園）
年間，如何經歷激烈的社會、政治、經濟與文化變遷，
這亦正是真佛宗的草創時期（1969-1975），即盧勝彥
（1945-）的巧妙奇遇、夜逢仙教、十年軍役、官拜少校、
出版靈書、六年神算、轟動一時、始建道場的時期。盧
勝彥承認：

> 我盧勝彥原是替人「問事」起家，眾生來問事全
> 是：生兒育女、老死病痛、富貴財祿、壽命健康、
> 男女姻緣、官非厄運。就是這些，就是這些，其
> 他的，沒有了，我問來問去，現在不問了[15]。

---

14 李筱峰，《台灣史 100 件大事》（台北市：玉山社出版事業股份有
　　限公司，1999）。
15 盧勝彥，《盧勝彥作品集》冊 192《天下第一精采》2007 年 3 月，
　　頁 141，〈尋常中的尋常〉。

　　從 1969 至 1975 年[16]，盧勝彥在學法三年後，於測量軍中工餘時間，應用所學給人神算；由於非常靈驗，引起很大的哄動和迴響。再加上後來盧勝彥著作靈書的出版，大談靈界種種現身說法、靈異經歷，於是一月內讀者來信五百、收到信件累積達十萬[17]、求見者千人[18]。更由於登門造訪者太多，做成生活上的不便而須多次搬家，甚至登報發表聲明，閉門謝客，但仍擋不住拜訪的人潮[19]。台灣民眾宗教的強調靈驗性、術數的持續流行，一直受學者的關注[20]。林本炫以為這與台灣在政治上擺脫威權統治，在民主化的多元社會之下令致屬靈經驗／靈異經驗的釋放與擴散有關[21]。瞿海源認為當社會結構上帶來的個人不確定感增加，人們祈求宗教和術數的機會就大為增加，因而促成了新興宗教現象的產生，在整

---

16 盧勝彥，《盧勝彥作品集》冊 19《靈機神算漫談（續）》1975 年 9 月，〈神算命運〉，頁 26。參冊 46《西雅圖的行者》1983 年 8 月，〈占卜星相〉，頁 57，：「每日替二百人服務」。

17 盧勝彥，《盧勝彥作品集》冊 24《續靈的自白書 ── 十萬封來信的求教、超靈的解答》1976 年 7 月，頁 9〈流淚的自白（代自序）〉。

18 盧勝彥，《盧勝彥作品集》冊 20《靈與我之間》1975 年 9 月，〈靈魂與我（代序）〉，頁 1。

19 盧勝彥，《盧勝彥作品集》冊 31《東方的飛甋》1977 年 9 月，〈敬告讀者〉頁 219。參《盧勝彥作品集》冊 27《靈的世界》1977 年 1 月，〈靈算的聲明〉頁 114、《盧勝彥作品集》冊 32《命運的驚奇》1978 年 3 月，〈讀者的責備〉，頁 161。

20 瞿海源，〈台灣的民間信仰〉《民國七十八年度中華民國文化發展之評估與展望》，行政院文化建設委員會，頁 23-48；收入氏著《台灣宗教變遷的社會政治分析》（台北：桂冠圖書公司，1997）。

21 林本炫，〈台灣的宗教變遷與社會控制〉《輔仁學誌：法／管理學院之部》31（2000）：1-26。

個過程中，自由化應該是最核心的結構因素[22]。雖然他
們的討論是指 1987 年蔣經國宣佈解除戒嚴以後的情
況，不過社會變遷並非一蹴即就。台灣社會的自由化與
多元化的發展，應由 1972 蔣經國被任命為行政院長之
時，亦即從台灣的蔣經國時代而開始的，而這正好是真
佛宗的草創時期。

　　把真佛宗的發展與台灣社會的發展作相關分析是否
足以幫助我們充份了解真佛宗的發展？首先盧勝彥
1992 年 4 月出版的第 99 冊文集《西城夜雨——十年宗
長的驀然回首》明確表示他到 1992 年為止，一共當了十
年的宗長。由於盧勝彥是真佛宗的創辦人，在他以前不
存在有任何的宗長，這意味著他自已當宗長之位是從
1982 年開始計算，即他遷居美國之年，到 1992 年剛好
十年。據盧勝彥稱，真佛宗的早期，從 1979 到 1981，
在台灣三年內約有一千人皈依。到了美國十個月便收了
一千多名美國弟子[23]。盧勝彥自已在 1984 年時也說：「在
香港與馬來西亞，是靈仙真佛宗弟子皈依最多的地方。
此二地的弟子，都是近萬名。[24]」可見真佛宗的重要發
展都是在台灣以外的。真佛宗作為一國際的宗派，現時

---

22 瞿海源，〈解嚴、宗教自由、與宗教發展〉，刊於中央研究院臺灣
　　研究推動委員會主編《威權體制的變遷：解嚴後的臺灣》（臺北：
　　中央研究院臺灣史研究所籌備處，2001）。
23 盧勝彥，《盧勝彥作品集》冊 48《上師的證悟》1983 年 12 月，頁
　　228。
24 盧勝彥，《盧勝彥作品集》冊 50《金剛怒目集》1984 年 4 月，〈二
　　封奇異的飛鴻〉頁 179。

信徒在印尼和大馬，均已超越台灣，若只以台灣的社會
變遷來看真佛宗，恐怕未能盡然解釋真佛宗作為一個宗
教現象的問題。況且真佛宗之宗名，亦起自八十年代（查
真佛宗前稱靈仙宗，到 1984 年才改名靈仙真佛宗[25]，又
於 1992 年方再簡化成真佛宗[26]）。可能因為這個原因，
盧勝彥看自已當宗派的宗長，也是從八十年代算起。借
用斯達克和斑布里奇（Stark and Bainbridge）的字眼，
從 1969 年開始，盧勝彥利用工餘（服軍役）時間替人家
神算，引起哄動，圍繞著他所形成的「群體」仍是一種
「顧客崇拜」團體（Client Cult）。從 1975 年盧勝彥開
始出版靈書，進一步轟動社會，並以書信形式與讀者互
動，形成更大的「群體」，仍只是一種「閱聽崇拜」團
體（Audience Cult）。至 1979 年服滿軍役後，正式收弟
子才正式成為「運動型崇拜」團體（Cult Movement）[27]。
因此真佛宗作為新宗派的出現因素，要從台灣社會以外
去尋找。

---

25 盧勝彥，《盧勝彥作品集》冊 50《金剛怒目集》1984 年 4 月，〈重
　要聲明〉頁 1。
26 盧勝彥，《盧勝彥作品集》冊 99《西城夜雨—十年宗長的驀然回
　首》1992 年 4 月，頁 80〈這樣的宗長〉：後來我在美國將宗名改
　為靈仙真佛宗，最後為了稱謂的簡便，喊久了，就變成真佛宗。
27 R. Stark and W. S. Bainbridge, *The Future of Religion: Secularization,
　Revival and Cult Formation*（Berkeley: University of California
　Press, 1985）林本炫，〈『新興宗教運動』的意義及其社會學意涵〉，
　《世界宗教研究》，第三期，頁 1-26。

四、甚麼人信仰新宗派？

　　從 2006 到 2008 三年內，我們在課餘（暑假和聖誕假）期間重點地採訪了真佛宗在東南亞（台灣、新加坡、馬來西亞、香港、印尼）和歐美（西雅圖、倫敦、愛明頓）等地的一些分堂，舉辦了無數次的座談會，其中一個考察的主題是信徒的皈依因緣（甚麼原因促使人信仰真佛宗）。我們聆聽了很多皈依靈驗故事，為了對這些故事作一個比較系統的分類和分析，2007 年我們利用一次在台灣舉辦的宗派全球大法會的機緣，以問卷的方式作調查，收集到共 2,798 份問卷。這次的調查為我們提供了很多有用的數據。

表一、調查對象（問卷題目一至六）

1.居地		2.性別		3.年齡		4.教育	
台灣	783	男	1,196	0-19	176	小學	451
西馬來	659	女	1,602	20-29	317	中學	1,374
東馬來	242			30-39	589	大專	838
汶萊	41			40-49	756	碩士	107
新加坡	195			50-59	673	博士	20
香港	247			60-69	261		
北美	110			70 及以上	59		
其他	604						

表一（續）

5.皈依/未皈依		6.級別	
皈依	2,614	同門	2,522
未皈依	178	助教	53
		講師	5
		法師	28
		教授師	3
			17

圖一：

真佛宗男女信眾比例

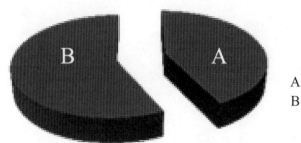

A：男
B：女

甲、性別比例

探訪過台灣各大佛教道場的人仕相信都會有一種印象，道場中所見參與活動的信徒，女信徒的人數比男信徒多，出家女眾的人數更是明顯比男眾多。不只是台灣，其他地方如香港也有同樣感覺。不過據另一個近年（2004-2006）在北京做的學術問卷調查，中國男佛教信徒（50.9%）卻是比女佛教信徒（49.1%）還要輕微的多[28]。所以女信眾比男信眾多的情況，並非是一成不變的情況。不過從表一·欄 2 和圖一可見，整體來說，真佛宗的信徒還是女的比較多（女的有 57.2%，男的有 42.7%），但相差只有 14.5%，比例是 1（男）比 1.4（女）；

28　Xinzhong Yao and Paul Badham, *Religious Experience in Contemporary China*（Cardiff: University of Wales Press, 2007），pp.100.

分別不算很懸殊。

　　乙、信徒來源地區

　　圖二：

信徒原居地

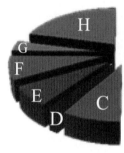

A：台灣
B：西馬來亞
C：東馬來亞
D：汶萊
E：新加坡
F：香港
G：北美
H：其他

　　從表一和圖二可見，真佛宗超過七成七的信眾來自亞洲，這可能與宗派的大型法事均於亞洲地區舉行有關，但也與這個宗派是產生於亞洲有關。亞洲當中，又以馬來西亞的信眾最多，佔了總人數的三成二。我們設計問卷之初，由於對宗派認識有限，沒有把印尼標出作為一信徒原居地，後來才發覺，印尼的弟子原來不少。故我們相信，問卷中選其他項作為原居地的信眾，應以印尼為主，這是我們的疏忽。相反汶萊的弟子明顯不多，把汶萊列出作為一原居地意義不大，這再次反映我們研究之初對宗派的不熟悉，後來多次的問卷調查，為了統一起見，也沒有對信徒原居地的問題作出重大更改。2007年 12 月 15 到 16 日，蘇慶華與譚偉倫被邀請往印尼雅加達訪真佛宗密教總協會作短暫訪問，使我們了解印尼真佛弟子的情況。據我們後來所了解的真佛信徒在世界分

佈情況是：真佛信徒最多來自三個地方，分別是馬來西亞、台灣、和印尼。再來是香港和新加坡，最後是北美。單是馬來西亞與印尼的華僑信徒加起來就有總信徒人數的四成（40.8%）。若再加上新加坡，就差不多是一半了（47.5%）。足見海外華人在真佛宗的重要性。從選擇填問卷的語言來看（我們也準備了英文問卷），真佛信徒超過九成是能操華語而且是會選擇用華語的華人。

丙、信徒年齡分佈

圖三：信徒年齡

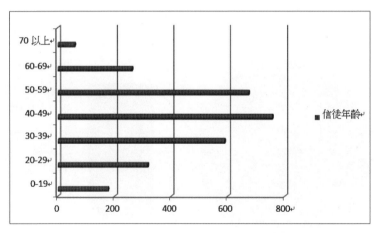

從圖三可見，真佛宗信徒最多的年齡組別是四十多歲。在中國，四十五歲是人生的里程碑。四十五歲以下的算是中青年，四十五歲以上的是中老年[29]。所以真佛

---

29 Xinzhong Yao and Paul Badham, *Religious Experience in Contemporary China*（Cardiff: University of Wales Press, 2007），pp.100.

宗的信徒以中年為主，中老年比中青年多一點。二十歲
到三十歲的組別共有 906 人。五十歲到六十歲的組別則
有 934 人。可說，真佛宗吸引的都是中青年（四十五歲
以下）。這與近年在北京所做的一個調查結果是相符的。
佛教吸引的是較年青的一群。佛教並不如一般人的想
象，是老年人的宗教，信眾以老人為主[30]。

丁、信徒教育程度和職業類別
圖四：

信徒學歷

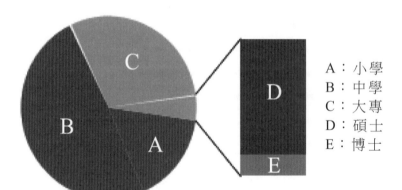

A：小學
B：中學
C：大專
D：碩士
E：博士

30 Xinzhong Yao and Paul Badham, *Religious Experience in Contemporary China*（Cardiff: University of Wales Press, 2007）, pp.100-101.

圖五：信徒職業

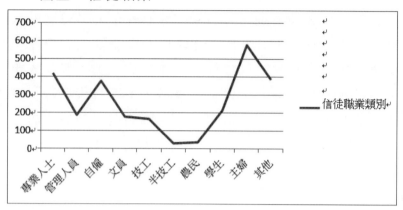

巴克教授以為：新宗派的特色都是有「不平衡的成員分佈，特別吸引某一類或某一階層的成員」[31]；又或比如說，我們一般有一印象，當代的宗教參與者都以女性為多。又有學者認為，台灣的新興教團，都是「邊陲性」的宗教[32]，甚至丁仁傑說真佛宗吸引的都是「中下層、尤其缺乏人文素養」的信眾[33]。如上所說，真佛宗信徒確實以女性為多，佔五成七。來參與法事的，九成都是已皈依的平信徒（表一（續）‧欄 5），即沒有擔當宗教專職的信眾（表一（續）‧欄 6）。年齡以中年

31　Eileen Barker, "Perspective: What Are We Studying?" *Nova Religio* 8.1（July 2004）：88.

32　丁仁傑，〈當代台灣社會中的宗教浮現：以社會分化過程為焦點所做的初步考察〉刊於《台灣社會研究季刊》第四十一期（2001 年 3 月）：237、249。

33　陳慧劍，〈二十世紀末期「附佛法外道」之興起及其加諸「佛教現代化」之破壞與影響〉刊於霍韜晦編《太虛誕生一百周年國際會議論文集》（香港：法住出版社，1990），頁 416。

為主（圖三）。學歷方面，從圖四可見，在中學以上。真佛弟子中差不多有一半（49.1%）擁有中學程度的教育，還有三成（31.1%）的信眾有大專或以上的學歷。從圖五我們可見信眾以自僱人士（一成三）、專業人士（一成四）和主婦（二成）佔最多，但不算大多數。可說，信眾來自各階層，但有三成四屬高收入階層（專業人士、管理人員、自僱人士），而非想像中的邊緣人士，信眾並沒有向任何一個階層傾斜的現象。

戊、皈依前宗教

圖六：

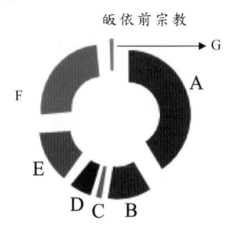

皈依前宗教

A：佛教
B：道教
C：儒家
D：基督教
E：無宗教
F：民間宗教
G：其他

表三、問卷題目八至十一

8.認識途徑		9.職業		10.皈依前宗教	
朋友	1,208	專業人士	418	佛教	1,085
親人	948	管理人員	186	道教	302
網上	16	自僱	375	儒家	41
法師	58	文員	177	基督	162
書籍	435	技工	164	無	351
其他	111	半技工	29	民間宗教	658
		農民	35	其他	40
		學生	212		
		主婦	577		
		其他	384		

從以上表三·欄 10 和圖六可見超過八成（81.7%）的真佛信徒是從某一種宗教信仰轉過來的，當中近四成（38.7%）的真佛宗信徒原來已是佛教徒。這可能可以部份解釋到宗派受主流佛教團體打壓的原因，這是基督教會中所謂的「偷羊」（sheep stealing）現象[34]，只有一成二（12.5%）是原來沒有任何宗教信仰；所以轉教的情況很普遍。不過是否真的轉教抑是鄭志明（1957-）所謂的「遊宗」[35]還要進一步考察。

---

34 William Chadwick, *Stealing Sheep: the Church's Hidden Problem with Transfer Growth* (Downers Grove, Ill.:Inter Varsity Press, e2001).

35 參鄭志明在台灣所觀察到的「游宗」現象，即指信徒可以同時或不同時出入各種宗教。西方民眾的改宗現象是指對整個信仰徹底

按真佛宗作為一實修宗派，規定信徒每天都需要按宗派的教導去修法（持咒、禪修）從以下表三（續）‧欄11可見，共有超過七成五（75.8%）的人表示每週有按宗派的教導去修法。當中差不多有四成人（31%）還是每週修法達五小時以上，即平均每天花超過四十分鐘（42.9分鐘）修法，可見對信仰持認真態度，遊宗之說似乎不成立。

表三（續）

11.每週修法（小時）	
0	702
>0-4.5	1,333
5-9.5	590
10-15.5	211
16-20.5	28
21-25.5	18
26-30.5	10
31-35.5	1
36-40.5	1
>41	10

的改變，而台灣民眾而言，游宗行為卻十分自然。所謂「搭便車」（順風車）或「吃好逗相報」（好事情就讓眾人皆知）。見鄭志明，《台灣新興宗教現象 —— 傳統信仰篇》（嘉義：南華管理學院，1999），頁 23-26。

五、為甚麼加入新宗派？

　　在研究項目開始之際我們本來決定採用我們較熟悉的質之調查方式，在不同地方舉辦了多次的深入訪談。由於信眾人數多，我們採取了小組座談的方式，由多位學者同時進行不同的小組座談。訪談進行不久，我們已察覺到宗派創辦人之角色魅力、宗教經驗和靈驗故事對宗派之重要性。為了更有效地表達我們的訪談結果，我們決定採用問卷調查的方式，藉宗派一次在台中的全宗派大型法會，派發問卷。結果發現有五成四的信眾感受到宗派的創辦人（被稱作師尊）曾幫助解決生命上的難題，這證明了巴克對新宗教特點的描述：著重魅力領袖。關於信徒自覺創派人幫助解決之問題類別，我們根據我們的訪談結果，分成八類，再以問卷的方式，讓信徒回答。回答有兩種方式，一是多項選擇題，二是開放式問題（簡述宗教經驗）自由填寫。根據信徒所寫，我們再以關鍵詞的分析方法，找出十四對常出現的關鍵詞。結果如下表：

表四：問卷問題十三至十五

13.創辦人（師尊）解難	14.困難種類	15.簡述經驗
是 1,522 否 565	治病 902 職業 460 生意 401 靈性 546 家庭 510 婚姻 194 子女 324 學業 221 其他 140	夢示 81 順利 193 治病 229 免死 22 知識 93 超度 12 感應 124 經濟 64 覺受 164 保護 61 安慰 14 沒有 51 太多 7 不可說 26

圖七：宗派幫助信徒解決信徒人生困難之類別

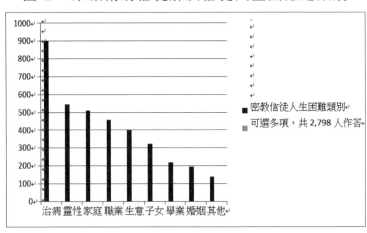

從以上表四及根據表四所繪製的圖七可見，健康問題是信眾關切的問題，自述宗教經驗中的關鍵詞也是以「治病」一詞為多，這是導致皈依皈依決定的一個主因，也是研究者始料不及。按常理，高學歷的一群信眾會比較關心心靈上的問題。雖然信徒中有三成二來自發展中的馬來西亞，但能支付機票遠赴台中參加法會的一群大馬信眾，應是較富裕的一群，不會付不起一般的醫療費用。再者信眾中有四成七來自經濟發達區域（台灣、新加坡、香港、北美）。在醫療設施不足的發展中國家，大量人求助於民俗醫療[36]的情況不足為奇，但在廿一世紀初經濟蓬勃發展的地區中，仍有不少信眾借助宗教信仰來治病，倒是始料不及的結果。現代人物質豐盛，心靈貧乏普遍被認為是投向宗教懷抱的主因。是次調查挑戰了這種看法。生命的難題在信仰者的角度來看仍是身體、職業、家庭和生意上等有形和器世間的問題[37]。可以說當代人最依靠宗教解決的問題是治病，這也是值得宗教研究者所關注！

---

36 李亦園稱之為社會文化治療（socio-cultural therapy）或民俗精神醫術（ethno-psychiatry）參氏著〈宗教與迷信〉刊於《宗教與神話論集》（台北：立緒文化事業有限公司，1998），頁 38。

37 器世間指生命體所居處存在的空間及相關的處所，也就是所謂的世界。見《瑜伽師地論》卷 90：「復次有二世間。一有情世間。二器世間。」《大正藏》，30（1579）：812a（6）。另《易經‧系傳》有謂：形而上者謂之道，形而下者謂之器。清朝著名思想家顧炎武（1613-1682）在《日知錄》中闡述：非器則道無所寓。

六、結語：從新宗派的研究我們可以學到甚麼？

（一）新宗教概念背後所隱藏的權力關係

　　「新興宗教」或「新宗教」初看像是一個中性的分類概念，但我們不可忽視每個概念背後所隱藏的權力關係。阿姆斯特丹大學（Amsterdam）的語言學家戴伊克（vanDijk）（1943-）所發展出來的批判話語分析相信話語與社會情境、制度及結構成一種辯證關係。它們互相塑造。話語幫助產生與再造不平等的權力關係，又維繫與再造社會上的特權階層（status quo）[38]。批判話語分析方法不把自已看成一種客觀無情感的社會科學而是一門參與和委身的的學問。它要站在被支配與受壓迫的一群當中，通過分析去提示從而改造社會上的公義。話語分析對我們最大的提醒是不可忽視每個概念背後所隱藏的權力關係。誠如梅爾敦所言，「新興」其實不能從宗教的內容上來決定，而是從「新」宗教群體和它的母體 —— 所屬的傳統認可宗教傳統的關係來決定。這個標籤是一種社會的話語（Social Discourse）。因為新興就隱藏非「正統」，為「正統」的一個變數之含意。我們以為「新興宗教」是宗教內的優勢社群對新興的宗教群

---

38 Norman Fairclough and Ruth Wodak, "Critical Discourse Analysis" in Teun A. van Dijked. *Discourse as Social Interaction-Discourse Studies: a Multidisciplinary Introduction* Volume2 (London: Sage Publication, 1997), p. 258.

體的一種邊緣化以鞏固自身的支配地位。所以與種族主義一樣，它是一種偏見。直至它與其他更大的合理他人權益有衝突如公共健康、安全與道德以前，我們須遵從宗教團體本身的自我定位，這樣才不致於參與「潛」判教的行為，即把一個宗教團體以「新興宗教」這個標籤邊緣化[39]和剝奪了它成為「正統」的宗教傳統的權利，並不自覺地站在主流優勢群體的一方，參與他們鞏固自身的支配地位的工作[40]。

（二）新宗派仍舊靠人傳人的傳遞方法

圖八：真佛宗信徒認識信仰途徑

---

[39] 台灣中研院的學者丁仁傑指出，華人社會中的教團向來只有邊陲性的地位，包括佛教、道教與民間教派。解嚴前後台灣所出現的佛教團體如慈濟功德會、佛光山、法鼓山、中台禪寺和靈鷲山等道場，原來也是「邊陲性的宗教」，於解嚴後隨威權體制鬆動和「宗法性傳統宗教」減退而產生「邊陲性宗教擴張」成為主流，可見邊陲性的宗教實可成為主流。見氏著〈當代台灣社會中的宗教浮現：以社會分化的過程為焦點所做的初步考察〉《台灣社會研究季》41（2001 年 3 月）：頁 205-270。

[40] 詳參譚偉倫，〈新「宗教」與新「教派」之辨 —— 對真佛宗研究一個跨學科的嘗試〉《2004 年台灣密宗學術研討會論文集》中國真佛宗密教總會編台北：真佛宗出版社，2005 年，頁 180-203。Tam Wai Lun, "Re-examining the True Buddha School: A 'New Religion' ora New 'Buddhist Movement'?" in *Australian Religion Studies Review: The Journal of the Australian Association for the Study of Religion* 20.3(2007): 286-302.

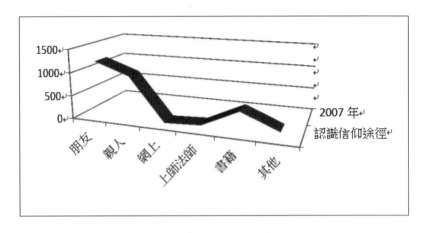

我們有一普遍印象，即當代的宗教，大多利用網路傳播，因為我們正處於資訊科技（Information Technology）的年代，也是雲端運算（Cloud computing）的年代。關於入教情況，出乎研究人員的意料之外，大部份仍是倚靠人傳人的傳統方法。有四成三是靠朋友介紹，還有三成三是通過親人入教。只有低於半成的人是通過互聯網的途徑而入教，這與我們處於資訊科技發達的網路世紀之事實不符。這種宗教信仰在傳遞上的科技滯後性值得關注。或者可以說，雖然我們身處資訊科技時代，電子通訊器材日新月異，但是人與人之間的訊息傳遞仍未可取代。

（三）治病作為新宗教的首要關懷之再思

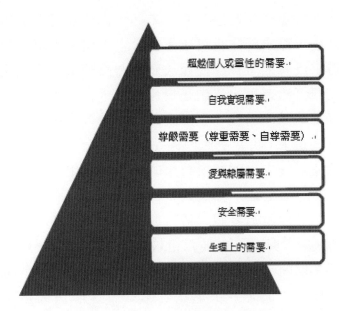

亞伯拉罕·馬斯洛：需要等級

　　當代人通過宗教所尋找的好像不一定是抽象的「終極關懷」，而是實際上的世界問題，諸如健康、家庭、子女，當中治病更是首要的關懷。即使明顯反對談論宗教體驗的顯宗信徒，治病也成為他們第三個最關切的課題。美國猶太裔心理學家亞伯拉罕·馬斯洛（Abraham Maslow 1908-1970）的需求層次理論指出人的生理需求（Physiological needs）是其他需求如安全需求（Safety needs）、社交需求（Love and belonging needs）、尊重

需求（Esteem needs）、自我實現需求（Self-actualization）、超自我實現（Over Actualization）之基礎，形成一個需求金字塔。雖然，高層次需求未必只出現在低層次需求滿足之後，需求歸類也可能重疊，但人的生理需求及高層次需求沒有因時代改變而改變。當然緊張的現代化生活讓人們百病叢生，特別是慢性疾病，但人需要身體健康是恆常不變的道理。耶穌說：『凡勞苦擔重擔的人可以到我這裏來，我就使你們得安息。』（太 11:28-30）[41]。宗教發揮舒緩人生問題所帶來的壓力之效用是普遍的。明末清初三大儒之一顧炎武（1613-1682）《日知錄》中的名言：「形而上者謂之道，形而下者謂之器。非器則道無所寓」[42]與敦煌本《六祖壇經》中的〈無相頌〉：「法元在世間，於世出世間，勿離世間上，外求出世間。」[43]都有異曲同工之妙，都在說明宗教是解決人生問題的。佛教是甚麼？佛教也是解脫門、安心門。佛教中有所謂三解脫門，就是空解脫門、無相解脫門、無願解脫門。安心一直是禪宗的首要關懷，無論是二祖慧可（487-593）求達摩祖師（出生年不可考-535）替他安心

41　《聖經》，和合本（直排紅字神版）（新北：聖經資源中心，2012），新約頁 14。

42　顧炎武，《日知錄》，清乾隆刻本，卷一，〈形而下者為之器〉條，刊於《中國基本古籍庫》（安徽：黃山書社，1997），頁 13。

43　法海集記《南宗頓教最上大乘摩訶般若波羅蜜經六祖惠能大師於韶州大梵寺施法壇經》Stein Collection(S5475)載於 *The Platform Sūtra of the Sixth Patriarch: the Text of the Tun-Huang Manuscript Translated with Notes* by Philip B.Yampolsky (New York: Columbia University Press, 1967)，書末頁十八。

的故事、抑四祖道信（580-651）的代表作《入道安心要方便法門》都是安心的主題。宗教存在的作用是解決人生問題[44]，使人安心活下去，無論解決方法是採取超越、轉移、利斷甚至靈異的手段。人生的問題，層出不窮，但萬變不離其宗，始終身心健康的追求是變幻中的永恆。現代人皈依一個新興佛教密宗的宗派主要為了治病，這也算是應驗了佛教中喻佛為醫師醫王的說法。佛言：我如良醫，知病說藥，服與不服，非醫咎也[45]。信哉斯言！

---

44 筆者欣賞當代學者美國范德堡大學（Vanderbilt）的 Rob Company(1959-)對宗教的定義：Religion are repertoires of resources for solving problems and negotiating life. 見氏著 "On the Very Idea of Religion" *History of Religions* Vol.42 May(2003):287-319 及 "Buddhism enters China in early Medieval China" paper presented at the International Conference on Old Society, New Faith: Religious Transformation of China and Rome ca. 100-600 C.E.(Chinese University of Hong Kong, June 13-15,2014), pp.14. 另參譚偉倫據台灣真佛宗研究所作之獨立報告〈論治病作為宗教的永恆關懷：戰後臺灣社會之例〉刊於游勝冠、熊秉真編《流離與歸屬 ── 二戰後港臺文學與其他》（台北：國立台灣大學出版中心，2015）頁 475-494。

45 《遺教經論》大正新脩大藏經第二十六冊 No.1529，*Taishō*26：289c(23)參《維摩詰經》云：「為大醫王，善療眾病，應病與藥，令得服行，無量功德皆成就，無量佛土皆嚴淨。」《大正新脩大藏經》第十四冊 No.475，*Taishō*14：537a(26-27).

台灣眞佛宗道場的起源與發展

黃詩茹
（國立政治大學宗教研究所碩士）

一、前　言

　　本文以台灣真佛宗為研究個案，分析該宗派於台灣興起的歷史與發展。盧勝彥（1945-）所領導的真佛宗如今已為一全球性的宗教團體，全球約有五百萬名弟子。台灣作為盧勝彥的出生地，同時也是真佛宗醞釀、發展的重要地區，目前共有 99 間道場（包括各雷藏寺、分堂、精舍、同修會、共修院等），分別是北部地區 39 間、中部地區 31 間、南部地區 24 間、花東地區 5 間[1]。雖然目前真佛宗遍及全球，並以盧勝彥所在的西雅圖為中心，但台灣仍有其重要性與象徵意義。本文將台灣視為真佛宗的發源地，整理台灣真佛宗的起源與發展，並在此基礎上突顯真佛宗與台灣本土宗教色彩的融合。

---

1 資料由中國真佛宗密教總會匯整提供，時間為 2009 年 2 月。

　　過去已有幾位學者從事真佛宗的研究，其中針對台灣真佛宗作專門研究者，有鄭志明（1957-）與丁仁傑兩位，這兩篇研究皆處理到真佛宗的起源，故有必要在此稍作交代。鄭志明〈盧勝彥與靈仙真佛宗〉一文著眼於真佛宗的新興宗教色彩，介紹盧勝彥的經歷與台灣真佛宗的發展歷史[2]。該文將真佛宗的發展階段分為四個時期：軍中文藝青年時期（1945-1969）、開天眼的通靈者時期（1969-1982）、轉向密宗修行並出家的時期（1982-1986）、於世界弘法宣教時期（1986-1995）[3]。鄭志明主要以盧勝彥個人之活動劃分時期，並認為真佛宗是一個全方位的新興宗教團體，滿足不同階層群眾的宗教需求，形成具擴張能力的宗教運動團體[4]。

　　丁仁傑〈對於盧勝彥真佛宗教團的一個初步介紹〉則由社會學的角度切入，雖然同樣著重真佛宗的新興宗教色彩，但集中探討真佛宗的發展模式、組織結構，以及密宗在台灣發展的本土化背景[5]。有別於鄭志明的分期，丁仁傑結合盧勝彥個人行為與宗派發展進程，將真佛宗的拓展分為三個階段。第一階段是盧勝彥於 1975

2　鄭志明，〈盧勝彥與靈仙真佛宗〉，《當代新興宗教：修行團體篇》（嘉義：南華大學宗教文化研究中心，2000），頁 191-235。
3　鄭志明，〈盧勝彥與靈仙真佛宗〉，頁 193-194。
4　鄭志明，〈盧勝彥與靈仙真佛宗〉，頁 245。
5　丁仁傑，〈對於盧勝彥真佛宗教團的一個初步介紹〉，《社會分化與宗教制度變遷 —— 當代台灣新興宗教現象的社會學考察》（台北：聯經，2004），頁 541-607。該文為丁仁傑 2001-2002 年執行的國家科學委員會研究計畫。

年出版五本靈學書籍，將民間信仰賦予新的面目，是以知識分子的身份宣揚與提昇民間信仰的時期（1975-1982）。第二階段則是盧勝彥於 1982 年移居西雅圖，以「靈仙宗」為名，並自立為宗師的時期（1982-1989）。最後，真佛宗在 1989 年於香港舉行的會議 —— 議決「真佛宗阿闍梨守則章程」和「真佛宗分堂規則」，是真佛宗制度化管理的開始，也就是教團組織化與制度化發展時期（1989年迄今）。其中，丁仁傑特別提到真佛宗的融合（syncretic）性質，一方面與民間信仰廣泛連結，一方面成立宗派，不受既有組織與個別傳承的限制[6]。關於真佛宗的融合性質確實反映真佛宗在台灣發展的歷史，並成為其重要的宗派特色，本文將有更進一步的討論。

　　綜合上述研究可知，至 2000 年左右，學界對於真佛宗的研究主要關注在新興宗教的定位與評價。隨著時間推移，與今近十年的差距，真佛宗在 2000 年後有更進一步的發展，尤其真佛宗成立宗派至今近三十年，如今呈現組織國際化的景象，實有必要補充發展現況，並重新省思前人研究，提出可能的修正。如譚偉倫〈新「宗教」與新「教派」之辨 —— 對真佛宗研究一個跨學科的嘗試〉

6　丁仁傑，〈對於盧勝彥真佛宗教團的一個初步介紹〉，頁 545。姚玉霜以倫敦的兩個佛教團體進行比較研究，一個是佛光山佛光寺，一個是真佛宗真偉堂，她也認為真佛宗是具有融合性質的新興佛教教派。參見姚玉霜，〈兩個台灣佛教團體於倫敦發展的研究 —— 倫敦佛光寺與真佛宗真偉堂〉，《當代台灣的社會與宗教》（高雄：佛光，1996），頁 325-358。

一文反省過去將真佛宗視為新興宗教的研究取徑，其認為當學者將一新宗教團體貼上新興宗教的標籤時，即採取不自覺的判教，也就是將之邊緣化；為避免這種價值判斷，研究者應理解宗教團體的自我定位，特別是新群體與母體間的關係[7]。至此，學界對真佛宗的研究，從方法論的反省中又更前進了一步。

　　本文將集中探討真佛宗於台灣興起的歷史背景與發展特色，第一部份整理真佛宗於台灣興起的歷史，突顯真佛宗結合台灣本土宗教的濃厚融合色彩。其次，以田野考察的訪談資料分析台灣真佛宗信徒的特色及部分分堂的發展特色。本文參考鄭志明與丁仁傑的分期，以台灣真佛宗的發展歷程與宗派意義為主要考量，分為三個階段：尋求宗教定位（1969-1983）、創立宗派與宗派國際化（1983-1989）、宗派制度化（1989 年後）。第一階段的分期將著重於盧勝彥創立真佛宗前宗教追尋的歷程，特別是此時期與民間信仰的頻繁互動，造就真佛宗的融合特色。第二階段則側重盧勝彥移居美國，並於西雅圖正式成立宗派後，台灣真佛宗的發展，及盧勝彥於1989 年首次返回台灣的事件意義。最後一個階段則是真佛宗開始制度化運作後，台灣方面的發展情況。

---

7 譚偉倫，〈新「宗教」與新「教派」之辨 —— 對真佛宗研究一個跨學科的嘗試〉，《2004 年台灣密宗學術研討會論文集》（南投：中國真佛宗密教總會編，2005），頁 180-203。

二、尋求宗教定位至正式創立宗派：1969-1983 年

在真佛宗第一階段的發展中，最主要的事件為 1969 年盧勝彥至台中玉皇宮遇到慈惠堂靈媒林千代（1924-2005），這段遭遇的記載時常出現在盧勝彥的文集中[8]。林千代是慈惠堂石壁部堂的執事，專門為人牽亡，盧勝彥在書中多稱其為青衣婦人[9]，將她視為啟蒙者，包括盧勝彥的母親盧黃玉女（1928-1998）也由林千代指導啟靈[10]。特別的是林千代後來皈依盧勝彥，法號蓮花千代。事實上在盧勝彥遇到林千代之前，他是一名基督徒，接受過聖經函授學校的教育，而這次的突發事件，是使其宗教身分轉變的關鍵，並且奠定瑤池金母與真佛宗的深厚淵源。

由盧勝彥的著作可發現，於 1972 年後，有連續多本著作署名寫於台中雷藏寺慈惠堂，據鄭志明的研究，該堂建立於盧勝彥的住宅，供奉瑤池金母、釋迦牟尼佛、地藏王菩薩。當時盧勝彥的身分為慈惠堂石壁部堂道長，道號玄鶴道長，該處可說是慈惠堂的分堂，而此時

8　盧勝彥遇到林千代，由瑤池金母開啟天眼、天耳的詳細過程可參見，盧勝彥，〈靈異的奇遇〉，《靈與我之間：親身經歷的靈魂之奇》（桃園：大燈文化，2004），頁 5-9。

9　後來民間對林千代多稱青衣婦人，此稱呼可能就是源於盧勝彥，參見張開基，《台灣首席靈媒與牽亡魂》（台北：張開基出版，1995），頁 137。

10　盧勝彥，〈擴大靈通〉，《靈的世界：多重神祕現象的接露》（台中：新企業世界，1977），頁 97-97。

他的宗教信仰由基督教轉為道教。慈惠堂於 1986 年歐大
年（Daniel L. Overmyer）與焦大衛（David K. Jordan）
的開創性研究後，逐漸受到學界重視，但較少人留意到
真佛宗與慈惠堂之間的淵源，由盧勝彥文集與真佛宗的出
版品可發現，二者早期實有相當的往來，值得繼續探究。

　　這個階段的發展奠定了真佛宗的宗派定位，即結合
瑤池金母的台灣本土佛教[11]。盧勝彥認為真佛宗的因緣
皆始於玉皇宮、林千代、瑤池金母，真佛宗的傳承即是
本土信仰與佛教的結合，標誌著佛教發展的流變與適
應。「佛教傳到台灣，我這一條傳承的脈，就有瑤池金
母，就是本土與佛教結合，就是台灣盧勝彥的本土佛教。」
是故，真佛宗在正式創立前，盧勝彥個人的宗教追尋已
有濃厚的融合色彩，經歷基督教、道教、顯教與密教，
並調和不同傳統的信仰體系、儀式、修行實踐，這種態
度在真佛宗往後的發展仍不斷出現。也因為盧勝彥的融
合態度，使真佛宗的宗派性格承襲了民間信仰的開放性
與自由度，包括皈依形式、修行方法、修行場所等，都
因應個人需求而作出調整，甚至真佛宗的組織模式亦
然，雖然目前已朝制度化發展，但各分堂仍保有相當的
自主性及風格差異，密教總會與各分堂的關係呈現張弛

11　盧勝彥，〈真佛宗是結合瑤池金母的台灣本土佛教〉，《燃燈》，第
　　169 期（2008.4.15），頁 9-16。該篇文章是 2008 年 3 月 23 日盧勝
　　彥於美國彩虹雷藏寺主持瑤池金母護摩法會的談話，當天他為弟
　　子作瑤池金母的種種灌頂，並再度陳述自己認識瑤池金母、林千
　　代的經歷。

不一的狀態[12]。雖然盧勝彥在教義與修行方面調和民間信仰與佛道教，但他卻選擇完全不同於民間信仰的宣傳策略：出版靈學書籍。在此階段（1969-1983），盧勝彥在十五年間共出版 44 本書籍[13]，尤其以 1975 至 1976 年間的幾本靈學書籍最為特別，其內容有別於以往著作，包括《靈機神算漫談（正）》、《靈與我之間》、《靈機神算漫談（續）》、《靈魂的超覺》、《啟靈學》。我們與真佛宗的信徒訪談後發現，有相當多的信徒正是因為接觸到盧勝彥的書籍而入門，並進一步皈依真佛宗。尤其以這幾本靈學書籍最為信徒津津樂道，原因之一自然是對靈學的好奇，以及對盧勝彥的宗教體會之欽佩與嚮往。

　　盧勝彥的宗教追尋與宗教態度在其早期文集中已展露無遺。尤其是 1969 年後的文章對於宗教議題有高度興趣，不僅陳述自身的宗教背景，也出現評價其他宗教的內容。這些靈學書籍多出自盧勝彥個人的宗教體驗，其文字風格生活化，加上非常多產，吸引了不少讀者，加上盧勝彥原有的宗教執事，雖未刻意發展組織，卻迅速地累積個人名聲。除了源源不絕的各地信件，還有每日拜訪求助的民眾，當時多稱之為盧老師，這種盛名之累

---

12 這一點在丁仁傑的研究中有詳細的論述。
13 1969 年之前，盧勝彥僅出版四本書籍，且偏向詩集、散文集，這段時期正是鄭志明所稱的軍中文藝青年時期。1969 年《風中葉飛》至 1972 年《無盡燈》之前有短暫的空白時間，可能是其拜師求道修法時期。

據稱也是使其遠離台灣的原因之一，其它因素眾說紛紜，包括恐嚇勒索、輿論攻擊、宗教界批評等，其中可能以佛教界的批評最具影響力。

當時台灣佛教的發展正處於一片榮景。1970年代，台灣佛教的主要特色就是接引大專青年學佛，各大專院校的佛學社團紛紛設立，眾多僧俗皆投入接引青年學佛，另一方面延續戰後（1949-）台灣佛教重視僧人教育的風氣，積極創辦佛學院，甚至是世俗教育機構。盧勝彥的獨特理念與作風雖異於傳統佛教界，但其著作也對學佛者產生影響，如積極推動大專青年學佛的宏印法師（1949-）就曾於《菩提樹》雜誌發表兩篇文章，其中提到青年知識份子對於盧勝彥靈學書籍的好奇，包括大專佛學社團的同學也有半數喜歡看盧勝彥的書籍，可見其影響層面之廣泛[14]。至1980年代初期，正是台灣佛教積極發展的時期，諸如佛光山與慈濟已稍具規模，整體而言，台灣佛教界已有別於戰後的克難環境，且逐漸蛻變、提升其新面貌，在此歷史情境下，盧勝彥自然難以避免佛教界批評。

1982年6月16日，盧勝彥攜家人移居西雅圖，台美兩地生活有相當落差，由於美國知曉盧勝彥的人不

14　宏印的兩篇文章為〈評盧勝彥〉，《菩提樹》，第290期（1977.1.18），頁24-26、〈評盧勝彥後有感〉，《菩提樹》，第293期（1977.4.8），頁45。宏印在文章中雖未將盧勝彥納入正統佛教，但並未否定其個人宗教體驗的真實性。

多，也間接造成其經濟來源的問題。據說盧勝彥移居西雅圖後主要收入來源仍是稿費，他寫稿寄回《台灣日報》，賺取一篇文章三百元台幣的稿費，生活十分儉約，與在台灣時每日絡繹不絕的問事生活截然不同。盧勝彥於西雅圖首先建立靈仙精舍，並在靈仙閣閉關三年，盧勝彥的談話中提到「我在靈仙閣閉關三年。為什麼要閉關三年？因為沒有事做，只好閉關，寫寫文章，我靠著一隻筆，就把密法弘揚出去。那時候我也是睡在靈仙閣裡面，靈仙閣很小，兩塊榻榻米那麼大，在那邊過了三年[15]。」可見寫作在真佛宗醞釀初期扮演關鍵性的角色，亦是主要的傳播媒介，而真佛宗於 1983 年正式創立[16]。

　　綜觀這個階段，台灣真佛宗的起源是以盧勝彥個人活動為發展核心，其個人的宗教追尋歷程即是真佛宗的宗派基調：融合。「整個真佛宗法統體系中，保留與融合了許多道教法術、符籙、靈機神算、堪輿風水等等入

---

15 參見〈世間如夢幻，實修最重要〉，《世界真佛報》世界版，第 605 期，第 2 版。該文為盧勝彥於 2006 年 9 月 2 日在美國華府登寶堂的談話。

16 據《真佛宗入門手冊》記載，盧勝彥於 1975 年就在台灣創立「靈仙真佛宗」，這正是其出版靈書的同一年，但我們對這段時期靈仙真佛宗的發展訊息較少，尚有待進一步考察，因此本文皆以 1983 年為真佛宗正式成立的年代。參見世界真佛宗宗務委員會編，《真佛宗入門手冊》（美國：世界真佛宗宗務委員會，2004），頁 63。丁仁傑認為盧勝彥選擇在西雅圖重新出發，是因為美國的宗教環境較自由，加上交通與傳播便利，有利新教團發展，但盧勝彥移民美國，並在此開宗立派的主要原因尚有待查證。參見丁仁傑〈對於盧勝彥真佛宗教團的一個初步介紹〉，頁 555。

世法門[17]。」雖然真佛宗已拓展至全球，但其信仰體系仍然緊扣於台灣本土宗教，甚至可上溯至中國宗教的傳統，只是盧勝彥以撰寫靈書的宣傳策略為其開拓出不同於其他宗教傳統的發展方向，其後續效應也促成日後宗派發展的主要轉折。

三、本土化與國際化同步展開：1983-1989 年

　　1983 年真佛宗正式創立後，接下來邁入第二個發展階段，主要特徵為醞釀國際化的能量。真佛宗於 1985 年 9 月 14 日於西雅圖建立了真佛宗的祖廟，也是首座雷藏寺：西雅圖雷藏寺。實際上，西雅圖雷藏寺成立前，盧勝彥已開始公開說法；西雅圖雷藏寺成立後，真佛宗的活動力與知名度大幅提升，並且迅速累積向國際傳佈的能力，不再如第一階段般，發展主要侷限於台灣。

　　台灣真佛宗在這個階段的發展以積極拓展分堂為主，西雅圖雷藏寺成立的同一年，台灣真佛宗也於 5 月 10 日成立台北市第一間道場：莊嚴堂，並於 1999 年更名為莊嚴雷藏寺。莊嚴堂在北部地區的分堂中相當具代表性，是早期北部地區共修、聚會的重要場所，且長期以來協助真佛宗的媒體宣傳，包括早期收集盧勝彥的說法錄音帶，製作備份以便流傳，後期則協助《真佛報》的派報工作。近幾年莊嚴堂呼應真佛宗關懷老人的志業

---

17 世界真佛宗宗務委員會編，《真佛宗入門手冊》（美國：世界真佛宗宗務委員會，2004），頁 96。

規劃：老人院、臨終關懷、真佛墓園，積極投入老人院的運作，目前已有桃園博善安養院，是台灣第一間真佛宗安養院。這段時期，台灣地區的分堂雖陸續增加，但類似西雅圖雷藏寺規模的總堂尚未產生。目前位於南投縣草屯鎮虎山，佔地廣闊的台灣雷藏寺早在 1987 年 6 月 13 日動土，興建期間已領有中國佛教會團體會員證，隸屬於南投縣支會，登記時間為 1987 年 9 月 10 日，當時的中國佛教會理事長為悟明法師（1911-2011）[18]。經歷相當多的困難，台灣雷藏寺於 1993 年舉行開光安座典禮，目前也作為中國真佛宗密教總會與真佛宗威德佛學院的所在地。

　　這段期間台灣真佛宗的發展軟硬體並重，除了雷藏寺與分堂的建立，另一項重要發展是數種雜誌陸續刊行，包括《蓮邦》、《蓮花》、《佛音》、《金剛頂》、《真佛世界》、《真佛本師》等。其中，《蓮邦》於 1984 年 8 月 15 日創刊，其流通管道主要以真佛宗的分堂為主，另有台中學海書局。該雜誌的形式和內容皆與當時的佛教雜誌風格相近，內容包括宣教文章、學佛心得、問答信函、功德芳名錄、愛國語錄、佛教歌曲、佛教流通廣告、身體保健資訊等。文章來源除了真佛宗本身，也包括佛教刊物與報章雜誌的轉載，故也可看到其他佛教道場的訊息及僧人文章。但雜誌也保留明顯的真佛宗

---

18 參見《蓮邦》，第 20 期（1987.10.5），頁 161。

特色，如創刊號刊出〈啟靈與修密〉，以及各期宣揚真佛密法的文章。這些真佛宗雜誌的發行顯示真佛宗的弘法模式仍延續盧勝彥最初的宣揚方式：寫作。寫作不僅造就其個人名聲，同樣地，在真佛宗成立後，文字弘法也是使真佛宗更廣為人知的重要管道[19]。盧勝彥移居西雅圖後，寫作更成為每日固定工作，文字成為此時重要的弘法工具，即使盧勝彥本人不在台灣，仍能順利傳遞其教法，書籍、雜誌、報紙的流通使弘揚真佛宗的工作不致中斷。真佛宗在這個階段逐漸善用媒體的傳播力量，使其拓展宗派的模式更加靈活，尤其加速國際化發展的速度，並增添其跨區域的宗派色彩。據統計，至 1983年，全球信徒約五萬人，1987 年已達十五萬人，四年內呈倍數成長[20]。

　　這段時間真佛宗以西雅圖為活動中心，盧勝彥也在該地維持說法、主持法會、為弟子皈依等活動，直至1989 年 4 月 10 日，也就是移民美國七年後首次返回台灣，分別於桃園、高雄、彰化等地舉行灌頂法會，並巡

---

19 根據姚玉霜的研究，倫敦真佛宗的傳播管道亦是如此。主要的華人成員藉由閱讀盧勝彥書籍認識真佛宗，最初的獲得管道包括中文圖書館、唐人街書店等，他們再透過書中記載的聯絡方式與分堂聯繫。參見姚玉霜，〈兩個台灣佛教團體於倫敦發展的研究 ── 倫敦佛光寺與真佛宗真偉堂〉，頁 346。

20 丁仁傑認為盧勝彥移居美國後，以西雅圖作為中心，但把各種宗派事務放置於不同的地方運作，世界各地的雜誌社與分堂分別設立即為一例，顯示真佛宗的組織分工與傳佈體系藉助於現代工具，產生更大的機動性與擴展性。參見丁仁傑，〈對於盧勝彥真佛宗教團的一個初步介紹〉，頁 555。

視各分堂，這次行程可說造成一股炫風，帶領台灣真佛宗邁入一個新的發展階段[21]。該次返台後，盧勝彥似乎一反過去較沉潛的態度，積極公開弘法，並展開全球性的弘法行程，之後幾乎年年返台。但這又牽動真佛宗與台灣宗教界之間的微妙關係，包括 1990 年 3 月佛光山慧嵩法師（即蓮海）皈依事件、方晴（1946-1999）事件、《天華雜誌》於 1991 年 6 月 1 日刊出〈佛魔之辨〉，也有懷疑其工學士學位之真偽[22]、甚至之後《壹周刊》報導等。但盧勝彥返台的正面意義似乎更甚於負面批評，往後台灣真佛宗的發展愈趨成熟，應與信徒受到其現身的激勵有相當程度的關係。

然而當時真佛宗的規模顯然大不同於 1982 年之前，當時真佛宗雖然才正式創立宗派六年，卻已具相當程度的國際化：全球約有四十萬信徒，遍及歐洲、南美洲、東南亞，甚至中國，台灣則約有 42 個分堂，信眾約六萬人。可見 1982 年盧勝彥離開台灣對於真佛宗而言是一個重要的轉折事件，移居美國的同時也象徵真佛宗啟動國際化的能量醞釀，或許正因如此才使真佛宗具備發展至全球的機緣與條件，並使全球信徒人數呈顯著成長。

---

21 當時《蓮邦》專門製作「師尊國弘法特刊」。參見《蓮邦》，第 30
  期（1989.6.15）。
22 參見〈「工學士」不是「偽言」〉，《蓮邦》，第 31 期（1989.8.15），
  頁 3-7。

四、宗派制度化：1989 年之後

1987 年台灣解除戒嚴後，宗教自由使得宗教團體蓬勃發展。以佛教而言，過去較少見的南傳佛教、藏傳佛教於 1990 年代紛紛進入[23]，台灣佛教本身則陸續成立各式協會、基金會、研究中心、媒體機構等，佛教的入世傾向突出，尤其凝聚為人間佛教的實踐風潮。真佛宗在這個階段也有相當幅度的發展，包括多種宣傳刊物發行、成立媒體、宗派制度調整等。這些發展應直接或間接地受到盧勝彥 1989 年返台的影響，該次行程對台灣真佛宗的發展為一大鼓舞，使台灣真佛宗的活動力較過去更為旺盛。

首先，除了前面提及的數種雜誌，台灣真佛宗在 1989 年後又陸續發行多種類型的刊物，包括雜誌、報紙、雙週刊，如 1990 年 7 月創刊的《蓮花》、1991 年 8 月發行的《真佛世界》、同年創辦的《真佛報》，後來還有《燃燈》及 2003 年 5 月出版的《不一樣新聞》等。此時，除了盧勝彥親自撰寫的書籍，真佛宗公開流通的

---

23 南傳佛教有 1991 年泰國猜育法師（Pra Chaiyot Chaiyayaso）全台行腳托缽、1995 年葛印卡（S.N. Goenka）來台、1998 年緬甸帕奧禪師（Pha Auk Sayadaw）來台等。藏傳佛教在 1980 年代左右雖有零星傳教，但主要是達賴喇嘛於 1997 年首度訪台後，信眾才大幅增加。從這一點也可以看到真佛宗在此之前就已融合密教，取得先機。丁仁傑的研究已觸及這個問題，並對比於圓覺宗與總持寺之發展，參見丁仁傑，〈對於盧勝彥真佛宗教團的一個初步介紹〉，頁 564-583。

文宣刊物益加豐富，自然也反應真佛宗對文宣出版之重視，及長年經驗累積下的投入與進步。除文字宣傳，視聽媒體也加入弘法行列，包括早期的電視弘法組，至1991 年擴展為真佛宗電視弘法傳播委員會，約有 1200 名會員[24]。1990 年代正是台灣宗教節目盛行的時期，包括 1996 年心田法師（1935-）成立佛教衛星電視台、白雲禪師（1915-2011）成立白雲廣播公司、1998 年佛光衛星電視台、慈濟大愛電視台開播等。傳統的文字弘法不再是佛教界唯一的弘法管道，尤其大型教團紛紛掌握經營媒體一途，而真佛宗的電視弘法顯然起步得相當早。

　　在真佛宗的眾多分堂中，台北的中觀堂即以電視弘法為主要特色，中觀堂的蓮悅（當時為法師）於 1996 年製播為期一年左右的「法悅時間」廣播節目，1999 年首次將盧勝彥的開示影片在電視頻道播出，後來更提供給海外頻道。2003 年發行《不一樣新聞》捷運報，2004 年運用網路平台，成立真佛宗網路電視台（tv.tbsn.org）、2007 年設立真佛網路學院，而結合多種媒體資源的真佛全球資訊網也於 2009 年逐漸建置完成。中觀堂將電視弘法視為與社會大眾接觸、弘揚真佛宗的第一線工作，至2009 年已進入第十年，其善用現代科技及媒體弘法的功

---

24 由蓮體法師等人草創電視弘法，成立真佛宗電視弘法組，當時中國真佛宗密教總會與台灣雷藏寺尚未成立，台灣真佛宗尚未有組織化的弘法單位。參見劉淑婷，〈台灣蓮體法師專訪〉，《真佛世界》，第八期（1995.10），頁 70-74。

能，打破時空限制，大幅提升真佛宗曝光度[25]。

　　在這個階段，真佛宗的宗派組織也有相當大的轉變。最初盧勝彥與弟子間直接對應的師徒關係已不足以配合宗派的規模與發展，因此制度化的過程開始展開。1989 年的會議成立〈真佛宗阿闍黎守則章程〉（簡稱〈章程〉）與〈真佛宗分堂規則〉。〈章程〉包含必具條件、責任與義務、名稱、服飾、戒律、經費、個人守則、會議等諸項目，該章程中的核心精神強調盧勝彥的根本傳承。這是首次在真佛宗各地區分堂之上設立實質的組織架構。

　　台灣方面則於 1991 年成立中國真佛宗密教總會，由蓮花傳靜（1925-）擔任首任理事長。新的組織架構是中國真佛宗密教總會之下有雷藏寺、分堂、同修會組織，台灣真佛宗實際的發展歷程，大體上是先有分堂、同修會，後有雷藏寺，因此台灣真佛宗的制度化是由下而上的發展，故中國真佛宗密教總會成立後，宗派內必然經歷一段時間的磨合與調整[26]。1997 年，在各國密教總會

25　參見「中觀電視弘法十週年特刊」，於中觀堂網頁：http://www.chung-kuan.org/，2009 年 9 月 30 日之資訊。另外，中觀堂於 1996 年出版《中觀》雜誌，是台灣真佛宗少有由分堂獨立、固定發行的刊物。

26　1995 年，蓮香仍呼籲各分堂辦理法會時，宣傳刊物上務必註明「中國真佛宗密教總會某地方某堂」，將中國真佛宗密教總會推廣出去，可見成效有限。參見〈會議紀錄：中國真佛宗密教總會八十四年度第二次北區聯誼會〉，《蓮邦》，第 61 期（1995.8），頁112-113。

之上又成立世界真佛宗宗務委員會，為真佛宗最高的行政組織，宗務委員會的權力由所有的公權力所產生，依據各國法令、佛陀戒律、密教戒律，以自由民主的方式管理真佛宗事務[27]。

真佛宗雖然早在盧勝彥 1982 年移居西雅圖之後隨即展開國際化的步伐，但至 1997 年才正式形成全球性最高行政組織，期間僅有十五年的時間，真佛宗不僅拓展至全球，並在形式上完備其制度化歷程，此時真佛宗全球已約有三百間分堂，信徒約四百萬人。發展至第三階段的真佛宗雖然與其他大型教團具備相當類似的組織模式，但其發展歷程具有獨特意義，尤其真佛宗的信仰體系以台灣本土宗教為核心，其拓展至全球的內在動力不同於一般台灣佛教之教團，值得進一步進行個案比較研究。

五、宗派特色分析：以信徒為對象

以上簡要地陳述台灣真佛宗的源起與發展，著重於真佛宗起源於台灣的歷程，及其融合的台灣宗教融合的特色。以下則更集中討論台灣真佛宗信徒，包括信徒加入宗派的原因、對於真佛宗的描述等，希望藉此突顯本文一開始提及的 —— 真佛宗廣納各宗教傳統的融合色彩。據筆者於 2008 年夏天與台灣真佛宗信徒的接觸與訪談，許多人在加入真佛宗之前都有不同的宗教背景，包

---

27 參考「世界真佛宗宗務委員會」宗旨與任務，於真佛網路中文網：http://www.tbsn.org/chinese2/abouttbf.php。

括顯教、道教、民間信仰、一貫道，也有和盧勝彥一樣，曾經作為基督徒，另也有天主教與新興宗教徒。也就是說他們都經歷過一番宗教追尋的歷程，而真佛宗是他們「選擇」後的結果，因此我們可以問：是什麼原因使他們選擇真佛宗？真佛宗吸引他們的特色為何？

　　台灣真佛宗信徒接觸真佛宗的方式非常多，諸如親朋好友的介紹、閱讀盧勝彥文集、透過法師、堂主等弘法人員、透過網路、問事等。在眾多的方式中，其中閱讀盧勝彥文集與問事兩項值得特別說明。許多信徒在書局、圖書館、報舖看到盧勝彥的書，深受內容吸引並決定親自皈依或通信皈依，這個管道等於是盧勝彥以書為媒介，親自接引信徒，之後他們才進一步接觸分堂，這種接觸方式相當直接而個人化。這類信徒多強調他們對於盧勝彥書籍的喜愛，一位分堂堂主表示，其分堂中看書進入真佛宗的弟子，信仰比較堅定而且長久。截至2009 年 9 月為止，盧勝彥已出版 209 本著作，其寫作速度與豐富產量皆為信徒稱道，寫作與出版可說是真佛宗最主要的宣傳模式，然而這種特色並未促進分堂組織長期讀書會的風氣，在我們接觸的數間分堂，雖也有堂主嘗試經營讀書會，卻少有長期維持者，似乎這些書籍仍只屬於信徒個人的閱讀行為。

　　文字在真佛宗發展過程中扮演關鍵角色，可由另一個類似現象觀察：即信徒與盧勝彥間的信件往來。從盧勝彥尚在台灣時，已有許多民眾透過寫信問事，其移居

美國而真佛宗逐漸拓展後，情況依舊如此，甚至成立專門的回信中心，由專人處理信件。許多台灣信徒即利用通信皈依、問事，這些信件多被信徒視為珍寶收藏，這種師徒互動模式依舊相當個人化，且同樣訴諸文字。總之，盧勝彥的文字是最直接的宣傳品，包括各分堂成立時也需要由盧勝彥賜予堂號墨寶。他以文字作為宗主的權威認可象徵，而文字弘法不僅突破時空限制，也可克服盧勝彥離開台灣後可能發生的斷層問題，並因應目前真佛宗拓展至全球的規模。

　　另外，問事也是許多信徒接觸真佛宗的方式，包括早期弟子因向盧勝彥問事而追隨之。盧勝彥認為「問事、看風水本是俗務，入世求福，而非出世學佛，但眾生喜好，為接引眾生入佛門，才以問事、看風水為接引之法[28]。」後來分堂在各地成立，也成為民眾問事的場所，在我們接觸數間分堂中，發現不少信徒最初是因為個人或家人遭遇困難而前往分堂尋求解決方法，這些困難包括身體病痛、精神疾病、事業、婚姻、求學等，相當龐雜。有些信徒一開始到分堂問事時，並不知道該分堂是真佛宗道場，甚至也有不同宗教信仰的民眾到真佛宗分堂問事的案例。某些信徒經由堂主的協助與解決後，即進一步接觸該分堂，這種情況不外乎所求如願的感謝與

28　參見「問事看風水可否」，於真佛世界資訊網：
　　http://tbworld.org/news/p3t.php?at=1&id=139，2009 年 9 月 30 日
　　之資訊。

回饋，另也包括受堂主個人的感召，這種情況下，信徒多強調堂主的德行、為人及其問事的靈驗性。問事可說是真佛宗成立之時就延續了盧勝彥個人特質而存在的宗派特色，其靈驗性自然為信徒深信不疑且津津樂道，但並不被視為稀奇、驚人之事，而是十分自然平常的宗教體驗，某些信徒也向我們特別強調個人修行的重要性，如果遇到小問題，他們會在家裡自己作功課，而不是向外空求。

　　真佛宗吸引信徒的特色為何？匯整我們所接觸信徒對真佛宗的形容發現，當中最大的共同點即是自由、隨和、方便，而且這些特徵很顯然是和顯教相比，除了真佛宗特殊的皈依、灌頂、飲食等外在形式，最主要的仍是個人修行上的意義。盧勝彥認為真佛宗是適合現代人消化實修的宗教，而真佛宗強調實修，除了分堂的共修，更重要的是信徒個人每日的修法。多數信徒都有每日修法的習慣，並在家中設有大小不等的密壇，每日依照自己方便的時間修法，並不刻意固定時間或設定修法時間長短。另外，某些曾接觸顯教的信徒特別強調真佛宗給予個人高度的自由，例如顯教法會儀軌繁複，若不熟悉或作錯則被他人糾正，因此他們對於在真佛宗修行感到較自在。雖然信徒強調真佛宗的自由性，卻不影響他們對修法的重視，信徒往往特別強調真佛宗有「法」，且在真佛宗更能夠修法、更能學到東西，尤其是對生死問題的疑惑能夠得到解答與啟發。這也作為信徒對真佛宗

所強調「自主生死」的回應，並呼應前面提到，信徒在經歷一番宗教追尋後，「選擇」了真佛宗。一方面展現真佛宗對信徒而言是一個安心法門，另一方面也顯示，雖然信徒在某些時候需要依賴法務人員的指導與協助，但仍能掌握修行中的自力成分。

真佛宗信徒的修法除了展現宗派的自由性，也反映信徒修法的個人化特色，這也使得個人與團體間呈現微妙關係。當被問到分堂特色是否影響個人修法時，一位信徒表示分堂特色並不影響其修法，因為「法本拿了就可以自己修」；另一位信徒也認同宗教是個人的事，尤其這類看法在台灣北部較為明顯。由於真佛宗修行內涵的緣故，使信徒個人作為實踐主體，團體間反而呈現較鬆散的網絡。不過這裡主要是指個人與分堂之間的關係不需要過度的緊密依附，但家庭成員間應該仍具有相當程度的影響力。因為人際關係一直是宗教傳播，尤其是吸引女性成員較常見的網絡模式，而我們在訪談的過程中也確實時常接觸到家族中多人皈依真佛宗，成為「真佛家族」的案例，但也不乏尚未獲得家人的認同與支持者。由於並未針對此問題進行詳細的統計，故真佛宗修法著重「個人」的特色與以傳統強調「群體」的宗教人際網路之間的互動，以及台灣真佛宗傳佈的人際網絡為何等問題還有待討論[29]。

---

29 歐大年討論拜鸞與個人時的一些觀點值得注意，他提醒我們，宗教網絡（個人/群體）與修行意義之間的關係必須釐清。他認為拜

　　真佛宗的自由除了反映於信徒個人，也反映在分堂運作。我們發現許多分堂發展至今已突顯出各自特色，並有各自適應地方民情的宣傳方法與經營模式，如前面提到的台北中觀堂即以電視弘法為主要工作、台北莊嚴雷藏寺目前致力於安養院的推動。另外有的分堂以參與華光功德會的慈善服務事業為重點；有的分堂相當重視密教傳承的教育；有的分堂以參與臨終關懷為主；有的分堂定期以神佛塑像與民眾結緣；並有以推廣密教藝術特色之分堂。在我們走訪數間分堂的過程中，都可明顯感受到各分堂的建築形式、空間布置、管理模式、著重的弘法工作、成員間的互動程度都各有差異與特色，並未有一般大型教團的統一規劃與要求。

六、結　語

　　以上初步分析台灣真佛宗信徒加入宗派的原因及其對真佛宗的描述，以下則回到本文開頭提及的真佛宗容納台灣本土宗教的融合色彩。本文在真佛宗第一階段的發展提到真佛宗早期歷史與慈惠堂的淵源，而焦大衛與歐大年對中國民間教派（尤其是慈惠堂）的研究正好深刻地提出與本文現象相關的論述，故以下將其論點作為

鸞團體的成員單位不是家庭，而是個人，雖然團體鼓勵參加者帶家人到廟裡或參加儀式，但並不認為他們代表家庭，因為拜鸞活動的宗教價值體限於個人，而非家庭。參見焦大衛、歐大年著，周育民譯，《飛鸞 —— 中國民間教派面面觀》（香港：香港中文大學，2005），頁 248。

我們思考台灣真佛宗起源與發展的參照，並以這樣的討論作為本文暫時的結語，及後續研究的開展基礎，同時也作為新興宗教與民間教派兩個研究領域間對話的可能性。

首先，歐大年認為教派宗教在融合的過程中有幾項特徵[30]，教派宗教企圖保留一種獨立來源的意識，並用此新形成的信仰體系將這些同來源的觀念聯繫起來，可以說他們用一種自覺的意識創造一種新宗教，超出原本各自獨立的源頭，而教派宗教也時常聲稱他們開創了一些新的東西，這些東西自宇宙創始以來就存在，而教派宗教在這些基本來源上，又復興了真正的本體[31]。真佛宗的誕生也體現上述過程，真佛宗將其宗派定位為結合瑤池金母的台灣本土佛教，並強調道、顯、密融合，是以民間信仰的瑤池金母作起源，並進一步結合道教、顯教、密教；而瑤池金母的信仰使真佛宗保持一有別於其他教派的特殊性。盧勝彥有意識地在不同階段融合不同信仰體系的元素，以傳統為基礎而創造新元素；而此新元素又使傳統得到新的包裝。由此，真佛宗確實呈現出不同於各傳統的「新」，但這個「新」卻與各傳統有相當緊密的連結，不僅與台灣佛教有關，甚至可回溯至中國宗教的傳統。

---

30 歐大年在書中常使用綜攝主義（syncretism）一詞，而本文僅以融合一詞稱呼這類現象與思維習慣，先聚焦於真佛宗的宗派特色，而避免直接進入理論框架。

31 焦大衛、歐大年著，周育民譯，《飛鸞 —— 中國民間教派面面觀》，頁 7。

　　另外，歐大年指出教派宗教給予信徒修行的機會，或是倣效原有宗教的修行方法，但卻沒有原有宗教的限制，這也就是前面提到的真佛宗修法的自由性。真佛宗的修法超越以往的限制，最明顯的就是盧勝彥將過去必須師徒祕傳的密法公開弘揚，尤其信徒可透過閱讀文字直接學習，打破傳統須由口傳的規範。另如真佛宗的飲食禁忌、修法的個人化，甚至僧俗界線都打破傳統宗教的限制，這種開放性也正是其能於現代社會吸引信徒的重要因素，一如焦大衛認為有時刻意在表面上遵守不同，甚至對立的中國傳統，是教派宗教能吸引信徒的主要原因[32]。簡言之，真佛宗營造的修行氛圍使信徒既能參與過去的傳統，卻又不被傳統的限制牽絆。

　　結合上述兩點，我們發現真佛宗的宗派特色與教派宗教的特色有某種程度的呼應。尤其真佛宗融合各信仰體系的誕生背景以及特殊的修行實踐，這兩項特色更交集突顯出真佛宗在個人救贖的特殊意義，而此意義也不同於其所援引的各傳統，並且呼應前面討論的個人化傾向。一如歐大年對於教派宗教的觀察，其不同於中國民間宗教的虔信表現於群體，如家族、社會，教派關切的是靈魂、道德修養、命運等個人性問題，而加入這類團體的單位是個人，而非群體[33]。真佛宗的修行仍以如何

32　焦大衛、歐大年著，周育民譯，《飛鸞 ── 中國民間教派面面觀》，頁 8。
33　焦大衛、歐大年著，周育民譯，《飛鸞 ── 中國民間教派面面觀》，頁 7。

達到個人救贖為實踐核心，使得宗派內無論個人或群體皆保有相當程度的個人色彩，包括群體的界線也是寬鬆的虛線，個人可在此虛線間自由進出群體，甚至群體也可在宗派的虛線間出入[34]。

綜合上述討論，真佛宗的組成非以傳統宗教的共同體概念，而是以最小的個人為單位，表現於內則是修行上追求個人救贖；表現於外則是分堂運作之開放性與自主性。因此，台灣真佛宗的誕生與發展正好標誌出「融合」與「個人」兩個面向，亦即真佛宗以融合、調和的信仰體系滿足了現代人的個人救贖需求，呈現出適應現代社會的新型態，當社會經歷現代化之後，需重組個人與群體的關係時，真佛宗正好在這個時機興起，並提供一個新的選擇。

---

34 丁仁傑的研究發現許多民間宗教團體，曾和真佛宗發生過相當密切的關聯性，但其間的連結並不完全固定。例如慈惠堂分堂、一貫道分壇、民間問事民宅等皆可以集體成為真佛宗信徒，但也可以隨時集體脫離。

對有感召力的權威之肯定：
眞佛宗的個案

約翰·高登·梅爾敦　著
（前聖巴巴拉加州大學宗教學系）
譚偉倫　譯
（香港中文大學文化及宗教研究系教授）

一、真佛宗與台灣宗教：一個簡短的回顧

　　真佛宗是二次大戰後台灣佛教的一種新體現。它屬佛教密宗，比較接近藏傳佛教多於中國佛教徒熟悉的禪宗或淨土宗。創辦人盧勝彥（1945-）的宗教生涯始自他在台中作為一位獨立的宗教心靈輔導員[1]。

---

[1] 對真佛宗的研究並不多，參 Yu-shuang Yao, *A Study of Two Chinese BuddhistMovements in London:The London Buddha's Light Temple and the Real Greatest Chapel* (London: University of London, MA dissertation, 1994) and Tam Wai Lun," Integration of the Magical and Cultivational Discourses: A Study of the New Religious Movement Called the True Buddha School,"*Monumenta Serica* 49(2001)：141-69. 另本文曾以英文"The Affirmation of Charismatic Authority: The

　　中國人在信仰意識上多認同佛教，在台灣上則是傳統民間信仰的天下，這跟我們西方人熟悉的道家哲學有很大區別。它融和出世與入世，強調天地中「地」的因素，表現為對土地公的信仰和熱衷於通過風水的技巧來改進人於大地上的定位。

　　佛教和基督宗教是台灣宗教的後來者，它們入侵於台灣生根的道教。佛教自十七世紀中葉開始進入台灣，明朝遺民為躲避蒙古人和滿清人的統治而移居台灣，清朝的統治使佛教在台灣有一個壟斷的位置，清政府帶來很多效忠朝廷的份子以免台灣成為反清的根據地。這個時期的新佛教例子是現時台北的旅遊熱點之一：龍山寺[2]。

　　英國長老會於晚清時期抵達台灣南部，隨後到達的是往北部落腳的加拿大長老會。他們傳教事業發展得很成功，原因之一是 1894 年侵佔台灣的日本被禁止再有基督教群體到台灣，長老會從此成為台灣最強大的基督教群體。第二次大戰後，台灣的基督教傳教事業發展得很快，但終究基督徒人數只佔整體人口的百份之六。

Case of the True Buddha School"發表於 *Australian Religion Studies Review: The Journal of the Australian Association for the Study of Religion* 20.3(2007): 286-302，版權由作者擁有。

2　一些對台灣歷史和宗教的有用英文參考是：William G. Goddard, *Formosa: A Study in Chinese History* (London, Macmillan,1966); David K.Jordan and Daniel L.Overmyer, *The Flying Phoenix:Aspects of Chinese Sectarianism in Taiwan* (Princeton,NJ: Princeton University Press,1986); April C.J. Lin & Jerome F. Keating, *Island in the Stream: A Quick Case Study of Taiwan's Complex History* (Taipei: SMC Publishing,2000) and B. Kaulbach and B. Proksch, *Arts and Culture in Taiwan* (Taipei: Southern Materials,1984).

　　日本人雖然支持佛教的發展，但台灣抗拒日本的弘法人員，因此，到二次大戰為止，佛教在台灣仍只是一個小群體。到 1949 年新中國成立，有超過一百萬中國人逃到台灣，當中包括了不少著名的佛教領袖。他們原視台灣為臨時立足點，期待將來返回大陸再建設佛教。可是回國的日子遙遙無期，他們只好重新規劃在台灣這個新的家的生活。到 1950 年，居住於台灣的佛教領袖成立了中國佛教會。

　　中國佛教會雖號稱為非宗教組織，實際上它差不多是國家教會，壟斷了台灣佛法一個世代。它掌握了所有佛教寺院的登記、僧侶的剃度，並在逃到台灣的國民黨政府軍法統治時期，常帶頭修改對宗教有影響的法律。政府對佛教的態度曖昧。它很想控制龐大的佛教團體，又避忌給予太多支持，比如政府容許設立佛教大學令人聯想它過於支持佛教。但在另一方面，政府掌權後又充公日本的廟宇，並拒絕歸還作宗教用途。

　　經過一世代的緩慢發展，到了七十年代台灣的佛教終於有復興的跡象。雖然當時仍處於戒嚴時期，但台灣社會已感覺到政府鬆綁了對社會的控制，但一些佛教復興運動已悄悄展開。每個復興運動均由一位有感召力的人物來領導，開始時領導人物仍屬中國佛教會的一部份而非競爭者。當中有數個組織日後發展成重要的國際佛教運動，其中一個例子是 1966 年由當時仍是一位佛教在家女居士釋證嚴（1937-）所創辦的慈濟功德會，她是人

間佛教的支持者。在北美廣為人知的是佛光山，它是一個禪宗運動，在南加州建了一個大型的廟宇群。一個同樣國際性的運動是由禪師釋聖嚴（1931-2009）所領導的法鼓山運動和由淨空法師（1927-）所創辦的淨土運動彌陀佛學會（淨宗）。他視海外華人作為弘法基礎群眾，雖在北美和歐洲幾乎看不到他，但彌陀佛學會悄悄地發展英文佛教刊物[3]傳教。

　　更龐大的可能是佛、道融合的一貫道。雖然曾在台灣被禁四分一世紀（1963-1987）仍能生存興盛，成為當今戰後台灣最大的新宗教群體。其中一個的國際總部最近建立於洛杉磯[4]。

　　當台灣軍法統治鬆綁了對宗教群體的控制，寶島在宗教上如現代西方國家般多元，可是沒有其他群體得到如一貫道和幾個新佛教團體包括真佛宗般所得到的支持。

---

3 有關這些運動的刊物非常多，對了解它們的歷史和信仰有幫助的英文刊物是：Yu-Ing Ching, *Master of Love and Mercy: Cheng Yen* (Berkeley,CA: Blue Dolphin Publishing, 1995); *Handing Down the Light: The Biography of Venerable Master Hsing Yun* (Hacienda Heights, XCA: Hsi Lai University Press,1996);Ching Kung, *To Understand Buddhism: the Collected Works of Venerable Master Chin Kung* (Taipei: The Corporate Body of the Buddha Educational Foundation, 1998); *Dharma Drum Mountain* (Jinshan,Taiwan: Dharma Drum Mountain, n.d.); and *Tilling the Soil, Planting Good Seeds: The 20th Anniversary of Chung-Hwa Institite of Buddhist Studies* (Jinshan, Taiwan: Chung-Hwa Institite of Buddhist Studies, 2001).

4 *Introduction to Dao* (Taipei: Tsu Kwang, n.d.)一貫道的英文資料仍是很少，參 http://www.yiguandao.com/main.htm.

二、一個不平凡的開始

真佛宗的領導人盧勝彥把他的靈性生命追溯到1969 年在台中的一個早上。當天發生的事對一個普通人來說並無可能在日後成為一個發展成龐大國際佛教團體的種子。當時盧勝彥二十歲出頭，在台灣的西南部長大。他父母並非基督徒，但他卻參加了高雄新長老會，並成為一位熱心的信徒[5]。在他大專畢業前，他已被邀成為主日學的老師[6]。

中學畢業以後，盧勝彥服役於軍隊，並被派至台中的一間大專軍校。在他畢業不久後，便開始他軍官的生涯。有一天他答允陪伴母親到附近的一所台灣傳統的玉皇宮，這次的造訪改變了他的一生。

當天是節日，廟內外都充滿了人。在到處遊盪之時盧勝彥發現了一位身穿藍裙、年約五十的女士，她正跪在大殿的神像前，好像與神明在對話。很多人圍著她，並向她請教問題，她均一一回答。突然她停下來，並高聲問道「誰是盧勝彥？」她的聲音大至廟外也聽到，引起在外邊的盧勝彥注意。當他在人群中聽到有人喊自己的名字，便走過去。他的母親也聽到了，便走過去問：為何要找盧勝彥？穿藍裙的婦人回答說不是她要找她的

---

5 Lu Sheng-Yen, *The Inner World of the Lake* (San Bruno, CA: Amitabha Publications, 1992): 128.

6 盧勝彥的傳記由他眾多本書籍中搜集而來，也由訪問幾位知情的領袖而來。中文的傳記見《燃燈雜志》冊 79。

兒子而是神明要找他。婦人囑咐母親趕快把孩子帶來。盧勝彥走近那位婦人，對她的長相表示驚訝，因為她的雙眼聚焦無法協調（斜視），而且有點歪咀。

　　婦人問：你是否是盧勝彥？盧答：是！為何要喊我？婦人沒有馬上回答，只跪在神像前，說了些聽不清的說話。婦人才再問：你是否是基督徒？並繼續問：你是否完成了大學教育？慮勝彥都回答：是！婦人於是看著他，問了一個不尋常的問題：你是否明白今天早上的夢？

　　盧勝彥確實是發了一個很清晰的夢，但他沒有跟人提及過，包括他的母親。夢中他在爬山，並走進一間廟宇，內有多尊不同的表情和造型的神像。住持告訴他，已等待他多時。盧勝彥回答說：先生，我並不認識你，怎可能和你有約會呢？

　　住持答道：我們怎會不認識？我們一起遊歷三教和四海！每五百年相會一次。即使你墮落至地獄，變成惡鬼，我也能認得你！自此，仍是基督徒的盧勝彥進入一個與他的基督教信仰不相容的「靈的世界」，並和一系列的靈接觸和交往，這些靈無法與基督教並存。自此，盧勝彥掙扎着要把它與台灣的文化結合。

　　盧勝彥反問住持：先生，你是甚麼意思？住持失望地回答說：不打你不會明白！住持於是拿起他的塵拂掃過去，盧勝彥方醒過來。但他很疑惑廟裡的婦人怎會知道他的夢呢？

　　婦人沒有停下說話，繼續透過問問題的方式來為盧

勝彥作靈命解讀。盧勝彥對她所說的一切都表示肯定。
婦人結束她的問題說：菩薩想你弘法勸善，為人解惑，
揚善去惡，你現在任重道遠。菩薩選中你來弘法！婦人
承認盧對他前面的路和佛教都認識很少。但她對盧勝彥
說：現在你確是不懂，但只要你跪在我旁邊，很多事情
便會顯現給你看。來！跪下，合掌！[7]盧勝彥有點不太願
意，但在眾目睽睽下跟著婦人的說話去做。

　　接下來發生的事對盧勝彥來說是比他的夢境或藍衣
婦人的認識更神妙！他看到前面出現強光，有三尊佛菩
薩坐在蓮花上，放射出彩虹光。當時他清醒，並非在造
夢，在完全醒覺的意識下看見菩薩，但旁邊的人卻是看
不見！菩薩對盧勝彥開口說話。第一尊說：一心學法！
第二尊說：一心向善！

　　菩薩後來不見了，只剩下一條紅布在空中，上面寫
著金色的「忠、義」兩字！這些字是傳統中國最高的神
明玉皇大帝所賜的！有一道聲音對他說：今天玉帝賜你
忠、義兩字，作為你一生持守的兩項原則！甚麼可以做、
甚麼不可以做都要先撫心自問。只要你無愧於天地，你
便會接近無所不在永恆的道！

　　雖然所有人都看不到、也聽不到所發生的一切，但
跪在盧勝彥旁邊的婦人像了解他所經歷的一切！她安慰

---

7 Lu Sheng-Yen, *The Flying Carpet of the East* (Tukwila, WA; The
Author,1984):2. *Encounters with the World of Spirits* (San Bruno,CA:
Purple Lotus Society, 1995), Chapters 1-13

困惑的盧勝彥說：世上有很多不可思議的事情。你將會看到、聽到和感受到很多人無法經歷的事，神明都慢慢會教曉你的！

當時，盧勝彥不能也不願意接受所發生的事，但這種情況很快就改變了。盧勝彥生長於台灣，但台灣傳統宗教的世界對他來說始終是陌生的。雖然不能馬上接受，但也不能否認它的真確性。他回到家中獨自睡在床上仍在沉思他的經歷，久久不能入睡。他突然嗅到香味，看到前面有一團光，外有金邊。他感覺自己靈魂離開軀體，飄到光圈裡，進入一個充滿蓮花的世界，碰到很多不知名的菩薩，他們都向他鞠躬。他還看到一個漂亮的宮殿，他走上一座山，進入一座廟宇。在廟宇裡，他被指示讀了一頁佛經裡的內容，正好解釋了他當天的經歷。

旅程完成後他又回到床上，已是另一天的早上。他仍被自己這次新經驗所迷住，便跑到附近的一家書店，尋找夢中所讀的佛經。結果他找到了，並閱讀了他被指示的一頁，引證了他在夢中的事。

盧勝彥於是開始了他在靈性方面的學習，與他所信仰的基督教很不一樣。他買了一大堆的佛、道書籍，他以前對其他宗教都不感興趣，也不了解二教之分別。由於他接觸了另一個世界，盧勝彥不可能再回到他以前的生活。他的靈性經驗已和我們對醒覺意識世界的經驗一般真實，他所碰到的靈體也和他的家人一樣真實。

他跟靈性導師三山九侯先生結下不解之緣[8]，他同時師從蓮頭山道教清真道長學習。

三、盧勝彥的發展

玉皇宮的經驗使盧勝彥在開初時把自己看成道教徒。但他很快地轉到佛教的淨土宗，並於八十年代再轉到佛教密宗。由七十年代開始，通過他寫的書籍和接受過他靈性指導的人之口碑，盧勝彥在台灣擁有了一群追隨者。由於香港流通了他著作的盜版書籍，盧勝彥在東南亞也開始有追隨者，這是始料不及的！

與此同時，他開始於台灣舉辦法會。當參加人數愈來愈多的時候，他在台中的廟宇裡租了一些地方。1975年盧勝彥正式成立了靈仙宗。此時，盧勝彥已是一名淨土宗的導師，但他的師尊地位更多地表現在他宣稱與靈界的定期交往和他給予個別靈性指導之能力。

開始的時候，盧勝彥比其他的佛教領袖步伐較慢。他在 1969 年得到靈性開悟之時，他才剛完成四年的軍校課程，並需要再服役十年。因此，整個七十年代，他都是服役的軍官。1979 年開始他才辭退了軍職，全時間投入靈性的工作。他作了幾項重要的改變，當中最重要的是開始讓追隨者正式皈依他。

---

8 盧勝彥曾長時間把他的開悟和三山九侯先生的身份保密，這些部份後來成為他當一位靈性導師的憑證。當真佛宗發展起來而盧勝彥成為根本上師的時候，這些憑證就變得更重要。

　　1982年盧勝彥突然移民美國。從此鞏固了他在靈性生命上的最後一個主要的轉換，即由淨土轉往密宗。移居美國的前一年，盧勝彥接受了白教十六世大寶法王卡（噶）瑪巴（1924-1981）的五佛灌頂，從此開始修煉密宗和開展了他五年的密集學習。到1984年他把宗派重新命名為真佛宗，同年他出版了五本有關密宗的書籍，並宣告了自己開悟的訊息。他現在正式已是創宗立派的祖師，在華盛頓州西雅圖郊所成立的祖廟遂成為宗派第一分堂。

　　真佛宗是在台灣數個出現的新佛教運動中最有趣的其中一個。和其他宗派一樣，它的信徒不只來自台灣，也來自散居於東南亞和西方的海外華人。大部份的中國佛教徒都屬禪宗或淨土，真佛宗要在一個高度競爭的環境下宣揚密宗。在古代的中國密宗曾經流行並成為主流，在近世紀，密宗好像在漢人中消失了，只在西藏和蒙古找到。因此，真佛宗的信眾在走自己獨特的道路時，很難與其他台灣佛教信眾聯繫，只能到西藏或日本找志同道合的伙伴。

四、盧勝彥作為一個魅力的領袖

　　當盧勝彥成為一位全職的宗教領袖和最後成立真佛宗，他即面對一項重要的工作：讓自己成為宗派的根本上師，一步步地走向社會科學家所說的魅力領袖，而他往後的工作是一個極佳的個案來詮釋這個詞語的意義。

　　魅力領袖這個詞有意義上不確定的地方。在文獻上至少有三重意思，當中可能有重疊的部份。第一而且是最重要，是魅力領袖是自我委任而非由一個已存在的組織來任命。很多新興宗教的創辦人都屬於這個意義下的魅力領袖。他們都是通過建設新的組織並在第一代信徒的確認和首肯下成為領袖。作為創辦人，他們會組織崇拜的團體和培訓領袖，並把它傳下去[9]。

　　新宗教團體的領袖會展示他們作為運動成就的代表者而建立領袖的角色，通常會通過演譯一種新宗教觀點或展示他們對一些古老宗教傳統的掌握。大多數的宗教創辦者都會採納一些古老宗教傳統，從而提出一些創新或在一個新處境下重新演譯。在過去的一代人中，我們所碰到的魅力領袖都是嘗試在新的環境下建立古老宗教的弘法士，很多領袖都沒有特別的靈性經驗或突出的個人性格。

　　第二，我們也把魅力領袖說成有魅力或特殊能力，往往是因為他們對超凡力量的運用或有和靈界的溝通能力。他們或會具有治病的能力，對未來的預知或對神明或靈體的相遇而一般人無法做到。

9　以下的參考對本文寫作有很大幫助：Bryan Wilson, *Religious Sects* (NewYork: McGraw-Hill,1970); Geoffrey K. Nelson, *Cults, New Religions & Religious Creativity* (London: Routledge & Kegan Paul,1987); Marc Galanter, *Cults: Faith, Healing and Coercion* (New York: Oxford University Press, 1989); and Lorne L. Dawson, *Comprehending Cults: The Sociology of New Religious Movements* (Toronto: Oxford University Poress, 1998).

　　第三，我們把魅力領袖是說成鼓動人心和吸引人的一種非凡能力，通常是由於他們的口才了得（如葛培理牧師（Billy Graham）（1918-），對人的溝通能力（如比爾・克林頓（Bill Clinton）（1946-）或能展現一種敬虔（如德蘭修女（Mother Teresa）（1910-1997）。由於個人的磁場吸引，傳統上公認的和已建立的領袖都會被稱作魅力領袖。所謂「洗腦假說」的信服力都建基於宗教領袖均具備這第三種的魅力和它所引申的對人操控能力之假定。

　　任何一位魅力領袖都會具備上述三種特徵中至少一種，我們可從電視福音佈道中舉一些例子。奧勒羅伯（Oral Roberts）（1918-2009）是一位優秀的演說家，很多人相信他有神的治療能力。傑瑞・法威爾（Jerry Falwell）（1935-2007）是有名的佈道家，他創辦大型的新教派：自由浸信會。羅伯特・舒勒（Robert Schuller）（1926-2015）是一位出色的演說家，他沒有擁有任何時超能力而只在一個美國的改革教會擔任牧師。

　　魅力領袖需要維持自己的魅力，我們可以從兩個角度來看這個過程。首先，領袖或創辦人以不同的方式來維持自己的權威。他們或會通過法律文件，諸如：註冊文件、組織憲章等來堅持自己的權力或給自己安排一個特殊的角色。我們可以注意到這種角色並不穩固，在過去的一個世代，很多組織便開除了他們的創辦人。著名的例子有：進程教會的羅拔・格里姆斯頓（Robert de

Grimston）（1935- ）、克里帕魯瑜伽團契的德賽瑜伽師
（Amrit Desai）（1932- ）、國際神的教會嘉納・阿姆斯
壯（Herbert W. Armstrong）（1892-1986）和供應生命
的教會的泰德・賀格（Ted Haggard）（1956- ）。擁有
領導權的領袖會定期展示自己的超自然能力。他們會講
及他們與靈界的接觸、給他人預言、為人的健康和幸福
祈求或帶動降靈活動。最後魅力領袖會通過演說、寫作、
組織、建立人際網絡來證明自己日益加強的能力和對某
一宗教傳統的熟悉或對某一新傳統的掌握。

　　第二、雖然我們可以把魅力想象成領袖所擁有和操
控的東西，但也無妨理解成形容領袖和他的跟隨者之間
的一種關係。當中最重要的元素是追隨者所賦予領袖的
特質。領袖魅力若缺乏追隨者的認可和支持便失去效
果，最終會眾方能夠限制甚或奪去創辦者的權力。是以
會眾通過他們反覆敘述對領袖能力的個人經驗，再次肯
定創辦人對超自然權威的聲稱。會眾和社會大眾一起去
證明領袖的演說、與人交往和指導組織達成目標的能
力。如艾琳・巴克（Elieen Barker）（1938- ）所說：魅
力權威是賦予一個人，他（或有時是她）的追隨者把他
看成有神的特別恩典或具有個人特質使他（她）成就非
凡。換句話說魅力權威不能約化成領袖的心理特質，也
不能完全通過信眾在運動中所得到的社會痛苦之舒緩來

理解[10]。

　　一位信眾可以在和領袖或組織中任何人有個人接觸之前，已被吸引和開始對該位領袖賦予權力。但總是信眾們開始加入教團成為新會眾才開始學習承認和表達領袖的魅力權威。那種對領袖魅力的特殊特徵的表達是通過個人和集體的經驗而學習的。巴克把它說成社會化或魅力化的一種過程。

　　當信眾加入組織，魅力化的過程便充滿感情地展開。信眾對領袖的親切感受是雖然很少見面，但仍對領袖給他們所做的和帶領他們參與組織有很強的感恩。這種感恩可能是領袖所賜予的一系列非物質的利益諸如愛、加持、對生命的睿見等，但也可以是有形的利益如身體治療、對愛情、工作、生意等問題的現世利益建議。當信眾與領袖的關係持續，得到的利益也相應增加，追隨者會給予領袖更高的信任。在建制的宗教傳統中，我們看到信眾對領袖關係的密切性增加和信任日益提高的實例，如在已故的教宗約望保祿二世（Pope John Paul II）（1920-2005）身上看到。

　　宗教創辦者持續地扮演著一位合法的領袖而信眾也持續地肯定他們的地位和角色，大家相互呼應。

---

10 Elieen Barker,"Charismatization: The Social Production of 'anethos Propitious to the Mobilization of Sentiments',"in Eileen Barker, James A. Beckford, and Karel Dobbelaere, eds., *Secularization, Rationalization, and Sectarianism: Essays in Honor of Bryan R. Wilson* (Oxford: Clarendon Press, 1993): 181-201.

　　我們在過去的世代看到，當魅力權威在一個組織被建立起來的同時，很多新領袖的角色會被外面競爭勢力的聲音審查和挑戰。批評者會質疑領袖的領導資格，他們會很快指出領袖的缺乏傳統專業（神學訓練）。當領袖有爭議，批評會加強。組織成員會把批評看成威嚇，領袖和追隨者都會嘗試回應詆毀者[11]。盧勝彥也受過批評，因此審視盧勝彥如何重新肯定他作為一位合法的宗教領袖和一個龐大佛教組織的創辦人是一個令人深感興趣的研究。

五、建立魅力

　　自少盧勝彥便想當一名作家[12]。他在大學時期便出版了第一部書。在他於軍中服役時他定期每年出版一到兩部書[13]，都是故事形式，針對一般在俗讀者。他把 1975 年出版談他的靈性啟發的《靈機神算漫談》[14]作為他第一本宗教書。自此以後的書都是集中討論他的靈性發展和傳述他所學習到的教導。

　　常常指導盧勝彥的靈界導師把他指引到一位寄居於

11　領袖們也會為自己帶來性醜聞，七十年代的美國禪宗群體之婦女便曾經站起來罷免了一些涉及性騷擾的領袖。

12　Lu Sheng-Yen, *Incredible Spiritual Happenings* (Singapore: True Buddha publications,1998):142.

13　Lu Sheng-Yen, *Dharma Talks by a Living Buddha* (San Bruno: Amitabha Enterprises, 1995): 147.

14　英文翻譯 *Encounters with the World of Spirits* (San Bruno, CA: Purple Lotus Society,1995).

蓮頭山的人間師傅清真道長。接下來的幾年時間，盧勝彥一有空便偷偷跑到清真道長的茅棚裡去跟他學習治病、長壽和致富的丹道[15]。在跟清真道長學習的同時，三山九侯先生堅持要求盧勝彥每天誦讀佛經。

　　跟清真道長的學習結束以後，盧勝彥的自我形象開始有所轉變。他慢慢把自己看成為佛教徒多於道教。這種新的自我理解促使他到台中蓮社去皈依，並開始對淨土經典的學習，包括《阿彌陀經》、〈普門品〉和〈往生論〉[16]。他亦開始於家中壇城每天兩次持誦佛咒。1972年4月17日，他到達台灣南投碧山寺。當時該寺正舉辦200週年紀念活動，盧勝彥利用這次盛會在三位戒師面前受了在家菩薩戒。當天晚上接受了菩薩戒的信眾一起向前世的父母及親人感恩並邀請他們一同過菩薩的生活。

　　早前盧勝彥曾把自己的壇城註冊成中國道教協會的成員。受了菩薩戒以後，他便加入中華佛教會。1972年農曆7月18日盧勝彥在家中舉辦了超度法會(宗派以後每年夏季都舉辦)。但奇妙地很多人前來參加，盧勝彥帶領他們誦唸多小時的佛、道經典。

　　那次夏季法會是在農曆的七月舉行，正值鬼門關對人間開放之期，也是幫助祖先往生淨土的好時機。這種

---

15 盧勝彥講述了很多這時期他幫人看風水的故事，見 *Household Feng-shui* (San Bruno,CA: Purple Lotus Society, 2002).
16 論有別於經，經是佛說，論不是。

法會日後成為宗派週年盛會之一[17]。有參與是次法會的信眾都宣稱他們見到被邀到小廟堂的眾亡靈。

盧勝彥成為一位新佛教群體的領袖，他經歷了的個人轉變使他改變領袖之性質而使他日後成為中國密教的祖師之一。這個轉變的里程碑有：他於 1981 年接受了一位西藏白教祖師，十六世大寶法王噶瑪巴讓炯日佩多傑（1924-1981）的灌頂、他移民美國並於西雅圖西郊建造了一個大廟宇、他於 1982 年在靈界碰到一位密教神明賜予他「紅冠聖冕金剛上師」的名銜、他於 1984 年出版五本密教的書、他重新把宗派命名為真佛宗和向大眾宣告他的開悟。

這段日子他靜悄悄地到了香港，拜一位屬西藏紅教，鮮為人知的中國喇嘛，香港新界荃灣芙蓉山淨音閣住持吐登達爾吉（1931-2006）為師。真佛宗在加拿大愛明頓市的第一座雷藏寺正是以吐登達爾吉的廟宇來命名的。盧勝彥從吐登達爾吉接受最高的密教灌頂和許多傳承信物。除此之外，盧勝彥也接受了其他密教上師大灌頂，包括有名的花教祖師薩迦證空上師（1906-1987）。

灌頂使他成為一位喇嘛和理解自己是一位佛教神明的轉世 —— 阿彌陀佛。作為真佛宗的創辦人，他也成為宗派的根本上師。在金剛乘傳統中，信徒不只作三皈依（佛、法、僧），還皈依根本上師。心理學家和醫生維

---

17 這即是中國社會中的鬼節，日本叫 Obon（お盆）。

克多・曼斯費爾德（Victor Mansfield）（1941-2008）作
為一位佛教密宗的信徒這樣形容對喇嘛或上師的奉獻：

> 事實上對上師或喇嘛的信仰是有意識地把學員的
> 一些最佳質素投射在上師身上。在靈性旅程的開
> 端，這些優良質素對學員來說都是未意識到，他們
> 不能直接得到，而是要首先外在地從喇嘛身上看
> 到它們。喇嘛被看成是智慧與慈悲的化身，是佛陀
> 的靈性睿見和開悟的行動。但是這一切都只是開
> 始，若學員只是單單投射這些質素在喇嘛身上，他
> 們就會處於遺憾的境地。他們會完全不知曉喇嘛
> 究竟是一位怎樣的人（他們是誰？），也無從判斷
> 如何向他看齊，也無能力去把那些優良的質素與
> 自己結合，使它成為真實！[18]

　　1992 年盧勝彥與宗派中領袖和核心成員作一週的
退省，他總結了組織的信念和修持，也清晰表達了他作
為組織領袖的憑證，指出他從西藏佛教中四大宗派接受
了最高的灌頂。他的演說後來翻譯和出版成《細說密教
儀軌》[19]，成為新信徒的入門必讀資料。

---

18 Victor Mansfield, "Some Psychological Approaches To Tibetan Buddhism." Posted at
http://people.colgate.edu/vmansfield/projection.html.
19 英文翻譯 *Exposition on the True Buddha Tantric Dharma* (San Bruno, CA: Purple Lotus Society, 1995).

六、盧勝彥作為密教的領袖

　　當真佛宗在台灣、香港以至東南亞慢慢成為一個奉獻較大的淨土宗組織可和禪宗組織競爭之際，盧勝彥成為一位備受爭議的人物。他的著作中也常有對他批評者的回應，當中有許多是對佛教密宗的否定[20]。差不多所有批評者都挑戰盧勝彥的合法性，指出他不過是一位出身低微的靈性導師，並無受「正統」訓練或憑證供他作現在的工作。盧勝彥回應了這些指責，大部份的回應出版在中國佛教的刊物。（一）在他的書中，他對他的信眾和準信眾一再肯定他的基本憑證（二）他持續通過不同的密教領袖取得大眾對他身份的承認，如他活佛的身份。活佛的身份被很多西藏的僧人用過，他們有些在佛教的修持上很突出，又或被認證為過去被稱為活佛的再來人。當代台灣有數不清的活佛存在！

　　整個九十年代，盧勝彥基本上建立了他的合法性。首先，通過他自己的閱讀和研究，他掌握了道教和佛教的教義。他的許多著作證明了這點，並向在俗信徒傳授這些學說。到今天為止，他寫了超過二百本書[21]。其次，他宣稱得到居於靈界的許多著名佛教老師的親自教導。

20　唯一的例外是聖嚴法師，他對密宗較正面，基於他和達賴的接觸他寫了 *Meeting of Minds: A Dialogue on Tibetan and Chinese Buddhism* (Taipei: Dharma Drum Mountain Buddhist Foundation, 2000).

21　2007 年為止，有三十本翻譯為英語，翻譯成其他語言的較少！

這些導師包含佛陀本身、西藏寧瑪派創辦人蓮華生大士（生卒年不可考，約活於八世紀）和格魯派創辦人宗喀巴（1357-1419）。

盧勝彥靈界中最重要的導師是三山九侯先生。導師的真正身份一直被隱瞞至 1990 年方被公開。三山九侯實際上是一種組合的身份，一共有十二位佛菩薩：三山為佛的三身即法身毘盧遮那佛、化身盧舍那佛、應身釋迦牟尼佛。九侯是九位在胎藏曼荼羅中心的神明，在日本真言宗的廟宇都會見到的曼荼羅。當中有幾位有名的菩薩，包括文殊、觀音和彌勒。

除靈界的接觸外，盧勝彥認定他是蓮花童子菩薩的化身，這位菩薩在西藏經典沒有被提及，他一直強調蓮花童子與阿彌陀佛的關係。在 1999 年，他透露三山九侯的真正身份同時，他也表露了蓮花童子作為阿彌陀佛的一身。因此盧勝彥再進一步認定自己是阿彌陀佛的化身。若把事情作一個全面的觀察，達賴喇嘛被認為是觀音的化身。班禪喇嘛也是被認定為阿彌陀佛的化身。西藏薩迦派的領袖薩迦崔津法王被認作是文殊的法身，還有許多喇嘛被相信為不同的佛、菩薩之化身。

第三，盧勝彥曾系統地從地上的老師來敘述他的憑證：表明他從四個西藏派別中的三個上師得到高等的灌頂，並曾跟日本真言宗的師傅學習。他曾提及從格魯派的圖登多杰（1935-1984）、薩迦派的薩迦證空上師、白教噶舉派十六世大寶法王噶瑪巴受過灌頂。此外他跟隨

普方上師（出生年不可考-1991）學習，他是真言宗派一位華裔上師，在台北的總持寺當住持。

在以上的上師手上，盧勝彥都得到傳承信物作為他憑證的代表標記[22]。

七、核實合法性

在建立憑證和系統地展示於追隨者和大眾之後，盧勝彥與真佛宗的領導層進行一些事情以便憑證被認同。在信徒的心目中，這些事情當中最重要的莫過於 1996 年 11 月 12 日盧勝彥造訪達賴喇嘛（1935-）。這次造訪中，達賴與盧勝彥交談並交換禮物，最重要的是獻哈達，傳統的西藏圍巾。哈達為西藏佛教生活中非常普遍，它常被獻於廟裡佛、菩薩像，也會獻給被公認的喇嘛。雖然達賴的辦公室沒有發出任何承認公函，信徒對是次在達蘭薩拉的簡短會面很重視，這可從會面時拍的照片在真佛宗的廟宇和分堂隨處見到得到證明。

被廣泛宣傳的還有盧勝彥與幾位西藏佛教領袖的會面，他們都承認盧勝彥的地位與他們看齊。當中最受注目的是 1996 年 9 月格魯派的精神領袖 101 世甘丹赤巴龍日南杰仁波切（1927-），和他的隨行人員到訪真佛宗的祖廟西雅圖雷藏寺。他不但向盧勝彥獻哈達，還送給他幾

---

22 關於他自己所敘述的憑證，見 Lu Sheng-yen, *A Complete and Detailed Exposition on the True Buddha Tantric Dharma*.Trans. by Janny Chow (San Bruno,CA: Purple Lotus Society, 1995):46-49.

件法器。兩天後甘丹赤巴仁波切還親身參加了真佛宗於雷明市舉辦的週年超度法會[23]。到今天，盧勝彥與其他的喇嘛互訪仍不時發生[24]。

最後我們得提到盧勝彥得到西方一位有名的喇嘛認可，他是卡盧仁波切（1905-1989）。雖然他並未親身造訪盧勝彥，他在生命結束之時，他寫了並簽署一封信讚揚盧勝彥的成就。他還拍了一幅照片，自己拿著盧勝彥的照片，連同他的信件和一些法器送給盧勝彥[25]。

八、結　論

真佛宗盧勝彥嘗試從更大的群體中，尋找對他的魅力領袖之認可絕非獨立事件，而是在新宗教群體中的創辦人所常見的舉措。他的獨特處倒使他很成功地進行，他在宗派內的權威建基於信眾對他教導的接納和對他擁有的超凡能力的認可。

他在佛教界的聲譽和宗派長期生存能力都因他收集到的認可而明顯地增強。這種的認可很大程度上減弱了來自淨土與禪宗領袖對盧勝彥的批評。

---

23 見 Lu Sheng-yen, *New Revelations from the Buddha King,*Trans.by Janny Chow (San Bruno,CA: Purple Lotus Society,1999):117.

24 Lian Lian,"A Friendly Visit from his Holiness Orgyen Kusum Lingpa,"*Purple Lotus Journal* 9 (September1998):2.

25 Lu Sheng-yen, *The Great Spiritual Response of Tantrayana* (Singapore:Yuan Zheng Tang of True Buddha School,1993):88.

台灣眞佛宗的女堂主

李玉珍

（國立政治大學宗教研究所副教授）

一、　前　言

真佛宗發源於台灣，盧勝彥（1945-）早從 1975 年開始寫作出版靈書，1982 年才移民至西雅圖。從西雅圖到全球佛道場已經超過四百間，皈依弟子約五百萬，台灣、印尼、馬來西亞亦分別成立了真佛宗密教總會。真佛宗在台灣發展的歷史，學者鄭志明、丁仁傑皆有專文介紹，皆強調真佛宗多樣融合民間宗教的元素、反映社會急遽變遷的發展過程，以及盧勝彥以知識份子著書創建此一融合性宗教系統，進而成明師（charismatic leader）型的教祖身分[1]。上述研究多偏重於盧勝彥個人的思想發展，罕見早期台灣真佛宗信徒與組織的研究。

---

1 鄭志明，〈盧勝彥與靈仙真佛宗〉，《當代新興宗教 —— 修行團體篇》（嘉義：南華大學宗教文化研究中心，2000），頁 191-255。丁仁傑稱真佛宗的發展方式為：「以領導者為核心所開展的將教團縱向加以連結的努力」。請見丁仁傑，〈對於盧勝彥真佛宗教團的一個初步介紹〉，《社會化與宗教制度變遷 —— 當代台灣新興宗教現象的社會學考察》（台北：聯經，2004），頁 265-292。

本文則將透過介紹台灣真佛宗的婦女信徒，呈現真佛宗自 1970 年代迄今於台灣的發展。

　　雖然真佛宗自我定位為佛教宗派，但是其上師／堂主的雙軌制度，無疑為女性開創比傳統佛教僧團更廣的宗教生涯。對真佛宗的定位，譚偉倫等學者已有專論，本人不再贅述[2]。筆者關注的是，作為新興的宗教組織（真佛宗創立於 1983 年），真佛宗如何提供女性建構、呈現其宗教體驗的方式與可能性。此一命題已具兩面性，真佛宗的教義與制度對待婦女修行的態度，以及女信徒本身對真佛宗的理解與自我定位討論前者的資料，必須涵蓋創教者的完整教義與神職人員養成升遷議事的制度，後者則需要訪問女信徒。

　　除了研究真佛宗的出版資料，筆者與香港學者一行於 2008 年暑假曾走訪真佛宗在台的道場，從南到北，共拜訪 24 座道場與基金會，計有屏東、高雄、草屯、太平、台中、豐原、新竹、桃園、中壢、龍潭、台北等地。在考察過程中，筆者並未設計問卷，而是選擇以訪談互動作為採集資料途徑，訪談過程包含一對一以及團體式談話。問題焦點集中在婦女參與真佛宗活動的契機與過程、她們所描述的宗教修行心得、上師或堂主與女信徒之間的互動分工，以及五位女堂主成立分堂的過程等方面。

2　譚偉倫，〈新「宗教」與新「教派」之辯 —— 對真佛宗研究一跨學科的嘗試〉，收入中國真佛宗密教總會編，《2004 年台灣密宗學術研討會論文集》（南投：中國真佛宗密教總會，2005），頁 180-203。

　　筆者雖然尚未掌握目前台灣真佛宗信徒的男女比例，但是根據田野調查中的觀察所得，平時參與活動的信徒男女比例相當平均，約為二比三（僅有一新設道場比較特殊，甚少男信徒出席）。真佛宗教團的組織與行政分工上，則有女上師與女法師、女堂主等，擔任重要領導位階，教團、堂主的男女比例相符，女性約佔百分之四十。屬於開拓性質的同修會負責人中，女性比例較低，為百分之三十。整體而言，真佛宗教團的女性可見度相當高。以下將先介紹真佛宗早期的堂主，然後再分析女堂主的生命史。

二、堂主與台灣真佛宗的發展

　　台灣十年（1974-1984 年），此時期是國際真佛宗建立的基礎，亦是盧勝彥建立、確認其宗教領袖身份的重要階段。他不只接觸台灣宗教土壤上各種靈學的形式（慈惠堂的瑤池金母、天啟授課的三山道長、佛教顯密宗派的法脈），而且筆耕弘法不輟。不可諱言，此一時期也是真佛宗召集信徒、創立組織的實驗階段。盧勝彥早在 20 歲（1974 年）就出版第一本靈學著作《靈機神算漫談》，其宗教修行與服務亦開始於台灣。透過寫作與通信，全省群眾擠入其台中住所問事求助。真佛宗所採用的寫書傳教、隔空皈依以及建立分堂傳教形式均於台灣傳教時期開始，而且盧勝彥始終使用中文。1982年，真佛宗在台發展遭受危機，盧勝彥全家移居西雅圖，

但是透過閱讀其作品而寫信前來求助解惑，或者隔空接受皈依者，反而有增無減，信徒遍佈全球[3]。盧勝彥的文字魅力在於明白直接，使其思想吸引東南亞華人與海外第二代青年，但是真佛宗的全球華人社區內，台灣信徒顯然是他最無語言障礙（隔閡）的追隨者。1989年四月，盧勝彥首次由西雅圖返台，舉行三場大法會，巡迴四十個分堂開示。此一過程證實台灣道場數目與日俱增，並未因為教祖缺席而減少，加上世界宗委會成員仍以台灣上師居多數，可見台灣地區對於真佛宗發展的重要地位。

　　1982年前，盧勝彥本人並未成立分堂，分堂是由信徒研讀他靈書的自行聚會最終建立而成。真佛宗有些早期的分堂是信徒捐獻自宅蓋成，後來堂主才出家，但是仍然與妻子家人合住同一棟透天厝。這種民宅與分堂重疊的方法，正好是早期盧勝彥信徒拓展的重要形式。一方面分堂並無「總會」或者「宗主」的奧援，都是由個別信徒聚群共修而起。筆者還發現，早期閱讀盧勝彥靈書的讀者，循書中「隔空皈依」的模式，會刊登廣告招徠同好，建立同修會。此外，由於親戚、朋友、同事、師長、學生間介紹靈書比較容易，而且相對早期受到壓抑的情

3　所謂隔空皈依是盧勝彥靈書最後必定記載的儀式，讀者於農曆初一或十五清晨五時至七時間，面對東方擺置香案，供奉蓮生活佛法相、三杯水、三種水果，開始誦念皈依文，冥想灌頂的儀式。完成儀式即可將個人資料寄給真佛宗，日後將收到皈依證書與上師法相，並且指示開始修行何種法。完成此隔空皈依，即可取得蓮生聖尊的傳承。請參見法舟堂編，《真佛宗皈依手冊》（桃園：法舟堂，出版年份不詳）。

況，相識者聚集某人家中佛堂共修，也是比較低調卻安全方便的作法。早期篳路藍縷，這些家庭式的道場開拓信眾群，貢獻很大。但是隨著共修人數增加，分堂可能分裂為二；也可能因為早期成員搬家、出外就學就業而使道場縮小。兩種現象都顯示，早期真佛宗在台灣的組織型態靈活的原因，與此類似讀書會的聚會形式有關。

　　相較於較晚成立的同修會與分堂出現與佛教文物店、出版社、甚至公益基金會結合的情況，其建立的關鍵仍然在堂主如何聚眾。如果堂主或核心人員本身開設佛教文物店、出版社，大至供奉壇城、小至組織讀書會，都非常方便，也能兼顧生計。只是可能住家、店面、壇城均聚擠一處，仍然屬於私人財產，管理與財產方面容易產生糾紛。反觀基金會的辦公室可以節稅，其運作也可以號召更多義工。循此經驗，目前宗務委員會也接受信徒組成共修團體，但是鼓勵其租借公共的聚會場所，並且正式登記為財團法人、社會團體，以讀書會與共修的形式，建立新據點。

　　對剛成立的同修會而言，家庭式的分堂仍然比寺廟型的分堂、公益基金會容易負擔。不過，近十年來真佛宗的家庭式分堂比較少見，原因有二。（一）都會地區與小家庭為主的生活方式，使得同修會或分堂達一定人數後，傾向大家集資租賃場所，並且以募款建立固定分堂為目標。人數資源足夠時，捐款亦足以建立本身的分堂。（二）由於真佛宗的法務人員升遷與行政組織日趨

完善，近十年來，堂主甚至同修會負責人出家的比例提高，相對減少家庭式分堂的問題。真佛宗是宗教團體，堂主不只帶領讀書會，還必須帶領共修與凝聚全堂的共識，換言之，許多堂主本身必須具有某種宗教特質，或者能夠服人，而長期專心投入，進而專務修行。此時家庭式的分堂堂主需要面對的情況就比較複雜。但是，隨著威德佛學院等密總會建立的法師培訓過程，真佛宗出現專業的法師、上師之情況成為趨勢，同時由家庭式分堂所栽培的第二代年輕人，亦比較喜歡專務修行、弘法分工的法師生涯。

　　1997 年成立的宗委會，遵循盧勝彥的原則，並不主動設置分堂分會，而採取認可制度。個別信徒群以晉升其組織之位階而努力。此情景從同修會、分堂發展（擴展）到各國的雷藏寺，每一階段，盧勝彥會蒞臨開光。雖然真佛宗已經有宗委會，位居盧勝彥本人所居的西雅圖雷藏寺，仍須協助維繫處理真佛宗的全球事務，因為在信徒心中，各分堂分會存在的合理性，仍基於盧勝彥一人的認可。

　　上述現象顯示 1997 年前，台灣真佛宗道場的發展特色為：（一）台灣分堂早期以研習盧勝彥的靈書，而成立的小型組織開始，其擁有變動靈活之特性，而且信眾具有相當整齊的學歷背景；（二）家庭式的分堂是早期分堂的主要形式，由於目前未曾統計這些堂主本身的宗教背景，不知道他們自身是否亦為儀式專家，但是其經

歷特殊靈驗經驗的比例可能相當高；（三）盧勝彥以文字弘法，並未成立分堂組織。1997 年以來，真佛宗組織的特色則為：（一）真佛宗的分堂、分會與教祖的聯繫超過一般由上而下的、縱向的組織制度，關鍵在於盧勝彥的明師領導風格。（二）雖然制度上由位於西雅圖雷藏寺的宗務委員會，透過各國雷藏寺，統整各區域分堂的發展，但是此一制度化仍有待加強各國雷藏寺的聯繫能力。（三）由於分堂可以各自發展成雷藏寺，各國的雷藏寺也沒有限制名額（譬如建寺的分堂人數，或者整個區域的分堂數目），原本分堂間的平等關係也具競爭張力。上述情況是一般宗教團體欲組織制度化時，必須面對的難題；而在真佛宗得以建立全球化的中央組織前，密總會與堂主系統間的協調，仍然要盧勝彥來調和。此一「缺席」機制不但加重盧勝彥的書本修行之重要，也更加速神化盧勝彥。這是宗教組織走向階層化的必經過程，而且宗務委員會的權威也被視為附屬盧勝彥的秘書處，必須等候更完整的佛學院教育新一代的法師輩，才更可發揮制度性的功能。

三、真佛宗的組織結構

　　盧勝彥在台灣的崛起過程，驗證前述學者所謂明師（charismatic leader）型的宗教組織特色，亦即真佛宗教團的最終權威來自盧勝彥。但是由於其組織有意避免傳統教團位階制，著重個人修行，而且個人可以直接聯

繫到上師（透過書信與遠距離加持、感應），所以領導風格相對自由寬鬆。以台灣的信徒為例，有些人從盧勝彥還在台中提供問事服務時，即開始追隨，但是似乎尚未建立師徒教授的關係，因為這些人本身已經具有一定的占卜堪輿知識。不斷有讀者寫信請教盧勝彥，但是他們並非從無到有的接受盧勝彥的教導，而是本身即認同這套靈學的概念與價值，而在修行法門上接受盧勝彥更加系統化的儀軌。盧勝彥本人的宗教歷程無疑也代表真佛宗教義儀軌具有逐漸累積、系統化的過程性。從讀盧勝彥的書到親自接受其儀式加持，台灣信徒每日面對自己壇城的上師相片與書，並非只透過教團組織4、法務人員來認同自己的宗派。這種比較扁平分離式的管理架構，使得真佛宗的領導風格不僅著重盧勝彥的靈驗，更賦予信徒較多自主的空間。就宗教組織此一層面而言，以這種方式在短期內吸收上百萬的信徒，是相當特殊的，因為盧勝彥既未建立許多分堂，也不發展以位階為主的師徒制度。但是透過文字（書籍與通信）建立的親近感，卻遠勝一般位階分明的宗教組織。

　　但是 1997 年 11 月世界真佛宗宗務委員會之成立為台灣真佛宗發展之分水嶺。宗委會成立作為真佛宗制度化、國際化的重要指標，盧勝彥本人於 1998 年 2 月 7 日即正式宣佈退隱，將宗派事務交予宗委會處理。同年出

---

4 目前真佛宗教團所有成員直接皈依盧勝彥，並且規定僧侶之間不得互相皈依。

版的《世界真佛宗宗務委員會組織章程小冊》則首度清楚羅列真佛宗宗務運作的層級與職責。真佛宗各寺堂行政級別，由上而下依序為：[5]

一、真佛宗根本傳承上師蓮生活佛永遠最高顧問

二、永遠最高指導上師蓮香上師

三、核心小組

四、宗務委員會

五、各國雷藏寺

六、各國分堂

七、各同修會

八、各認可合法組織

核心小組組織運作的決策中心，但是必須尊重宗務委員會的決議案。而宗務委員會則由上師團選舉出二十一位委員組成，其中得票數最高的七位，再由盧勝彥指派成立核心小組。

真佛宗教團分為五級位階，全部隸屬宗務委員會：上師、教授師、法師、講師、助教五級。其中只有上師才能被選舉為宗務委員，一旦升上法師級後，除極少數例外，必須剃度出家[6]。五階所有人均穿著赭紅色衣裳，

---

5 世界真佛宗宗務委員會編，《世界真佛宗宗務委員會組織章程》（南投：台灣雷藏寺，1998），頁 15。

6 盧勝彥原本公開表示，真佛宗的金剛上師阿闍黎將由出家比丘及比丘尼擔當，排除在家居士。但是遭到弟子以一切眾生皆有佛性，不必出家也能證悟，加以質疑。所以決定以出家眾擔當「金剛上師」，而在家居士出任教授師（阿闍黎），男眾稱「道師」，女眾稱「道姑」。

領襟顏色黃藍青白不同，以作區分。剃度出家必須於雷
藏寺接受六個月的寺院生活訓練，近年來並且鼓勵他們
就讀威德佛學院。真佛宗不要求講師與助教剃度出家，
他們雖隸屬宗務委員會，但是各分堂自行向上師團推
薦，接受審核，平常的工作也以輔佐堂務、教育信徒為
主。有些堂主本身即兼具講師身分，也有上師同時擔任
堂主。不過基本上，教團與堂主、同修會負責人的系統，
目前尚未統一。某些比較早建立的台灣分堂，不但信徒
人數眾多，法師、講師皆有，通常堂主也已經具備上師
身分，所以經常出差支援宗務委員會，巡迴各分堂演講。

　　真佛宗的寺院堂會分級，為各國雷藏寺、分堂、同
修會三級，還加上如華光基金會等被認可的合法組織。
雷藏寺運作由常住法師與負責人合作，似乎採取出家法
師、在家居士的雙軌制度，但亦有像彰化縣的卦山雷藏
寺般，（寺務）均由上師負責。台灣目前六座雷藏寺的
住持資料如下：

職責相同，只是名稱不同。見盧勝彥，《智慧的羽翼：正法眼的短
評》（台北：大日出版，1998）。道師與道姑，雖然此「道」是「真
如」，非「道教」的「道」，但是弟子仍反映很難和傳統的道教道姑
形象區分，道師也令人聯想司公（獅公），而且為何同樣職務需要
分男女。於是決定真佛宗在家居士弘法者，統稱教授師，不分男女。
見盧勝彥，〈教授師〉，《智慧的羽翼》（台北：大日出版，1998）。

	寺名	區域	負責人	常住法師
1	莊嚴 雷藏寺	台北市 中正區	楊芳玲＊	蓮旺上師、蓮佳法師＊
2	福佑 雷藏寺	新竹市	彭慶祺 （蓮真講師）	無
3	覺心 雷藏寺	台中市 西屯區	戴載儒 （理事長）	蓮士上師、蓮按法師、 蓮斗法師
4	金極 雷藏寺	台中縣 神岡鄉	王文呈 （蓮郱講師）	無
5	台灣 雷藏寺	南投縣 草屯鎮	無	蓮哲上師、蓮栽上師
6	卦山 雷藏寺	彰化縣 花壇鄉	蓮極上師	蓮極上師、蓮鐘法師

　　上述雷藏寺中，僅有台北莊嚴雷藏寺的負責人為女性，但是這也是最早成立的台灣雷藏寺。與楊芳玲搭配的蓮佳法師，也是常住法師中唯一的女性。而尚未有常住法師入住的新竹福佑雷藏寺、台中縣金極雷藏寺則屬於比較晚成立的雷藏寺。下文將再繼續探討女堂主的生平。不過位居首善之區的莊嚴雷藏寺負責人楊芳玲，以俐落的套裝與幹練的說話為其特色，比起其他雷藏寺同儕，給人的感受更像位成功的都會女企業家，而非宗教界中仙風道骨的人士，加上寺中志工穿梭來往，與鄉村地區的真佛宗道場風格截然不同。

　　截至 2008 年底，真佛宗的台灣教團男女比例如下：

層級	法師團		分堂堂主		同修會負責人		小計	
性別	男	女	男	女	男	女	男	女
人數	29	20	59	30	19	9	107	59
比例	59：41		66：44		68：32		64：36	

　　真佛宗出家人數與擔任行政職務的男女比例相符，約達到六比四；而同修會則差距拉到七比三，可能和同修會為第一線開拓信徒的性質有關。女性被認為較無法擔負起開疆闢土的重責。不過女性在真佛宗教團中扮演的角色不止如此，因為各地雷藏寺、分堂的負責人中，亦不乏與丈夫共同維持堂務者，其中，以助教、信徒身分襄助丈夫的女性更多。但是她們普遍不出家，已經養育兒女者更是如此，默默支持先生，嘗試於法務、家務中尋求平衡。早期家庭式分堂中的家庭主婦，鮮有放棄家務、而跟隨丈夫出家者更少。因此這十分之四的法師與堂主，就更值得研究[7]。

四、1982 年以前的真佛宗女堂主

　　筆者 2008 年暑假走訪問真佛宗的五位女堂主，她們領導的分堂在教內口碑很好，亦各有特色。筆者將以其分堂所在地稱之為高雄、中壢、龍潭、台北一、台北二。高雄、中壢、台北一的三位女堂主都年過半百，成立道場都超過二十年，可算是真佛宗的元老級信徒。她們均無剃髮，仍與家人同住分堂。龍潭、台北二兩位女堂主年紀在三、四十之間，一位離婚後出家，也是皈依超過十年的信徒；另一位是年輕未婚的藝術家，在是次訪談

7　蓮語上師於 1995 年 8 月 12 日成為台灣第一位真佛宗出家女上師，本名林金玉，受瑤池金母啟發，擔任台灣真品堂堂主。見盧勝彥，《天地間的風采：真佛密法感應錄》（台北：大日文化，1996）。

後半年，也剃度出家。兩群女堂主顯示兩種一致性，剛好也可以年齡劃分她們面對修行的態度與自我定位。

　　高雄女堂主在菜市場經營餐廳與租借店舖，身材高眺，是祖母級的大姐。她並非創建分堂者，而是在原來講師起乩出現走火入魔的狀況時，臨危受命。談及當時的混亂情況，可能因為本身並未有靈驗或氣動等經驗，她顯得手足無措；換句話說，她能夠被眾人信賴應當源於個性品德。筆者發現她在家收養被棄養的三位國小兄妹，小孩都非常安穩自在，以阿嬤稱呼她，足見其平常對他們視如己出的照顧。街坊鄰居的小吃攤，不斷來幫忙她送菜煮飯。目前此堂參加共修的人數將近八十人，年輕人居半數，應當已經營出第二代的信徒。

　　中壢女堂主則不諱言本身能夠通靈，她的大專學歷在同輩中屬於佼佼者。更有趣的是，作為公務員，她的工作內容是寺廟登記管理。堂內成員主要是她任職公家單位的同事與同行，大約三十人扶老攜幼，隨著她退休搬遷至新的社區。她自詡識人眼光精準，信徒有問題回來請教她，嚴重時她則會示警。但這一切均屬服務性質，女堂主並未正式替人問事。就聚會場所而論：高雄女堂主於頂樓建立寬廣的聚會處，且與住家隔開；中壢此堂佈置一如傳統宗族公廳，擁有家庭式佛堂的溫馨。

　　台北一女堂主極善於應用堂內空間，牆壁上供奉的牌位，以白楊木原色配上舒適的燈光，用作祭拜水子（即出生後不久即死亡的嬰兒）。衣著樸素的志工利用週末

來折紙蓮花節源，同時幫堂內摺疊料理雜誌。此道場位於台北上班族的精華區，但此堂不像供給人們靜坐打禪之處，其主要收入，應當包含四壁供養的牌位與超度等法會。端詳這位女堂主打扮時髦得體，並非執行儀式的人員。

　　第二組的龍潭、台北二女堂主關懷的修行問題比第一組抽象，卻更接近現代的女性思維，勇於追尋自己最重視的夢想。儘管龍潭女堂主離過婚，她卻不斷叮嚀信眾（絕大部分成員為女性）小心處理婚姻關係，不要重蹈自己離婚的覆轍，形成互補性的對比。她自述在人生關卡上，因為信仰師尊而解除強烈的痛苦，但也因為衝擊太大而不解事的許願：「只要能跟隨師尊，情願放棄婚姻。」雖然未解釋此一痛苦為何，但從信徒的言談推論，可能是具有通靈體質所致。在她幽雅舒適的書齋內，擺滿師尊的著作與許多佛教書籍，她就讀中學的女兒與其他兒童自在地閱讀、玩耍、或坐或臥，一牆玻璃之隔，大人在壇城前禮拜活動。中午時分，許多混合異國風味的菜餚從廚房陸續端出來，近廿人的聚餐乾淨舒適，餐後大家席地而坐、隨意閒聊。整個公寓佛堂雖小，但卻沒有中國菜慣有的油煙與喧鬧。即使女主人是位圓頂紅袍的方外人，但卻經營出寧靜舒適如女人當家的家庭氛圍。

　　台北二女堂主則是以宗教來檢視自己的舞蹈藝術，她投入宗教的熱誠專注在其舞曲中展現無疑。日日帶領舞團融合宗教與藝術的追求，使得她最後選擇剃度出

家。穿梭其堂內的十位信徒，過半都是她調教出來的舞者，以及舞者的母親朋友。整個分堂空出足夠舞者伸展舞步的空間，而練舞猶如參禪，呈現現代藝術家的精緻與決絕。

　　雖然出身背景不同、年紀相異，但是這五位堂主仍具備相近的人格特質。

　　（一）他們都是能夠獨當一面的中年女性（其中兩位更已是祖母），最年輕的一位約為三十五歲，但為專業之舞蹈表演者。雖然學歷參差不齊，從專科到小學畢業都有，但是有任公職者（主管級）、經營菜市場的餐廳與租借店舖者、成功的女企業家夫人、組織舞團的藝術家，皆非普通的家庭主婦。除定期閱讀盧勝彥出版的書外，其書房中亦擺滿各種有關佛教、術數（占卜、風水、易經、藥療、食譜等）的藏書。她們均相當善於表達，言語流暢。雖然人數不多，但是說法與平日互動都讓信徒感到切中要點、親切清晰，整體表現相當優秀。筆者認為這不是她們擔任堂主後才發展出來的能力，而是其本身即具有比一般人優秀的表達能力，故她們皆能迅速地對事情做出評斷，決策力強。同時亦因為她們堅持就事論事，所以其解決問題的能力也很強。倘若有事情發生在自身身上，也開放給堂中信眾知道，要求協助。比起男性法師、堂主來，她們不將自己的角色限定為儀式專家、修行指導，更能以關懷者的身份全面地主動關懷信眾的生活、情緒。根據蓮香上師的觀察，她們與男

性同儕的不同貢獻在於「熱心、細心」。實際層面上，她們也較常把帶領共修的工作，讓常住法師、助教分擔，而讓自己成為平衡人際關係的槓桿。

（二）她們絕大部分已婚，甚至有一位離婚。即使具有上師的位階，但是並不表示一定要剃度出家，仍然可與家人共住。離婚者則接受出家戒圓頂，選擇獨立撫養女兒。獨身未婚的舞蹈家則剛於去年剃髮出家，目前仍在接受法師訓練。她們受到眾人擁戴，成為領眾堂主時，其配偶亦成為分堂的成員。不過其行事雖然低調，但於公私場合上都會受到禮遇，甚至被特別加以介紹，坐在與女堂主相襯的男主人位置上。相對的，堂主的妻子通常退居幕後，很少被正式介紹，尤其在堂主已經披上上師的稱號後，可能協助堂務但不現身。以一般家庭為例，男主人與女主人同席時，各自分攤招呼客人與安排上菜的角色，後者經常要離開座位，甚至留在廚房中。堂主妻子亦是如此，但是堂主丈夫則不必離席端菜或招呼客人，兩樣都由堂主包辦。

有趣的是比較女信徒與堂主妻女於婚姻與信仰的關係，呈現兩種對比。受訪的女信徒很多跟隨男性家屬來堂，譬如丈夫與父親，闔家加入。有的甚至是因為丈夫覺得此宗派很好，尚未徵得妻子同意即替全家皈依的。如果女性單獨前來參與活動，則多與朋友鄰居同事同行，丈夫稍晚才加入，又或者丈夫同意但本身不積極參與。

（三）女堂主皆在自己的專業領域中弘法集眾共

修。分堂位於菜市場的女堂主，透過攤販、房客、生意夥伴吸引共修的會員；任職公家單位者亦吸引同事、同業追隨。舞蹈家則訓練出一批年輕的舞者，結合藝術與宗教，以修行經驗豐富舞蹈之意涵。唯一一位出家剃度的女上師比較特殊，她的信徒中很多是嫁給外籍人士的、自稱比較叛逆、另類的女性。雖然她們自稱是緣分，但是筆者猜想可能是互相牽引而來。因為附近的高科技工業區，本來就聚集較多的外籍人士，他們的台籍妻子因隨夫婿遷徙不定，加上生活習慣、價值觀念都與鄰近的農村婦女差距極大，導致交往的對象有限，遂更容易與其他擁有相同際遇的信徒互動緊密。而這位女堂主本身的婚姻經驗比較特殊，對於兩性關係的省思深刻，不落窠臼，如果能夠吸引上述異國婚姻的台籍妻子，信徒間容易互相推薦。

　　整體而言，這些女堂主並非依靠地緣或血緣關係招納信徒，反而是就其生計相關的專業技能，獲得認同。這種情況在真佛宗教團內並不特殊，譬如屏東有同修會以同事間的夫妻檔為核心，跨村集合貸屋籌建分堂，他們都是專業公務人員而且子女長成，有閒暇追求身心靈充實的中年夫妻。集會所與路口的村落小廟形成強烈對比，他們不像者隱而不現、僅因神明生日活動而聚集參拜的村民，亦非平日單獨照顧小廟香火的廟祝，而是結合參拜、讀書會、假日出遊聚會而形成的宗教團體。他們熟悉鄰近村落的典故，卻因職業與生活水準而高於務

農的村民之上。

（四）女堂主住持的分堂，信徒都很自豪他們的菜餚精美、有特色。很多分堂的女信徒都會提到食物，但是這些分堂的信徒還會加上一句話：「我們的堂主很會煮。」位置在菜市場的分堂，女堂主居家活動於二樓（三樓住家與通往四樓的佛堂隔開，以保障隱私），入目的廚房、飯廳、客廳、書房與日式客房，擁擠而豐富展現她的生活節奏。二樓開桌招待客人，美食則來自一樓外各攤位的私房手藝。由堂主調配與烹製後，分門別類在二樓廚房加熱，或者由一樓川流不息地端上來。堂主坐主桌待客，可是還要先張羅菜餚與其他家人吃飯。相對上述每道精緻的菜餚，熱騰騰地端上桌，本身是公務人員的女堂主，則親自下廚炒麵、煲大鍋湯，配上信徒帶來的各式小菜，有效又省力地待客。熟悉商場運作的女堂主，則在台北鬧區選擇固定的優質餐館待客。女堂主與服務人員談笑風生，認識此餐館接納的商賈官員，對其名菜如數家珍，加倍的特別招待，使賓客盡歡。同時分堂裡繁忙的義工，則以便當自理，以便捉緊工時，內外合作。不論男女堂主當家，真佛宗的聚會都充滿美食，但是女堂主的手藝往往是信眾自誇的重點。相對地，由女堂主「辦桌」動員的人力也展現她們行事修行的風格。

上述女堂主接近半數，本身具有通靈的特殊體質。雖然真佛宗具備由修行而達到溝通神祇的訓練過程，但是考諸盧勝彥本人啟靈的經歷，教內應當是接受這些女

堂主（以及她們的男性同儕）的通靈。盧家能夠啟靈，按照順序為盧勝彥、盧的母親黃玉女（1928-1998）、弟妹，再加上岳母、小姨子、小舅子和蓮香上師，盧勝彥的女兒佛青甚至一歲就啟靈了[8]。雖然號稱盧家人人都會，但是顯然女眷比男性親屬通靈的多，特別是略掉盧勝彥的父親、弟弟、兒子、岳父。這可能和瑤池金母信仰的特質有關，信奉瑤池金母的女性在儀式方面起乩，相較其他宗教都來得多，而且她們與金母溝通的方式即是公開啟靈。

五、真佛宗的女性修行者典範 ──
盧勝彥的女性親屬與法眷

　　真佛宗教團組織中，行政位階最高的女性應屬蓮香上師，根據《世界真佛宗宗務委員會組織章程小冊》，其職責為「永遠最高指導上師」，襄助盧勝彥處理宗務，信徒尊稱其為師母。盧勝彥在 198 本著作中，提到蓮香上師 322 次，感謝她對自己的幫助，一路走來無怨無悔。教內亦有人尊崇蓮香上師為吉祥天女、技藝天女、大福天女分，以示她為盧勝彥分勞，襄助法務[9]。盧勝彥不斷

8　見盧勝彥，〈擴大靈通〉，《靈的世界：多重神秘現象的接露》（台中：新企業世界，1977），頁 97-98。啟靈的過程為禁食、靜坐三天，僅能喝水。之後能夠從夢中預測未來事件，並且看見觀世音菩薩和地藏王菩薩的靈光。

9　曾文龍，〈讚蓮香上師〉，收入蓮香上師，《佛法是美容師 ── 蓮香隨筆》（台北：大日出版，1995），頁 184-187。

稱讚蓮香上師細心與用心。譬如 1992 年暑假中的法會，
提及經過蓮香上師佈置，「經過兩個月來的辛勞，彩虹
山莊的裝飾，由地毯、窗簾、梳化、掛鐘、插花、及至
花園草木等等，裡裡外外大大小小的飾品，都經過師母
精緻細膩地用心研究琢磨，把一個彩虹山大道場佈置得
高雅絕倫、富麗堂皇。裡面每一件細小飾物的擺設，都
在在顯示了師母的高超智慧。[10]」公開法會以及與信徒
聚會的場合中，盧勝彥也常以「師母剛剛告訴我說…」
做起頭，表示尊重蓮香上師。

　　蓮香上師幫助盧勝彥專心修行，而且可以透過她與
上師溝通，可以說是真佛宗信徒一般的概念。蓮香上師
平日要安排盧勝彥弘法的行程，不論在西雅圖真佛密苑
接見訪客，或者關懷出外每個訪問點的堂務、人事、困
難，都獲得相當好評。盧勝彥形容：「……世界各分堂
來的堂主、上師、分堂代表等等，都要到真佛密苑來拜
見師母，他們是要師母幫忙解決數不清的公事和私
事。……各位上師在弘法上遇到的難題，太多諸如此類
的事，都要找師母報告和請教；就像遠離久別的遊子，
要找母親訴說滿懷心事。」、「……在每天處理這些事
務當中，師母充份發揮了驚人的智慧和才能。天天一大
堆錯綜複雜的問題，師母從來不厭倦、從來不煩躁。永
遠和顏悅色，處理有條不紊、游刃有餘，真不愧為百萬

---

10 見盧勝彥，《甘露法味》（桃園：大燈文化，2004）。

孩子的慈母[11]。」透過盧勝彥個人的描述,加上真佛宗的刊物《真佛世界》形容蓮香上師「猶如大地之母,滋養萬物;肩挑家、道雙業,默默付出愛心[12]」是對她充分盡到妻子、弟子之責,最貼切的形容。

　　筆者於 2009 年 1 月開始以通訊方式訪談蓮香上師,問題與回答如下:

(一) 有關真佛宗在台發展歷史

1.請問師母自覺在真佛宗的發展過程中,扮演何種角色?

　　答:侍者的角色。

2.此一角色定位與信眾對師母的期許有何差異?

　　答:沒有差異,因為信眾知道我所做的工作,而且多方護持,大家都秉承師尊的教導,而造就今天的真佛宗菩提事業。

3.師母覺得其中最超出自己原本想法,差異最大的是甚麼?

　　答:我本人不覺得有何差異,因為是自然形成的。

11　見盧勝彥,《甘露法味》(桃園:大燈文化,2004)。
12　蓮香上師(蓮花美娟整理),〈蓮香上師〉,《真佛世界》,第二期(1992),頁 29-30。

4.這會和信眾預期師母扮演的角色有關嗎？

　　答：沒有關係。侍者做的就是侍者的工作。

5.比較少數的佛教同時有師尊和師母指導，師母覺得這
　可以是真佛宗的特點嗎？

　　答：不是。「師母」僅是大家對我的尊稱，其實我
　　　　和其他弘法人員一樣。我喜歡「蓮香上師」的
　　　　稱呼。

6.真佛宗的女信眾很多，目前擔任台灣分部的堂主有多
　少女眾呢？

　　答：大約十位，台灣共有八十五個分堂。

7.其中又有多少已經正式成為助教與上師呢？

　　答：四位女上師。八位女助教，助教不一定是堂主。

8.這些數據代表真佛宗注重兩性平等，或者注重家庭和
　諧呢？

　　答：並非注重什麼，以自然產生方式。無論是女上
　　　　師、女堂主、女助教，她們都獲得眾人的尊敬，
　　　　家庭也合諧，往往是帶動整個家庭所有成員來
　　　　護持菩提事業。

9.從師母本身的經驗而言，上述女堂主與女上師在真佛
　宗在台發展的過程中，扮演何種角色？

　　答：帶領大家同修，負責堂務活動。

10.特別是她們曾經有別於男性的貢獻為何？

　　答：熱心，細心。

11.支持她們堅持奉獻的動力是甚麼？

　　答：弘法真佛密法，護持傳承法脈，慈悲濟世，自
　　　　渡渡他，成就佛國。

（二）從女性修行經驗而言

1.請教師母，俗世夫妻共同走上修行之途，從女性的角
　度而言，會有哪些優缺點？

　　答：只有優點，沒有缺點。先生願意共同走修行之
　　　　途，意表重視因果，幫助家庭和諧的作用。

2.接續上一問題，師母在追隨師尊修行的過程中，曾經
　有過甚麼印象最深刻的經驗嗎？

　　答：見師尊每天在書桌寫書三十多年，印象最深刻。

3.譬如最難克服的問題，師母又是如何化解呢？

　　答：以佛法中的「無事、無我」來化解。

4.從師母本身的修行經驗而言，身兼人妻人母的女性投
　入宗教修行，有哪些優缺點呢？
　　答：其實我早已不是「人妻」，我是侍者，我亦是
　　　　弟子。女性投入宗教修行，可以修正女性特有
　　　　的個性。

5.真佛宗的教義和組織制度上，針對女性修行，有無特
　殊的設計呢？
　　答：仍然是本着「佛制」遵守戒律。

6.經歷過真佛宗在台發展的悠久歷史，現在女信眾的年
　齡分布，至少出現老中青三代，加上師母跟隨師尊多
　年也熟悉台灣的宗教環境，可否比較老中青三代女信
　徒的修行機緣之差異？
　　答：「老」唸佛持咒為主。「中」修禪定，拙火、
　　　　寶瓶氣、傳承大法、入我我入。「青」多讀、
　　　　多唸、多聽，修儀軌法。

7.譬如，年紀不同，她們選擇真佛宗的動機的同異為何？
　　答：大部份是父母皈依後，帶同長輩或子女前來共
　　　　修。

8.身為真佛宗的師母，不論精神上或者行政實務上，都
　難以避免肩負起宗教領袖和女性楷模的角色，目前和

將來，真佛宗中也有很多女性參與領眾的機會，請問
師母如何定義成功的女性宗教領袖？

　　答：以德服眾，飽學佛學知識，出世、入世圓滿，
　　　　道顯密圓融，散發出佛慧的成就者。真佛宗重
　　　　視傳承，目前為止，未曾討論過女性宗教領袖。

9.又能否建議其他宗教女性最好注意甚麼問題來扮演好
　領眾角色呢？

　　答：首要莊嚴自己，慈悲為懷關愛眾生，巧妙的因
　　　　病施藥給予眾生，以「無我」拉近眾生距離，
　　　　以「包容」之心來寬容眾生，以「無所謂」的
　　　　精神勉勵自己。

　　整個問卷關懷的主題在於真佛宗的女性宗教經驗、
制度與領導方式。此處必須釐清的是領導權（leadership）
的意思，因為不論位階高低與個別動機，只要女性參與
教團擔負職務，她們會被授權、須自我要求完成任命，
而且不論成果，必然發揮了影響力，自然就會面對領導
權的問題。所謂宗教女性的領導權，並非要位居最高領
導地位，而是弘法領眾的合法基礎，教團可以公開規範
之，但是個人領導的技巧與能力不同，也會造成差異。
　　筆者認為蓮香上師在真佛宗教團扮演的角色，比較
不像女堂主，因為其夫婿是整個宗派的創始人，宗教的
追尋遠超過家庭，與一般女堂主的處境相反。誠如蓮香

上師自已的體驗，她成為師母是自然發生的。雖然歷經許多磨難，但是她的選擇可能只有面對問題，要不被壓力擊倒。而最終以堅韌的妻子、母親特質，成功的轉化為宗教領袖。她當然也經過調適期，但是在善盡襄贊之責的過程中，她的角色仍然回歸母親照顧大地、擅長管理使得師尊專心修道此兩大特色。前者神化母性的力量，後者重視女性的管理能力。在真佛宗重視家庭倫理、以家庭為弘法單位的架構下，兩者締造她成為真佛宗女信徒、女上師的典範。

　　蓮香上師非常謙虛，不認為自己為「女性宗教領袖」，強調自己不是以「人妻」的身份來跟隨盧勝彥，定位自己為侍者、弟子，以佛法實踐在繁忙的生活中，落實自己的修行與關懷眾生。蓮香上師廣受信徒認可，不可諱言與多年相襄贊盧勝彥、不離不棄的功勞有關。如曾文龍所言：「為佛煮飯，何等福緣分；為佛分勞，何等辛苦；為佛侍者，何等榮寵[13]。」但是她將上師妻子的身份昇華為上師的侍者，除本身的修行意願之外，仍需要儀式上、教義上的詮釋。透過此公開的詮釋，師母的宗教身份才能與僧俗雙軌的制度合流，發揮影響力。而此一詮釋，關鍵仍繫於她轉化的身份 —— 吉祥天女。佛教顯密宗派中，夫妻因為前世締結的因緣，產生於修道途中互相扶持的願力，甚至累世相隨，例證頗多。

---

13 曾文龍，〈讚蓮香上師〉，頁 184-185。

真佛宗比較特殊的是源於盧勝彥本身為瑤池金母點化，
所以有關蓮香上師的本尊，提升至民間宗教的神祇。

　　相同的揭示儀式，也可以盧勝彥的母親黃玉女為
例。由於她的引進，盧勝彥才有機會接觸慈惠堂的靈乩
林千代（1924-2005），進而受瑤池金母點化。黃玉女本
身即由林千代教導啟靈。盧勝彥更不諱言，他的家族中，
母親是繼他之後啟靈，母子並且曾經為人誦經渡亡[14]。
黃玉女生前更是真佛宗信徒愛戴的師嬤，經常出現在重
要活動的場合。這種情況可能源於她本身比先生健康，
活動力較強，但是證之她年輕以來對宗教的熱誠，盧黃
玉女繼續跟隨盧勝彥修行，並且替他廣結善緣。盧黃玉
女曾經在法會中協助販賣水晶籌款，本身甚至也在法會
中開示修行方法[15]。盧黃玉女也曾經為人求符，以辨認
親人的存亡機率[16]。

　　盧黃玉女往生後，盧勝彥親撰〈師嬤超凡入聖記及
殊聖光蘊遷識大法〉，詳述自己照料母親往生的過程與
瑞相。盧勝彥預告母親往生的確切時刻（一分一秒不差）
為 1998 年四月二日早上十時正，往生果位為「中品中

---

14 見盧勝彥，〈擴大靈通〉，《靈的世界：多重神秘現象的接露》（台
　　中：新企業世界，1977），頁 97-98。啟靈的過程為禁食、靜坐三
　　天，僅能喝水。之後能夠從夢中預測未來事件，並且看見觀世音
　　菩薩和地藏王菩薩的靈光。
15 《摩利支天菩薩不共大法》1999 年 2 月 27 日下午梅登堡會議中
　　心聖尊蓮生活佛補充說明。
16 見盧勝彥，〈臨終前的皈依〉，《皈依者的心聲：十方弟子的經歷》
　　（台中：青山出版，1986）。

生」，以鳥的姿態飛越刀山劍林，直抵西方極樂世界摩
訶雙蓮池[17]。不但如此，他還揭示母親前身為觀世音菩
薩紫竹林的太平鳥化身轉世。而這一切瑞相、揭示的關
鍵在於黃玉女的臨終應證話語：「現在我可以坦白的對
你說（盧勝彥），我對你有信心，但我已明白萬法無常，
我與瑤池金母及觀世音菩薩融合為一[18]。」盧勝彥的母
親以本身的修行有成，應證兒子非凡的教祖身份，而盧
勝彥也以師尊的身份，協助她修成正果。血緣親族關係
轉換為法眷，而且這樣的法緣回到母子最早共同的信仰
瑤池金母。

　　瑤池金母與盧勝彥關係匪淺，而且關係到真佛宗的
神佛系譜[19]。盧勝彥 1969 年在台中玉皇宮經女靈媒林千
代點化，為王母娘娘認證，開啟其宗教修行生涯[20]。當
在場的盧黃玉女，本身已經是瑤池金母的虔誠信徒。而

---

17 見盧勝彥，〈師嬤超凡入聖記〉，《非常好看：般若的短箋》（桃園：
　大燈文化，2004）。四月一日主治醫生認為盧黃玉女尚有六天時間
　存活，但是盧勝彥預告翌日早晨九至十時間即會往生。
18 見盧勝彥，〈師嬤超凡入聖記〉。
19 相關慈惠堂研究，請見 David Jordan and Daniel Overmyer eds.,
　The Flying Phonenix: Aspects of Chinese Sectarinism Taiwan,
　Princeton: Princeton University Press, 1986.
20 有關林千代的身分、他與盧勝彥相遇的過程，見盧勝彥，〈靈異的
　奇遇〉，《靈與我之間：親身經歷的靈魂之奇》（桃園：大燈文化，
　2004），頁 10-15；張開基，《台灣首席靈媒與牽亡魂》（台北：學
　英文化事業公司，1995），頁 137。而且盧黃玉女本身是台中玉宮
　住持釋慧靈之契女（乾女兒），見盧勝彥，〈瑤池金母大因緣〉，《道
　法傳奇錄：引登覺路的玄門道功神仙之術》（桃園：大燈文化，
　2004）。

後盧勝彥繼續信奉瑤池金母，不僅在本身問事的台中佛堂，各地真佛宗壇場亦供奉瑤池金母金身。創建真佛宗之後，盧勝彥也曾經訪問慈惠堂，公開宣示感激瑤池金母的不忘本精神[21]。換句話說，真佛宗創建者本身推崇的是女性神祇，而且瑤池金母的堂主與信徒中，也以女性居多，並且集體起乩，展現通靈能力。同樣接受母娘的點化，盧勝彥本人應當早就理解女信徒的活動力。不過如同瑤池金母引進男性神祇，諸神位階逐漸繁複的過程中，真佛宗是否產生女性神祇，尚待觀察。

　　盧黃玉女往生之後，靈驗不斷，盧勝彥開始尊稱她為媽媽菩薩，宣揚她治病以及節儉金錢、愛惜物資的美德。在公開的法會上，盧勝彥透露，透過托夢以及親身的感受，他繼續與母親聯繫。並且鼓勵信徒向這位比較清閒的新菩薩祈求，會獲得感應，而信徒間也早以師嬤菩薩回憶她[22]。特別是盧勝彥提到母親夢中告知「水來了」，直覺為母親墳墓進水，然後發現是舍利塔下部浸水，頗合民間祖先示警的慣例。真佛宗定位對於師嬤菩薩的定位，某種程度上顯示其重視家庭。但是又罕見盧勝彥於公共場合提起父親（可能限於健康狀況，活動力

---

21 見盧勝彥，〈結語之二〉，《靈與我之間：親身經歷的靈魂之奇》。盧勝彥稱呼瑤池金母為「眾生之母」，並且提出自己拿到的第一張「執照」為慈惠堂石壁部堂盧勝彥道長，以感謝金母為自己開天眼與引渡之功。

22 《摩利支天菩薩不共大法》1999 年 2 月 27 日下午梅登堡會議中心聖尊蓮生活佛補充說明。

並不如妻子黃玉女）[23]。相較之下，盧勝彥尊崇母性的溫暖，甚至賦予神性的推崇，公開展現他對於女信徒的尊重。不過在家庭的框架之下，真佛宗的女性神聖化典範是否僅限於師孃菩薩，仍然有待觀察。

六、結　論

　　戰後台灣的宗教發展，無論女性神祇的崇拜、婦女成為神職人員與儀式專家的比例，都出現顯著的提升。歐大年（Daniel L. Overmyer）研究的瑤池金母信仰、宋光宇投注的一貫道無生老母信仰，鄭志明雖然都在中國傳統與明清教派中找到源頭，但是也認為其發軔於新興宗教運動的創新[24]。近來丁仁傑對會靈山拜五母的研究，更顯示戰後台灣女神信仰的多樣化以及興盛[25]。就婦女參與宗教而言，不但台灣佛教因為比丘尼的質量遠優於比丘（七比三到八比二之間），而被國際稱之為女性化（feminine），張家麟的研究也發現近二十年來，台灣扶鸞、附身的童乩，以及附屬寺廟的誦經團，婦女

---

23 盧勝彥的父親四十歲時曾患腎臟結石。見盧勝彥，〈臨終前的皈依〉，《皈依者的心聲：十方弟子的經歷》（台中：青山出版，1986）。

24 歐大年，《中國民間宗教教派研究》（上海：古籍出版社，1983）。宋光宇，〈試論無生老母宗教信仰的一些特質〉，《中央研究院史語所集刊》，第 52 期第 3 卷（1981），頁 529-590。鄭志明，《無生老母信仰溯源》（台北：文史哲出版社，1985）。

25 丁仁傑，〈會靈山現象的社會學考察：去地域化情境中民間信仰的轉化與再連結〉，《臺灣宗教研究》，第 4 卷第 2 期（2005），頁 57-111。

參與逐年超越男性[26]。其實除了上述專業專職的宗教身份之外，歐大年研究的慈惠堂婦女集體起乩或啟靈、行天宮的效勞生志工等，台灣婦女大量在儀式層面參與宗教活動，不論前景如何，已經盛況空前。

　　台灣女性熱衷參與宗教事務，並且以此規劃其生涯發展，突破以往女性的人際網絡，顯示宗教作為社會資源越發重要。傳統女性不是被排除在男性為主的宗教儀式外，便是範疇狹隘：譬如保衛家庭繁衍、躲避邪靈、聯繫自然的儀式。更重要的，女性的儀式角色、宗教經驗經常被視為互補的、業餘的。以女靈媒為例，她們大部分沒有組織，仍然維持家庭生活，甚至在儀式建構的特殊時空中，依舊屬於神靈的代言人。換句話說，社會視女性的宗教角色為業餘而非專業，隨之將女性的宗教經驗邊緣化。有些學者甚至認為即使女性獲得儀式發言權，她們重複的仍然是以男性為主的價值觀，反而更加強對女性的束縛。不過，社會歷經現代化的過程，將賦予女性更多的選擇，拓展她們進入原先為男性獨佔的宗教領域。

　　大部分的宗派教義都承認性別差異，強調互補協調。不管教義強化或推翻社會既有的性別角色期待，因為涉及實踐者的主觀認定，以及實質上提供資源的方式，很難定義他們歧視女性。所以筆者認為，以性別為

26 張家麟，〈宗教儀式變遷認同與宗教發展──以鸞堂扶鸞活動為焦點〉，《真理大學人文學報》，第四期（2006），頁1-46。

主要考量的話，教團的位階制度能比教義更有效衡量女性的宗教地位。教團位階制度對女性的開放程度，以光譜呈現。佛教與基督宗教皆授予女性神職人員的身分（比丘尼、修女與牧師），與在家通靈提供儀式服務，而不隸屬任何宗派教團的女性靈媒，分據光譜的兩端。有些宗教（譬如猶太教與韓國家族承襲的女靈媒）雖然沒有正式的女性神職人員身分，但是准許女性在相對領域擁有主持儀式的權力。有些宗教則賦予女性非常崇高的神聖代理人身分，而由男性行使詮釋神意、管理教團的權力（譬如希臘的女祭司、日本的女天皇）。更多的宗教剝奪女性的儀式代表權，其所謂的宗教實踐為襄助男性，甚至侷限於妻子、母親的家庭角色，以操持家務、養育男性為其解脫獲救的基礎。簡而言之，神職人員的身分是衡量教團是否對女性開放領導權力的重要標準。

　　以真佛宗為例，無論就宗教發展階段或真佛宗國際化的研究，真佛宗的女堂主、女上師都相當活躍。盧勝彥曾經引用《維摩詰經》上龍女轉男成佛、天女神通勝過舍利佛的典故，來證明男女修形成佛，平等無二。以此勉勵雷藏寺的比丘尼，不拘泥於現在男女高矮、美醜、賢愚的外相，而求《金剛經》中最高境界的「無我相」，因為「佛法是平等的，本身沒有男女相。男女相只有剛剛開始的時候才有的，到了最高的境界「無我相」的時

候，男女都是平等的[27]。」另一方面，盧勝彥又極力推崇母親（師嬤）、妻子（師母）的女性聰慧、細心服務特質。而 1996 年盧勝彥評論中台禪寺集體出家事件，認為出家端看緣份是否具足，緣份不足則心出家亦可。可知盧勝彥本身對於女性的參與，不論僧俗都相當開放。

　　到 1997 年世界真佛宗宗務委員會成立，極力制度化僧團，女性都未曾於真佛宗的管理階層缺席[28]。基礎在於真佛宗重視家庭倫理，而且女堂主也可以兼顧家庭，但是仍然提供女性相當豐富的自主空間。台灣早期女堂主的奮鬥其實也顯示真佛宗與民間傳統教派如慈恩堂系列的彈性，只是透過真佛宗的宗派關係，吸引走向知識化的女堂主。她們即使具有通靈的能力，也比較不願意起乩，而以宗教服務的方式展現濟世職志。真佛宗教團僧俗共濟的制度，給予女性宗教修行者更為廣闊的空間，兼顧家庭與宗教修行，某種程度上救濟了傳統教團制度與民間宗教的兩難。一般民間宗教中，女性運作儀式是業餘的，教團則又堅持出家。真佛宗以知識份子的身分提升宗教師地位、系統化民間啟靈等個人修行知識，反而照顧到大多數女性的需求。

---

27 見盧勝彥，〈金錢的應用觀〉，《甘露法味》（桃園：大燈文化，2004）。
28 盧勝彥，〈正眼看出家（上）（下）兼評中台禪寺的出家風波〉，以及〈在家與出家的比較〉，收入真佛宗倡導助印之《佛說出家功德經》序（西雅圖：真佛宗雷藏寺，1996），頁 3-10。

《高王經》的正負面評價研究

洪欣儀

（成功大學藥學系助理教授）

王耀諄

（雲林科技大學電機系教授）

游江成

（美國西北大學電機博士，M31 Technology 技術經理）

一、緒　論

　　《高王經》在歷史上是一部非常有名的經典，雖然它不是佛陀所宣說，而是一本夢授經，但並未違背主流佛經之旨意。一般來說，非佛陀所說的經典通常比較不受重視，或者認為唸之沒有任何助益。但是《高王經》不同，因為裡面有十方諸佛、諸菩薩的名號及七佛滅罪真言，所以在信徒心中能有比較強的說服作用。龍樹菩薩貴為八宗之祖，在其《十住毘婆沙論》〈序品第一〉中云：「敬禮一切佛無上之大道及諸菩薩眾堅心住十地。」

[1]《高王經》有「無量諸佛，一切諸菩薩」，已經涵蓋了「敬禮一切佛及諸菩薩眾」，因此《高王經》完全符合龍樹菩薩的淨土思想。然而，正因為它不是佛陀所說，有學者認為是民間撰述之偽經，可是此經不但流通範圍廣大，歷史上也從未斷絕過，連持負面想法者亦覺吃驚，概觀此經之所以能夠流通，在宗教敍事上定有其效用，否則芸芸眾生，上至王公貴族，下及一般百姓，不會執迷去念一部無益處的經典。

　　歷史上，即使是小說亦曾引用《高王經》來描述故事情節，有名的如《西遊記》第十三回裡，作者施耐庵（1296-1372）描述唐僧為伯欽的父親亡靈超度時念《觀音經》、《彌陀經》及《法華經》等數種經典，燒薦亡文疏來超薦亡魂。[2]還有，《射雕英雄傳》第三回《高王經》[3]，作者金庸（本名查良鏞）（1924-）是新派武俠小說的代表作家，作品中琴棋書畫、詩詞文學、典章制度、陰陽五行、奇門遁甲、儒道佛學均有涉獵，佛學對金庸的影響很大，在他的文學作品中處處可見中庸平和的風格。現代中國文學大師魯迅（1881-1936）亦在他的散文「父親的病」中提及，主角相信將《高王經》燒成灰讓病人握在手中，期望到陰間受刑時可以減輕痛苦，

1　大正新脩大藏經第二十六冊　No. 1521《十住毘婆沙論》
2　吳承恩，《西遊記》（台北市：三民出版，1979年），頁 113。
3　金庸：《射鵰英雄傳，第一卷》（之乎書坊，2002年），第三回大漠風沙。

這可能是中國某些地方的習俗。[4]《高王經》得到著名小說家及文學家的採用，表示應是非常普遍，家喻戶曉的經典，而且也是做佛事所必須的，至少是有名氣的，否則不會被寫入文學作品之中。

本文在撰寫時，雖然也找到諸多《高王經》的歷史版本，但多為網路論述，而書籍或論文的討論則較少，權衡之下仍加以引述，但期待將來再做有系統之整理與研究。

《高王經》是什麼樣的一部經典？持正面看法者認為它是非常靈驗的，既簡單，又有效驗，是一部寶典。持負面看法者，認為這是一部有疑問的經典，甚至認為是偽造的經典。然而，此經自六朝時代以來，歷經隋、唐，以至於明、清、一直到民國，都很受歡迎，一直有人倡導念誦及倡印，如果沒有特殊之處，為何會流傳如此之廣？它真的只是庶民信仰的產物？還是一部修行的寶經？這是本論文想探討的，本文將依《高王經》傳說中的歷史淵源，源起與考證，現代推崇此經之宗教及人物，與推崇《高王經》之原因，《高王經》的架構、佛名出處、時空背景，以及其在宗教敘事中的正面評價作一概括之分析。呈現在世人眼前的，它是一部大乘經典，還是一部毫無價值的偽經？是一部既入世，又出世的經典，還是後人隨便拼湊的書卷？是帶領現代人走上修行

4　魯迅：《朝花夕拾》（台北市：風雲時代出版，2010 年），頁 81。

之路的法門，還是眾人念之無益的一般古籍？本文將研究其正負面之評價與舉例並分析說明《高王經》在信徒中受歡迎的原因。

二、《高王經》的歷史淵源

甲、《高王經》的傳說起源

《高王觀世音經》又稱《佛說高王觀世音經》、《高王觀世音真經》、《大王觀世音經》、《佛說觀世音經》、《救生觀世音經》、《佛說觀世音折刀除罪經》等名，簡稱《高王經》。此經流傳已久，六朝時即已盛行。因為持經者發生神奇感應無數，所以歷來都有抄寫傳誦，至清朝時，也有寺院（如福建承天寺、湧泉寺、鼓山寺等）大量刻版倡印[5]。清朝的汪彭壽，曾經收錄《高王經》的感應故事，後來編入在《續藏》第八十七冊。民國初年，丁福保居士（1874-1952）（《佛學大辭典》的編撰者），除為《高王經》箋注之外，並將之納入《佛學大辭典》中，箋注中亦提及台北市華嚴蓮社南亭老法師（1900-1982）曾有倡印，並有簡略之考據。《高王經》的起源，眾說紛紜，其中較為著名的，是北魏「盧景裕」與東魏「孫敬德」的故事。

此經的記載，最早在《魏書》的「儒林傳」及《北

5　請參閱網路文章：「民間與《高王觀世音經》」
　　http://xcqxcyy14.blog.163.com/blog/static/9078203120091111424318
　　37/。

史》的「盧同傳」內，傳內記載了盧景裕（542 歿）的事蹟[6]：

> 景裕之敗也，繫晉陽獄，至心誦經，枷鎖自脫。
> 是時又有人負罪當死，夢沙門講經，覺時如所夢，
> 默誦千遍，臨刑刀折。主者，以聞赦之，此經遂
> 行，於世號曰高王觀世音。

盧景裕是范陽（河北）涿縣人，北魏節閔帝（498~553）初，被任為國子博士，經明行著，注解過《周易》、《尚書》、《孝經》、《禮記》、《老子》等經典，佛道皆通，是一位讀書人。當時，盧景裕的堂兄盧仲禮與邢摩納據守鄉間，有叛亂之嫌，被北齊獻武王高歡（496-547）命令都督賀拔仁討平，而盧景裕亦被牽連入獄，收禁在晉陽的監獄裡。他在獄中誠心誦念《高王觀世音經》，神奇的是，就在他虔誠誦念數天後，所有縛在身上的枷鎖竟然自動脫下！獄吏一見，便把此事上奏齊獻武王。齊獻武王知悉後，猜想此事必有冤情，於是便重新審理此案，最後赦免盧景裕的罪，後來盧景裕還一路升官，直至國子博士。

另有一位官員洪森，犯了罪當死，同樣夜夢一僧人，逐句教唸《高王經》。夢醒之後，句句清晰，他唸了一千遍。臨刑時，一刀砍下，刀竟折斷，頸子部份卻無傷

6　《魏書》作者魏收（506-572）是盧景裕近友，於 554 年撰《魏書》；《北史》撰於 659 年，作者李延壽，基本上保留了《魏書》中盧的原傳。

痕。監斬官將此事呈報齊獻武王，洪森也得到赦免。

　　另外，《佛祖統記》[7]卷五十四也有《高王經》的記載。還有，在《法苑珠林》[8]卷二十五及《續高僧》[9]卷二十九裡亦記載了孫敬德的故事：

> 昔元魏天平年間（534～537），定州慕士孫敬德，於防所造觀音像，及年滿還，常加禮事，後為劫；賊所引禁在京獄，不勝拷掠，遂妄承罪，並處極刑。明旦將決，心既切至，淚如雨下。便自誓曰：今被枉酷，當是過去曾枉他來，願償債畢了，又願一切眾生所有禍橫，弟子代受。言已少時依稀如睡，夢一沙門教誦觀世音救生經，經有佛名。令誦千遍，得免死厄。德既覺已，緣夢中經，了無謬誤（遺謬），比至早明已滿百遍，有司執縛（繫）向市，且行且誦，臨欲加刑誦滿千遍。執刀下斫，折為三段。三換其刀，皮肉不損。怪以奏聞丞相高歡，表請免刑，仍敕傳寫被之於世，今所謂《高王觀世音（經）》是也。德既放還，觀在防時所造像項，有三刀痕，悲感之深慟發鄉邑。（《大正藏》卷 50，頁 692c）

　　上述故事中的孫敬德是東魏太平年間（五胡亂華之

7　《佛祖統記》是一部佛教通史，由南宋志磐於（1269 年）撰成。

8　《法苑珠林》是唐朝佛教典籍，由唐道世所著，於總章元年（668年）完成。

9　《續高僧》為一部佛教的史料，唐道宣（596～667）撰，今收錄於大正藏第 50 冊。

後），定州（今河北定縣）軍隊中的一位戍守人員，他篤信觀世音菩薩，因此在他駐守之處，供奉一尊莊嚴的觀世音菩薩法像，經常對菩薩虔誠的禮拜。後來他遭妒陷，禁在京獄，屈打成招，將要被處極刑。於行刑前夜裡，夢一僧人告之持一千遍《高王經》，經有諸佛、諸菩薩洪名，得諸佛菩薩加被，可以解脫苦處，免除刑罰，脫離刑難。他醒來之後，對於如此清晰的夢境深信不疑，於是便按照夢中僧人所教的，把經文抄錄下來，並在確定無誤之後開始靜心持誦，到早上已誦滿百遍，此時執法人員已奉命來捆綁他了，他也毫不間斷的仍繼續持誦，即使在押往刑場的途中，他也從未中止，臨到劊子手舉起刑刀時，他正好念滿一千遍，正當刑刀下砍他脖子時，孫敬德卻毫髮無傷！不但如此，刑刀還斷成三段，而且連換三把刑刀都斷成三截，孫敬德始終都閉目恭誦《高王經》，絲毫無所覺，皮肉也無傷。此時，監斬官、劊子手眾人都為之驚異不已，認為孫敬德一定有邪術，因而停止行刑，並將他押回牢獄，等候指示。

　　當時的丞相高歡，聽聞此奇事，於是便將孫敬德拘提審問。高歡在明白案情前因後果後，發現孫敬德果然是被誣陷蒙冤的，於是便奏請皇帝特赦孫敬德，並回復他原職。沒想到孫敬德返回駐地，卻發現自己供奉的觀音像頸部有三刀痕，始知是觀世音菩薩替代他受罪的，孫敬德悲傷感激之餘，除了更虔誠禮拜、持誦之外，並發動鄉邑中人抄寫傳誦此經。觀世音菩薩的威神力，不

但解救了孫敬德，同時也讓丞相高歡見識到了《高王經》的神奇靈驗，因此下令全京城官民抄寫與傳誦《高王經》。

此外，還有一種傳聞，認為北魏的《十句觀音經》是《高王經》的前身，《十句觀音經》裡只有十句：

> 觀世音。南無佛。與佛有因。與佛有緣。佛法相緣，常樂我淨。朝念觀世音。暮念觀世音。念念從心起。念念不離心。[10]

相傳是劉宋時代的王玄謨（388-468）於宋文帝元嘉二十七年（450 年），南朝宋軍大舉攻北魏，王玄謨被任為寧朔將軍，隨輔國將軍蕭斌（1418-？）率軍北攻。因戰敗回國後下獄將被處刑，王玄謨在獄中，夢見有人傳授此經，誦唸千遍後得免死。王玄謨為了保命，拼命地念。第二天即將被處決時，蕭斌收回成命，王玄謨才得以保全性命。[11]此經之流傳比《高王經》還早，而且前六句經文與《高王經》之經文有相似之處，也同樣是一部夢授經典，因此，南宋志磐於《佛祖統記》中，認

10　《十句觀音經》，最早出自於 983 年由北宋李昉等撰的《太平御覽》（卷 654）及《太平廣記》（卷 111）。《太平御覽》卷 654：「夢人謂之曰：汝誦《觀音經》千遍，則可得免禍。謨曰：命懸旦夕，千遍何由可得。乃授云：『觀世音，南無佛，…念佛不離心。』既而誦滿千遍，將就戮，將軍沈慶之諫，遂免。」
11　沈約（441-513）所撰《宋書》卷七十六《王玄謨傳》：「初，玄謨始將見殺，夢人告曰：“誦《觀音經》千遍，則免。”既覺，誦之得千遍，明日將刑，誦之不輟，忽傳呼停刑。」

為此經為《高王經》的異名[12]，而日本學者桐谷征一（1940-）認為此經可能是《高王經》的原形[13]。從學術觀點與考證上來說，在當時對《高王經》資料缺乏及時間上、地域上、文化上無法深入此經典的精髓之下，是很有可能下此結論。

一般而言，靈驗故事具有神奇、讓人無法理解的故事情節，所以往往讓人感到難以置信。例如，孫敬德遭砍三刀，刀斷人無恙，這對無信仰者來說無疑是無稽之談，故事都年代久遠，而且不符合物理定律，因而一般人難免會覺得是迷惑人心的故事。其實，這類宗教敘事的例子，近年不是沒有，譬如盧勝彥就寫過類似的故事[14]。

盧勝彥自稱年輕時曾經在高雄夜市接受一位算命的老者算命，得知廿八歲有一死劫，然而盧勝彥於廿六歲逢奇緣，也信了佛，還請了一尊觀世音菩薩瓷像供奉，就在廿七歲時，與活佛感應、教導他修行的無形靈師強迫活佛吃素一年，以命易命，再加上他供奉的觀世音菩薩瓷像，全身從頭至腳出現了裂痕，成網狀分佈全身，因而死劫得以不受報，在這敘事之中，菩薩身上有裂痕

12　《佛祖統記》卷 38：「此經止十句，即宋朝王玄謨，夢中所授之文，今市肆刊行孫敬德所誦者是。後人妄相增益，其文猥雜，遂使識者疑其非真。」

13　于君方：〈「偽經」與觀音信仰〉，《中華佛學學報第 08 期》，1995年，頁 107。

14　盧勝彥：〈觀世音菩薩捨身救劫記〉，見《靈機神算漫談上冊》（桃園，大燈文化，2005），頁 60-65。

或者有刀痕現象是替代受報的關係，而且是觀世音菩薩的慈悲誓願所致。

其實，夢授經典在這幾個故事中，其基本的意義是救生，這倒不是說佛陀宣說的經典無法救度，反而有可能是因時間的迫切性，需要簡易、容易讀誦的經典，以奏其功；故而在囚犯求助無門之下夢授之，由於傳聞此經靈驗，所以才會漸漸傳散播開來。而《高王經》就是一部不少佛教徒相信具有真實效驗的救渡寶典，從古迄今，有為數不少的靈驗事蹟流傳下來。

乙、《高王經》的歷史考證

從歷史考證來看，雖然道宣（596～667）在 664 年編的《大唐內典錄》將《救生觀音經》與《法華經》、《涅槃經》、《華嚴經》等大乘經典同等視之，695 年編定的《大周刊定眾經目錄》也採取同樣的態度，《高王經》也因而被編入了《大正藏》及《續藏》；但是，70 年之後，智昇（668～740）在他的《開元釋教錄》（730 年編的）卻將它列在疑似部之下，從此之後，《高王經》就不在《大正藏》之內，其主要原因是自智昇以來，

普遍認為經典必須來自外國或者印度，而且為了確定其正統性，譯者必須是外國三藏，而《高王經》兩者皆不是，但經裡又有佛菩薩名號、咒語，沒有任何違背傳統佛經旨意之處，因而被列入疑似部，未被剔除在《大正藏》之外。

根據于君方教授（1938-）的論述，經典來自外國，而且外國三藏譯者的正統性也有問題，因為外國三藏有時不是經典的譯者，但是很多經典卻被歸屬給他們。多年前就已有 Michel Stickmann （1942-1994）提出在現存一千七百種由印度語系譯成的中文經典中，四百種（也就是《大正藏》的四分之一）譯者的歸屬都有疑問[15]。基於這個理由，最近數十年來，中外的佛教學者開始對「偽經」這個名詞，表示有修正的必要，Strickmann 就建議使用「原始的中國經典」作替代，並認為這些經典可代表印度佛教已融入及適應當地的文化而給予高度的肯定。還有，從整體佛教發展史及不同宗派經典成立過程來看，近年來學者對疑偽經也有較積極的修正觀點。譬如，釋迦佛說的是法，但也有其他佛說的法，佛也有過去七佛、過去諸佛、未來賢劫千佛。還有，佛陀認可的大弟子及受佛加持的菩薩也都可以說法，藏密紅教就有伏藏法，盧勝彥講述「大圓滿九次第法」的淵源及傳

15 Michel Strickmann, " The Consecration Sutra: A Buddhist Book of Spells" ，Chinese BuddhistApocrypha, p.79。

承時說[16]：

> 從普賢王如來到蓮華生大士、赤松德真王、依喜
> 措嘉。依喜措嘉知道西藏會面臨朗達瑪王滅佛，
> 所以她先把蓮華生大士所傳的「大圓滿法」全部
> 伏藏，藏在西藏、尼泊爾、不丹等不同的地方，
> 藏在岩石裡面，藏在虛空中，藏在湖底，藏在大
> 樹之間。最後，龍欽巴尊者跟晉美林巴尊者，這
> 兩位是最主要的伏藏師，日後把伏藏拿出來，再
> 集合起來就變成「大圓滿九次第法」。

這些伏藏結集成為新的經續或寧提，也同樣被認為
可以稱作佛所說的法。至於現代學者有認為以《大正藏》
為標準的，也有採取開放、客觀之看法與觀念的，聖嚴
法師（1930-2009）就是其中一位持開放觀點的，他說[17]：

> 大乘佛法不論是否為佛說，或者菩薩說，或者其
> 他眾生說，都不可以真偽來作取捨，只要符合佛
> 法的原則就好。
>
> 至於第二類民間信仰的產物，……以人間道德標
> 準來勸化、教善、教孝、教恩義，都有它一定的
> 作用，所以，雖為偽經而非真的佛經，民間的佛

---

16 盧勝彥 2013 年 6 月 8 日於「西雅圖雷藏寺」的開示：『大圓滿九
　次第法的淵源及傳承』，
　http://www.tbsn.org/chinese2/talk.php?classid=47&id=1545&keywo
　rd=&page=40。
17 聖嚴法師，《學佛群疑》（北市：法鼓文化出版，1996 年），頁
　181-183。

　　教徒們，都在傳誦，沒有不良的後果。

　　所以，隨著時代的進展，考證上的依據也不一樣，《高王經》的真偽問題也隨著考證人員的學術背景與觀念，及是否有足夠數據等而有不同的認知。

　　由於《高王經》的流傳歷史久遠，所分佈之範圍遼闊，遍及廣大的華北地區，因而其古代版本，雖然經過歲月、戰亂等洗禮，但是仍然有些被保存下來，敦煌研究院 2009 年之文獻[18]指出，現存最早的版本是西魏大統十三年（547）杜照賢造像碑，經文基本完整。而後有東魏武定八年（550）杜英儔等十四人造像碑。兩者皆姓杜，均出自河南禹縣，似乎有關聯。另外，舊金山亞洲藝術館藏北齊造像碑中也有此刻經；還有，兩部北京房山石刻經，一刻於隋末第 5 洞（雷音洞，616年），一刻於 7 世紀六十年代的第 3 洞。除此之外，哥倫比亞大學藏有一初唐造像碑，上面也有該經；龍門石窟有 2 部；吐魯番出土文獻有一部；兩

部俄藏黑水城西夏中文文獻，一是編號 TK117 文獻，另一是編號 TK118 文獻；華盛頓弗利爾美術館藏有一部《十句觀音經》，作者將之納入《高王經》的考古版本；還有，兩部敦煌文獻，一是編號 P.3920 文獻，一是編號 531 俄藏敦煌遺書；另外有，《大正藏》第 85 冊所收之日本《高王經》版本（此版本雖然年代不詳，但同於《續藏經》韓國光武二年（1898）刻本，應是較晚版本），總共有十五種古老的《高王經》版本出現於世。

　　《高王經》經文內容的歷史考證，有學者針對房山石刻經（石本）、俄藏敦煌遺書編號 531（乙本）、敦煌文獻編號 P.3920（甲本）、俄藏黑水城西夏中文編號 TK117 文獻（黑本）及《大正新修大藏經》（大正本）等五種版本做了比對[19]，發現時代越是久遠，其遺漏佛號越多，而越近版本，其佛號越齊全。基本上，石本與乙本同一形態，皆是斷簡殘篇，其次是甲本、黑本，而最齊全的版本是大正本。這種傾向基本上合理，因為石本與乙本由於時間超過千年，很有可能風化，形成斷簡殘篇，或錯字、或遺漏，都有可能。石本自「心常應誦此經消伏於」之後就沒有了，乙本從六方六佛名號的「北方月」之後形成殘篇。佛號方面，如「阿閦佛。彌陀佛」在石本及甲本都遺漏掉，「定光佛」只有黑本及大正本有，「神通佛」只有大正本有，「藥王菩薩。藥上菩薩」

19　李小榮：〈「高王觀世音經」考析〉，《敦煌研究》2003 年第 1 期。

甲本（當然，石本及乙本也一樣）沒有等等，因而有《高王經》是後人偽造的說法。不過，以斷簡殘篇來論斷似乎無法周延考證，《高王經》並無法因而被認定為依時間劃分成兩種或三種版本出來，只是為何有遺漏佛號，原因仍然不明，是地域關係，是文化隔閡，還是其他原因，頗值得深思。至於咒語部份，《高王經》七佛滅罪真言在石本、乙本均沒有（因是殘本），甲本僅有兩句「帝毗離尼帝莎婆訶。」黑本中少了「摩訶迦帝，真靈乾帝。」兩句咒語，而大正本是齊全的。七佛滅罪真言出自《大方等陀羅尼經・護戒分・卷第四》，其咒語也少了後面兩句，從考證角度來說應是梵文翻譯遺漏問題，或因翻譯者不同而出現不同譯本，而不是後人刪減或加上，因此，黑本基本與大正本一樣，皆為正本，至於甲本為何只有兩句咒語，則不得而知。七佛滅罪真言缺漏咒語，到了《嘉興大藏經》第 19 冊「諸經日誦集要」即可見現代版本。

　　表一為《高王經》歷代流傳的概況，除了年代不是很肯定的，沒有列入之外（如敦煌遺書 P.3920 文獻與531 俄藏文獻，吐魯番出土本寫本及《大正藏》本等），其它的從西魏至明朝歷代，在文獻中有的基本列入，從表中可以輕易看出此經自西魏以來已經在廣大的華北地區流行，不但漢族唸誦，少數民族也廣為流傳。早期出土之經文多為石刻文，宋朝雖然沒有印本，但南宋時代《佛祖統紀》說此經在宋印行不少，而且此經文更普及

至北方廣大地區，西夏、遼國、大金國均發現《高王經》的版本，明代是版刻與版畫全盛時代，《高王經》也因而有種種的版本出來。

表一：《高王經》之歷代流傳列表

	時間	地點	高王經出土形態	出處	其他註解
1	西魏大統十三年（547）	河南禹縣	石像碑文	A	杜照賢等建造之石像碑
2	東魏武定八年（550）	河南禹縣	石像碑文	A、B	杜英儔等十四人造像碑
3	北齊		造像碑文	A、B	存於舊金山亞洲藝術博物館
4	隋朝（616）	北京房山雷音洞（第五洞）	石刻	A、B	斷簡殘篇
5	唐總章二年（669）	北京房山（第三洞）	石刻	A、B	
6	唐		觀音經像碑文	A、B	存於美國哥倫比亞大學
7	唐永徽二年（651）	龍門	石刻（2部）	A、B	
8	後唐明宗長興三年（932）	北京房山	陶幢	C	
9	宋朝、元朝	山西應縣	遼代寫經（2部）	A、C	契丹族
10			裝藏佛經（2部）	A、C	女真族（現藏新奧爾良博物館）
11			西夏寫經（2部）	A、C	俄羅斯冬宮博物館黑水城TK117, TK118
12	明太祖洪武五年（1372）		西夏文高王經	D	

13	明永樂十三年（1415）			C	灌頂慈慧妙智大國師緣旦監刻，發起刻印西夏文《高王經》
14	明代永樂十年（1412）		劉福順施刻《高王觀世音經》	E	現藏於中國歷史博物館，編為W.680 號
15	明正德 16 年（1521）			E	北京國圖善本5472 號
16	萬曆九年（1580）			E	天津圖書館藏經
17	明萬曆十八年（1590）		神宗皇帝朱翊鈞的生母慈聖皇太后李氏施刻	E	

A. 王惠民：〈《高王觀世音經》早期版本敘錄〉，敦煌研究院文獻，（2009 年 12 月 3 日）。

B. 張總《觀世音〈高王經〉並應化像碑》，《世界宗教文化》2010 年第 3 期。

C. 高王觀音編著：《高王觀世音經》歷代流傳簡況，http://blog.sina.com.cn/s/blog_a4396f9101013s7j.html

D. 史金波先生：《西夏佛教史略》

E. 《高王觀世音》有關資料，http://www.fengshui-168.com/thread-18424-1-1.html

　　清朝與現代，此經更為普遍了，不僅有了石印、鉛印本、雕版，也有影印重出版者。表二為《高王經》清朝與現代流傳的概況，當然，這只是吾人所知之概況，

本文在撰寫時苦無書籍統計數字，因而參考網路貼文，至少讓吾人了解《高王經》之流傳非常廣，而且沒有間斷過，即使現代也是一樣，如果它只是學者口中的疑偽經（即中土僧人撰述或抄略之經），或者是偽經（偽造的經典），它還能流傳如此久遠,影響如此多人嗎嗎？這是值得深思的問題。

表二：清朝與現代《高王經》版本流通概況

	時間	地點	高王經出土形態	出處	其他註解
1	清朝光緒戊寅年（1878）		高王觀音經註釋	A	悟靜註釋
2	清朝咸豐十一年	山西平陽府（臨汾）	高王經文	B	府城內文寶齋
3	清朝光緒庚寅年	山西汾府（汾陽）	高王經文	B	府城內貢院門前翰墨齋
4	清朝道光六年	陝西富平縣喬山一帶	高王經文	B	頻陽縣枕善堂敬刊高王經
5	清朝咸豐乙卯年	陝西西安省城	高王經文	B	按察司南京紙店唐家刻字鋪
6	清朝光緒庚寅年	山東泰安府（泰安市）	高王經文	B	城隍廟街柒翰齋重刊存版
7	清朝	山東濟南府布政司	高王經文	B	大街南首路西德華堂存版
8	清朝	山東平度市	高王經文	B	麻蘭清華堂存版
9	清朝	江蘇吳門（蘇州）	高王經文	B	吳門趙氏
10	清朝	江蘇無錫	高王經文	B	萬氏藏版
11	清朝光緒乙未年	江蘇蕪湖	高王經文	B	東門外田錦文齋
12	清咸豐三年（1853）至宣統元年（1909）年	天津市	高王經文	B	天津刻書的書坊有十家先後多次刻印此經

13	清朝	福建省	高王經文	B	承天寺、湧泉寺、鼓山寺等大量刻版倡印
14	清朝光緒十二年	湖南醴邑（醴陵）	高王經文	B	天后宮重刊《高王觀音經》
15	清朝同治九年（1870）	湖南楚南	高王經文	B	周旭亭翻刻《高王觀世音經》
16	清朝光緒十七年	山西平定州	高王經文	B	下煙村梁風鳴刻印
17	民國12-14年（1923-1925）	上海	高王經文	B	上海商務印書館印行
18	民國十七年（1928）	上海	高王經石印本	B	上海商務印書館印行
19	民國廿三年（1934）	上海	鉛印高王經	B	上海文華堂
20	民國九年（1920年）	上海	鉛印高王經箋注本	B	醫學書局鉛印丁福保箋注本
21	民國間（1912-1949）	上海	鉛印高王經箋注本	B	上海華陽書報流通處印行
22	民國二年（1913）	廣東潮陽	高王經文	B	信女鄭喜明聚刻《觀世音菩薩經咒集刊》中亦具此經
23	民國	廣東省韶關市曲江縣的南華寺	高王經文	B	李錦洪書寫《高王經》現藏於南華寺
24	民國六十年（1971）	台灣台北市華嚴蓮社	高王經文	B	南亭老法師（已往生）曾有倡印，並有簡略之考據
25	1988年	香港	高王經文	B	香港陳湘記書局
26	1988年	澳門	高王經文	B	

A.（悟靜註）《卍新纂續藏經》《高王觀音經註釋》〔法華部〕第三十五冊，No. 648。

B. 民間與《高王觀世音經》，
   http://xcqxcyy14.blog.163.com/blog/static/907820312
   00911142431837/

　　而且，雖然《高王經》自唐‧智昇編的《開元釋教錄》以後，被編入《大正藏》的「疑似部」裡，歷史上，學者的考證多偏向為疑偽經，也有學者認為是偽經，但《高王觀音經註釋》卻在《續藏經》「法華部」[20]，這顯示能否被接納入《大正藏》只是觀念與角度的問題。再者，《高王經》的流傳並沒有因為它不被列入《大正藏》而稍減，除了表一及表二所列的歷史版本之外，《高王經》也被翻譯成各國文字，如日文、韓文、西夏文、遼國文、西班牙文、葡萄牙文、德文、法文、意大利文、俄文、英文等，可見其流傳之廣及影響之鉅。單單中國歷史上，雖然沒有統計其普遍被接受的程度，但是可以從敦煌藏經中《高王經》被放置與其他密教經典，如，《如意輪觀音經》、《大輪金剛陀羅尼經》、《金剛頂經修習瑜伽儀》、《大威德金輪佛頂熾威光如來消除一切災難陀羅尼經》、《千手千眼觀音經》、《佛頂尊勝陀羅尼經》、《隨求即得陀羅尼經》等放在一起，就可知它是非常被尊崇的一本經；而且，就是較早期的房山石刻也是一樣，《高王經》也是和《法華經》、《維摩

20　《卍新纂續藏經》《高王觀音經註釋》〔法華部〕第三十五冊，　No.
　　648，http://www.cbeta.org/result/normal/X35/0648_001.htm。

經》、《華嚴經》、《涅槃經》、《金剛般若經》、《勝鬘經》等最主要的大乘經典一起被刻於雲居寺石經山雷音洞中，一在甘肅西北部，一在北京市房山縣，相距千里，可見《高王經》在當時十分普遍且流行，幾乎整個中國北方都傳誦此經，因此我們有理由相信《高王經》一定有其魅力，否則它不會在地域上流傳如此之廣，被翻譯成多國文字，從北魏至現代、從皇室至一般百姓都盛行，時間上也毫無間斷過。

　　而清朝到現代，此經民間刊刻仍然盛行不衰，真佛宗非常尊崇《高王經》，這與該派宗主盧勝彥有關。因為盧勝彥宣稱其前世，跟多個國度有關，其中一個國度建於四川、陝西一帶，然後拓延至甘肅，到祁連山、賀蘭山、沙漠、綠洲，還有一點河西平原，黃河的中段，這個國度就是「西夏」（1038-1227）。歷史上「西夏」信奉藏傳佛教，但不侷限於此，禪宗、淨土宗、天台宗等思想依然流傳，只是受到藏傳佛教的影響較多。而「西夏」非常尊崇《高王經》，上從皇帝，下至百姓，大家均推崇《高王經》。當然，「西夏」並非只獨尊《高王經》，也有三藏及自己的譯經院等。

　　「西夏」人有可能尊崇《高王經》，在「西夏佛教史略」，裡面有一頁記載《高王經》前面的發願文。

　　蓮耶上師提到[21]：

21　蓮耶上師，〈西夏與真佛宗〉，
　　http://www.wtbn.org/804/p804-13-01.shtm。

這本西夏文的《高王經》已是斷簡殘篇了，經歷多年戰亂，加上蒙古大軍滅族屠戮，西夏人能逃走的不多，有些逃到漢地，依舊保留西夏傳統。

西夏滅亡之後，明朝太祖洪武五年，西夏後裔（黨項族人）發起了刻刊《高王經》的計畫，而且以西夏文刊出。經文殘篇保存在現在的北京故宮博物院，珍藏的西夏文《高王經》只有一本，書中也刊印翻譯成漢文的《高王經》。西夏亡於 1227 年，這本刻刊《高王經》印於洪武五年 1372 年，時間上亡國已超過一百年，若非尊崇《高王經》，誰會以故國文字刊印經書？而且，當時是明朝，誰會看懂西夏文字？即使懂，明朝才剛創立五年，當天下還未太平的時候，明朝又怎麼可能任由人民懷念故國故族呢？

2012 年 3 月 10 日臺灣雷藏寺「高王觀世音護摩大法會」，盧勝彥才第一次公開宣稱自己前世在西夏的身份，他說[22]：

> 我的過去世，曾經在「西夏王朝」，而國家名字叫作「大白高國」，很奇怪的名字。告訴大家真實的現象，就是「大白蓮花童子高王觀世音菩薩的國」，所以，叫作「大白高國」。……「大白高國」的第一個皇帝，叫作景宗，風景的景，第

---

22 蓮生活佛盧勝彥 2012 年 3 月 10 日於「臺灣雷藏寺」的法語開示，http://www.tbsn.org/chinese2/talk.php?classid=46&id=1447&keyword=&page=60。

五個皇帝，叫作仁宗，最後一個皇帝，叫作末宗，他們共有十個皇帝。在我的記憶裡面，景宗、仁宗跟末帝，都是一個人，就是我。（眾鼓掌）在所有西夏王朝裡面所記的國名，就是「大白高國」，「大白」就是「大白蓮花童子」，該國所有「黨項族」的人民，全部持誦《高王觀世音真經》。

西夏尊崇《高王經》，而盧勝彥自稱曾是西夏的皇帝（末帝），自己帶頭唸《高王經》，全西夏人都會唸誦，上至王公貴族下至販夫走卒，無人不唸《高王經》。元朝的蒙古帝國攻打西夏王朝，連攻多次都攻不下，最後，在即將大獲全勝之時，成吉思汗（出生年不可考-1227）於歸程中，在西夏境內的薩裏川命歸黃泉。以當時蒙古帝國的國力，真是勢如破竹，所到之處皆投降，一直打到歐洲及整個中國，然而，卻輸給西夏王朝的「大白高國」，多次進攻都失敗，那就是在西夏的黑木城，信徒難免會聯想到有高王觀世音菩薩的護佑。

但是，「大白高國」最後仍然滅亡了。就這件事情而言，盧勝彥提出因緣果報的道理：「西夏人就是念很多高王經！高王經也不是念了就不會死，或者，念了就不受定業果報，唸誦的福德功德依舊是唸誦後的異熟果，當下被屠殺的果報也是以前所種下，尤其是已成定業的果報，後功不能抵銷前過，誰都要酬業，惡業酬完，

善業自然現前，如同佛陀之於釋迦族。」[23]

　　在盧勝彥的敘事中，他跟《高王經》有其歷史的關係；而或許就因這個緣故，當他第一次拿到《高王經》就有歡喜心及感應；《高王經》也是盧勝彥熟背的第一本經典，是他宣稱得到靈的相應的第一本經典。除了信徒所傳之靈驗外，《高王經》還有什麼內涵？它殊勝在那裡？一部流傳廣大的經典必定是有其所以成為經典的原因。

三、《高王經》的架構

　　甲、《高王經》的架構簡介

　　《高王經》從「觀世音菩薩」起至「七佛滅罪真言」終，全文共六百一十七字，念誦一遍的時間約五分鐘。經義以皈依佛法僧開始，提到經力大功效「大神咒」、「大明咒」、「無上咒」、「無等等咒」，之後全為佛菩薩名號，其中穿插修持高王經方法「中央一切眾生」到「消除諸毒害」，最後以七佛滅罪真言結束。短短六百多字中，包含許多巧妙之處，這可能就是信徒相信念誦《高王經》能有許多不可思議靈驗的原因，以下一一解析。

　　乙、《高王經》的經名解析

　　《高王經》的「高王」一說為東魏孫敬德，因念「觀

23　蓮耶上師：〈《高王觀世音真經》與西夏國的宿世因緣之二〉，http://hi.baidu.com /invincible369/item /5478c55cffa28a16abf6d72a。

音救世經」滿一千遍，於刑場刀斷三折引起當時丞相高歡注意，重新盤問審查而發現冤獄，最後赦免孫敬德並命令京中官民抄寫傳誦。其子高洋認為「觀音救世經」之所以能令大眾所風行樂頌，是由於父皇勸令的功勞，因此改為「高皇觀世音經」。後人嫌繁，書寫或刻版時，將「皇」減為「王」，而成高王觀世音經。

另一說在丁福保（1874-1952）《佛說高王觀世音經箋註》中提到：

> 所以名為高王者、最為第一之意。《一切法高王經》曰：「此法門者彼未來佛所說法中，最為第一，謂一切法高王法門。」

另外房山石刻中的高王經是名《大王觀世音經》，可見「高王」與「大王」有類似的意思，表示高王經功效是很大、很崇高的一部經典。

丙、《高王經》第一段「緣起」解析

從「觀世音菩薩」到「有緣佛法」將之歸納成第一段。經一開始先念「觀世音菩薩」名號，有敬禮觀世音菩薩的意思，因為觀世音菩薩為本部經典的主尊，所以先敬禮觀世音菩薩。「南無佛」到「南無僧」的部份是皈依佛、法、僧的意思，也是皈依「覺」、「正」、「淨」。而當中，皈依一詞表示心裡的歸向、投靠，也就是信。《華嚴經》云：「『信』為道源功德母，常養一切諸善根。」信徒相信一切的道源功德，必須先從「信」開始，才能依照教義行事而得成就。若是不信，再好的法寶也

是枉然。「佛國有緣，佛法相因」指出佛度有緣人，並由《楞嚴經・長水疏一、之上》：「佛教因緣為宗。以佛聖教自淺而深，說一切法，不出因緣二字。」由上知，修習《高王經》，第一要有「信」，接著要是有緣人並有法緣才能聽聞修持，修持之後就會達到「常樂我淨，有緣佛法」：身心常保清淨快樂，有緣可以往生佛國淨土。

丁、《高王經》功效解析

「南無摩訶般若波羅蜜是大神咒」至「南無摩訶般若波羅蜜是無等等咒」提到這部經具有到達彼岸的大智慧，是「大神咒」、「大明咒」、「無上咒」、「無等等咒」。什麼是大神咒呢？大神咒是具神力之陀羅尼，表示持此陀羅尼可以發神通、除災患。佛教經典裡面講到的神通包括：天眼通、天耳通、他心通、宿命通、神足通、漏盡通。《高王經》中已經有兩尊從名稱就可看出有大神通力的佛菩薩，例如：「獅子吼神足幽王佛」及「神通佛」。

「大明咒」表示此經中具大光明。光明的反面就是無明，指的是愚痴黑闇迷沌的心。無明也就是愚痴與煩惱的代名詞，迷失了眾生原本具有的光明覺性。此經中有許多尊從名稱就可以看出會放大光明的佛菩薩，例如：「淨光秘密佛」、「佛告須彌燈王佛」、「藥師琉璃光王佛」、「普光功德山王佛」、「定光佛」、「東方寶光月殿月妙尊音王佛」、「大明觀世音」、「觀明觀世

音」、「高明觀世音」、「開明觀世音」、「普光王如來化勝菩薩」，可見此經已暗示，佛菩薩會放大光明，去除眾生的無明煩惱障。

「慈憂於一切眾生，各令安穩休息」：《高王經》中直接點出佛菩薩慈悲一切眾生，各令安穩休息。丁福保的佛學辭典中提到「安穩」的解釋：

> 身安心穩也。法華經譬喻品曰：「身意泰然，快得安穩。」文句十四曰：「不為五濁八苦所危，故名安。日倒暴風所不能動，故名穩。」。

五濁者：劫濁、見濁、煩惱濁、眾生濁、命濁[24]。八苦即是：生苦、老苦、病苦、死苦、愛別離苦、怨憎會苦、求不得苦、五陰熾苦。日倒暴風表示很大的災害，修持《高王經》可以脫離五濁八苦、除災患，由此可以呼應經文後面一句「能滅生死苦，消除諸毒害」。

戊、《高王經》念佛菩薩名號及修持方法解析

在許多經典中有提到聽聞諸佛名號，受持讀誦者功德無量。如《佛說佛名經》：

> 「舍利弗。汝今諦聽。若有善男子善女人。聞是現在諸佛名號。能受持者。一切魔眾於是人所不得其便。一切惡人亦不得便。獲得無量無邊甚深功德。隨所生處具菩薩行。得宿命通顏容端正眾相具足。常得親近供養諸佛。乃至速成阿耨多羅

24　《佛說阿彌陀經》，大正新脩大藏經第十二冊　No. 366。

三藐三菩提。何以故。舍利弗。若有聞是諸佛名
號。受持讀誦恭敬禮拜書寫供養展轉教他。所得
功德無量無邊。」

又如《賢劫千佛名號經》中所說：

「此賢劫中諸佛出世名號如是。若人聞此千佛名
字，不畏謬錯，必得涅槃。諸有智者，聞諸佛名
字，應當一心，勿懷放逸，勤行精進，無失是緣，
還墮惡趣，受諸苦惱，安住持戒，隨順多聞，常
樂遠離，具足深忍，是人則能值遇千佛。若持誦
此千佛名者，則滅無量阿僧祇劫所集眾罪，必當
得佛諸三昧神通，無礙智慧，及諸法門，諸陀羅
尼。一切經書，種種智慧，隨宜說法，皆當從是
三昧中求。修習此三昧，當行淨行，勿生欺誑，
離於名利，勿懷嫉妒，行六和敬，如是行者，疾
得三昧法。」

《高王經》中充滿佛菩薩名號，其名號出處皆可考，
有出現在《佛說佛名經》中的佛名，也有出現在《賢劫
千佛名號經》的佛名，眾多佛菩薩名號中亦包含了「淨
土三尊」、「西方三聖」:「阿彌陀佛」、「普光功德山
王佛」（觀世音菩薩未來成佛之名號）、「善住功德寶
王佛」（大勢至菩薩未來成佛之名號）。《佛說阿彌陀
經》也提到：

「舍利弗。於汝意云何？何故名為一切諸佛所護
念經？」

「舍利弗。若有善男子、善女人，聞是經受持者，
及聞諸佛名者，是諸善男子、善女人，皆為一切
諸佛之所護念，皆得不退轉於阿耨多羅三藐三菩
提。是故舍利弗，汝等皆當信受我語，及諸佛所
說。」

由此可知佛教有聞諸佛名者也能得到一切諸佛之所
護念之說法。

另外《高王經》中還有「華嚴三尊」或稱「釋迦三
尊」：「大智文殊師利菩薩」、「大行普賢菩薩」及「釋
迦牟尼佛」。釋迦牟尼佛是佛教教主。文殊師利菩薩持
劍是智慧威猛的，能斷一切煩惱。《般涅槃經》云：

若聞文殊名，或見形像者，百千劫中不墮惡道。
若稱念文殊名，設有重障者，不墮阿鼻極猛火處，
常生他方清淨國土，值佛聞法，得無生忍。」

若如現實真如上述引文所說，只是聽聞文殊師利菩
薩名號就可在百千劫中不墮惡道，何況是稱念其名！還
有，普賢菩薩以其大行著稱，《大方廣佛華嚴經・普賢
行願品》中提到普賢十種廣大行願：

一者禮敬諸佛。二者稱讚如來。三者廣修供養。
四者懺悔業障。五者隨喜功德。六者請轉法輪。
七者請佛住世。八者常隨佛學。九者恒順眾生。
十者普皆迴向。

在經末也提到依此十行願，可獲大福，並往生極樂
世界：

善男子！彼諸眾生，若聞、若信此大願王，受持讀誦，廣為人說，所有功德，除佛世尊，餘無知者。是故汝等，聞此願王，莫生疑念，應當諦受。受已能讀，讀已能誦，誦已能持，乃至書寫，廣為人說。是諸人等，於一念中，所有行願，皆得成就；所獲福聚，無量無邊！能於煩惱大苦海中，拔濟眾生，令其出離，皆得往生阿彌陀佛極樂世界。

《高王經》中除了西方三聖、中央華嚴三聖外，亦包含東方三聖：「藥師琉璃光王佛」、「藥王菩薩」、「藥上菩薩」，或是「藥師琉璃光王佛」、「日光菩薩」、「月光菩薩」。《藥師琉璃光如來本願功德經》提到藥師佛的十二大願，其中：

「第五大願：願我來世得菩提時，若有無量無邊有情，於我法中修行梵行，一切皆令得不缺戒、具三聚戒；設有毀犯，聞我名已還得清淨，不墮惡趣！」。「第六大願：願我來世得菩提時，若諸有情，其身下劣，諸根不具，醜陋、頑愚、盲、聾、瘖、啞、攣躄、背僂、白癩、顛狂、種種病苦；聞我名已，一切皆得端正黠慧，諸根完具，無諸疾苦」。「第七大願：願我來世得菩提時，若諸有情眾病逼切，無救無歸，無醫無藥，無親無家，貧窮多苦；我之名號一經其耳，眾病悉除，身心安樂，家屬資具悉皆豐足，乃至證得無上菩

提」。「第八大願：願我來世得菩提時，若有女
人為女百惡之所逼惱，極生厭離，願捨女身；聞
我名已，一切皆得轉女成男，具丈夫相，乃至證
得無上菩提」。「第十大願：願我來世得菩提時，
若諸有情王法所加，縛錄鞭撻，繫閉牢獄，或當
刑戮，及餘無量災難凌辱，悲愁煎逼，身心受苦；
若聞我名，以我福德威神力故，皆得解脫一切憂
苦！」。「第十二大願：願我來世得菩提時，若
諸有情貧無衣服，蚊虻寒熱，晝夜逼惱；若聞我
名，專念受持，如其所好即得種種上妙衣服，亦
得一切寶莊嚴具，華鬘、塗香，鼓樂眾伎，隨心
所翫，皆令滿足」。

依照藥師佛的大願，僅僅只是聽聞其名，即可還淨、
得端正、消病業、女轉男身、解脫憂苦。

另外，在《佛說觀藥王藥上二菩薩經》提到須具五
因緣，才能聞藥王、藥上菩薩名：

「一者慈心不殺。具佛禁戒。威儀不缺。二者孝
養父母。行世十善。三者身心安寂。繫念不亂。
四者聞方等經。心不驚疑。不沒不退。五者信佛
不滅。於第一義心如流水念念不絕。佛告寶積。
若有眾生。具此五緣。生生之處常得聞此二菩薩
名。及聞十方諸佛諸菩薩名。聞方等經心無疑慮。
以得聞此二菩薩名。威神力故。生生之處五百阿
僧祇劫不墮惡道。」「若有眾生得聞汝等二菩薩

名。及聞我等十方佛名。即得除滅百千萬劫生死
之罪。何況受持讀誦禮拜供養。」

此段除了讚揚藥王、藥上菩薩不可思議外，亦呼應
先前提到有法緣之人，才能聽聞《高王經》，才能受持
讀誦之說法。

最後《高王經》也提到修持的方法：「心常求誦此
經」。只要心裡常常祈求、念誦此經即可。《楞嚴經》
云：「若眾生心，憶佛念佛，現前當來，必定見佛，去
佛不遠，不假方便，自得心。」又《觀無量壽經》云：
「念佛一聲，能超越八十億劫生死大罪。」可見《高王
經》仍然講求一心念佛、一心念經，並宣稱以專心、誠
心念誦此經，能夠「消除諸毒害，能滅生死苦」的說法。

己、《高王經》突破時間、空間、數量的限制之解析

在時間的描述上，《高王經》包含有「過去七佛」、
「未來賢劫千佛」。顯示《高王經》宣稱可以打破時間
的限制，包含有過去、現在、未來諸佛的願力，因其不
可思議誓願力，能幫助求誦者滅生死苦、消除諸毒害。
過去七佛出於《長阿含經》第一卷的《大本經》，為佛
陀顯其宿命智，為眾比丘講解過去諸佛因緣，將於下段
深入討論。《高王經》中還包含有三世佛：「定光佛」、
「多寶佛、釋迦牟尼佛」、「彌勒佛」，剛好是「過去
劫」燃燈佛（古佛），「現在劫」多寶佛、釋迦佛（《法
華經》中，多寶佛與釋迦佛共同坐於寶塔中），「未來
劫」彌勒佛。另外，「藥師琉璃光王佛」（東方現在佛）、

「普光功德山王佛」、「善住功德寶王佛」，後面這兩尊佛是西方極樂世界的未來佛，佛教相信這三尊能縱橫跨越時間與空間，表示佛願力不受時空的限制。

在空間上來講，高王經中提到六方六佛名號：「東方寶光月殿月妙尊音王佛」、「南方樹根花王佛」、「西方皂王神通焰花王佛」、「北方月殿清淨佛」、「上方無數精進寶首佛」、「下方善寂月音王佛」，中央為眾生，東、西、南、北、上、下都被佛菩薩包圍，除了代表無量無限之空間，也可見諸佛慈悲，面面俱到。六方佛號，在《佛說阿彌陀經》也有類似架構，各方各出廣長舌相，以護祐中央的眾生。另外，「阿閦佛」與「彌陀佛」，這是東方佛與西方佛，也是空間上之涵蓋。

以數量來分析，「千五百佛，萬五千佛，五百花勝佛，百億金剛藏佛……無量諸佛」，這在高王經是「數量」上的變化，由少變多，而至無量，突破「數量」的限制。「清涼寶山億萬菩薩」，亦屬數量上的變化。

由以上解析可看出《高王經》的宏大眼光：中央為一切眾生，東、西、南、北、上、下都被佛菩薩包圍，不僅是現世，連過去世、未來世都有諸佛護祐，而且不是一尊，而是千五百佛，萬五千佛，五百花勝佛，百億金剛藏佛至無量諸佛團團圍繞，可見信徒相信能夠聽聞持誦《高王經》的因緣殊勝之原因！

庚、《高王經》包含懺悔、還淨

《高王經》的最後以七佛滅罪真言結尾，此七佛即

過去七佛：第一為毗婆尸佛，第二為尸棄佛，第三為毗舍婆佛，第四為拘樓孫佛，第五為拘那含牟尼佛，第六迦葉佛，第七為釋迦牟尼佛。此七佛為佛陀顯其宿命智，為眾比丘講解過去諸佛因緣，而各個正覺出身不同、坐在不同的樹下、成道方式不同。

> 「毗婆尸如來，往詣波羅樹；
> 即於彼處所，得成最正覺。
> 尸棄分陀樹，成道滅有原。
> 毗舍婆如來，坐婆羅樹下；
> 獲解脫知見，神足無所礙。
> 拘樓孫如來，坐尸利沙樹；
> 一切智清淨，無染無所著。
> 拘那含牟尼，坐烏暫樹下；
> 即於彼處所，滅諸貪憂惱。
> 迦葉如來坐，尼拘類樹下；
> 即於彼處所，除滅諸有本。
> 我今釋迦文，坐於鉢多樹。
> 如來十力尊，斷滅諸結使；
> 摧伏眾魔怨，在眾演大明。
> 七佛精進力，放光滅闇冥；
> 各各坐諸樹，於中成正覺。」

　　信徒相信若只是一佛，其佛力有不可至之處，所以七尊各各不同的佛，以其力量便可以段滅諸結使、催伏眾魔怨、放光滅闇冥。而七佛滅罪真言出自《大方等陀

羅尼經》，為文殊師利問佛陀：

> 「世尊若比丘。於世尊去世之後若毀四重。若比
> 丘尼毀犯八重。若菩薩若沙彌沙彌尼優婆塞優婆
> 夷。若毀如是一一諸戒。所犯重罪當云何滅。」

四重，指比丘戒之淫、盜、殺、妄等四波羅夷罪；
八重，指比丘尼戒之八波羅夷罪。[25]

佛陀回答：

> 「我去世後若有惡律儀比丘毀四重禁。默然而受
> 檀越供養而不改悔。當知是比丘必受地獄苦而無
> 疑也。我今當出良藥救彼比丘重病。若我去世後
> 毀四重禁羞不發露。汝今諦聽當為汝說：離婆離
> 婆諦（一）仇呵仇呵帝（二）陀羅離帝（三）尼
> 呵羅帝（四）毘摩離帝（五）莎呵（六）文殊師
> 利此陀羅尼。是過去七佛之所宣說。如是七七亦
> 不可數亦不可計。說此陀羅尼救攝眾生。現在十
> 方不可計不可數七佛。亦宣說此陀羅尼救攝眾
> 生。未來不可計不可數七佛。亦宣說此陀羅尼救
> 攝眾生。汝今請問陀羅尼義。我已說竟。以此陀
> 羅尼經。救攝未來世惡律儀比丘。令其堅固住清
> 淨地。」

信徒相信一個人若造了四重五逆罪，不僅後世受極
大苦報，現世亦不得安寧，念七佛滅罪真言，可以消除

25　《四分律》，大正新脩大藏經第二十二冊 No.1428。

罪障，故此真言適合人人唸誦。

　　七佛滅罪真言，象徵過去無數七佛、現在無數七佛及未來無數七佛皆宣說此真言救攝眾生，其願力無時間之限制。此真言有其勝義，盧勝彥於「傳誦高王經」文章中談到：「念此真言，即發出大慚愧心、除去恐怖心、發菩提心、冤親平等心、念佛報恩心、觀罪性空心。」據活佛所說，透過念真言發出大慚愧心懺罪，七佛世尊放光加持，罪垢得以還淨，認清實相世界，知業識乃幻化，妄心不起，回歸清淨無染，能夠化腐朽為神奇，起死回生，最後擁有入世、出世的大智慧。[26]以宗教敘事的角度而言，念七佛滅罪真言讓修行人由有形的懺罪開始，歷經發菩提心，一直到無形的「無生懺」均有，非常殊勝。所謂「無生懺」是罪業如幻，表面上有，實際上是空的，也就是「真空化無」的境界。「諸法因緣生，諸法因緣滅」是「有」，「一切諸法，皆悉空寂」是「空」，《梵網經》云：「伏空假，會法性，登無生山。」緣起緣滅皆幻化，如水中月、鏡中花，然而諸法本自不生，今而無滅，在生滅中不受生滅影響，「無生無滅」也不妨礙生滅的演化。故信徒相信念七佛滅罪真言，最後可以得七佛加持，契入「無生」，罪業「真空化無」，回歸法爾本然。

---

26 廖俊裕，〈高王觀世音真經因位上的殊勝〉，《真佛報》，第 689-690 期，2008 年 5 月，http://www.wtbn.org/689/p689-03-02.shtm，http://www.wtbn.org/690/p690-04-02.shtm。

辛、《高王經》實踐的精神

《高王經》雖然只有佛菩薩名號及七佛滅罪真言，可是結構上卻非常完整，時間上、空間上都含蓋了，信徒相信除了實修上能夠消業福增、離苦得樂、光明智慧之外，《高王經》還是一本「實踐」的經典，盧勝彥於「進入《高王經》」中解析：

> 當我進入「高王經」時，見「定光如來」在前，而十方佛剎微塵，亦現百千萬億那由他佛，各坐蓮台，各個放光。

當然這是個人的經歷，世人少有，雖不是普遍現象，但仍值得做一記錄。如前所描述，佛菩薩各個放光，光光相照，而且，一尊佛名並非只有一尊佛而已，而是有志之士依同樣誓願發願、行願，等戒行圓滿之後也成就同樣果位。譬如，《龍舒淨土文》中有「南無西方極樂世界三十六萬億一十一萬九千五百同名同號阿彌陀佛。」之稱謂，這留給後人一條捷徑與範例，只要依「阿彌陀佛」的四十八大願發願，落實去做，遲早自己也成為「阿彌陀佛」。同樣的，《高王經》中諸佛宏名也一樣可以成就，「定光佛」為活佛解釋：「淨光祕密佛 —— 密行清淨光的實踐。法藏佛 —— 是心是法，是法是心的實踐。獅子吼神足幽王佛 —— 是神足度眾生的實踐。佛告須彌燈王佛 —— 是放光照十方的實踐。法護佛 —— 是護持佛法的實踐。金剛藏獅子遊戲佛 —— 是遊戲，也是實踐。寶勝佛 —— 是勝行佛寶的實踐……」可見《高王經》有

其「實踐」之義諦，並非一般認為的「庶民信仰」，然而由於一般人之修行還未走入《高王經》裡去實踐其義理，因而容易以偏概全，輕忽此經之實踐面向。

　　壬、《高王經》中佛菩薩名號出處

　　《高王經》中的佛號及菩薩名號皆出自佛經，表三將佛菩薩名號及相關的經典作一歸納。

表三：《高王經》中佛菩薩名號之出處

觀世音菩薩	《妙法蓮華經》〈觀世音菩薩普門品〉「若有無量百千萬億眾生，受諸苦惱，聞是觀世音菩薩，一心稱名，觀世音菩薩即時觀其音聲，皆得解脫。」
淨光秘密佛	為十二光佛之一，即清淨光佛也。見《無量壽經·上》。
法藏佛	出自《賢劫千佛名經》
獅子吼神足幽王佛	《賢劫千佛名經》中有「師子佛」。《佛名經》〈第一〉中有「師子聲佛」。《大方等無想經》中有大雲師子吼王菩薩摩訶薩。
佛告須彌燈王佛	《維摩詰》〈不思議品〉：「東方度三十六恒河沙國。有世界名須彌相。其佛號須彌燈王。」
法護佛	法護佛即是法界佛。大智慧大光明遍照一切，謂之法界佛。為《華嚴經》所說十種佛之一。
金剛藏獅子遊戲佛	《觀世音菩薩得大勢菩薩受記經》裡面為金光獅子遊戲如來。
寶勝佛	寶勝佛即寶生如來。出自《佛說佛名經》。
神通佛	在三十五佛懺法中有「清淨光遊戲神通佛」、「蓮華光遊戲神通佛」
藥師琉璃光王佛	《藥師琉璃光如來本願功德經》：「佛告曼殊室利，東方去此過十殑伽沙等佛土，有世界名淨琉璃。佛號藥師琉璃光如來。」
普光功德山王佛	《觀世音菩薩授記經》：「觀世音，次阿彌陀後，當成正覺，名普光功德王如來。」
善住功德寶王佛	《觀世音菩薩得大勢菩薩受記經》：「得大勢菩薩，親觀供養，至于涅槃。般涅槃後，奉持正法，乃至滅盡。法滅盡已，即於其國，成阿耨多羅三藐三菩提，號曰善住功德寶王如來。」

過去七佛	過去七佛，第一為毘婆屍佛，第二為屍棄佛，第三為毘舍浮佛，第四為拘留孫佛，第五為拘那含牟尼佛，第六迦葉佛，第七為釋迦牟尼佛。自第一至第三佛，出於過去莊嚴劫之末。自第四佛以下，出於現在之賢劫。見《法苑珠林、八》。
未來賢劫千佛	《賢劫千佛名經》。
五百花勝佛	花勝是化身之誤。陳徐陵東陽、雙林寺博大士碑，引《停水經》云：「觀世音菩薩，有五百身在此閻浮提地。示同凡品。教化眾生。彌勒菩薩亦有五百身。在閻浮提，種種示現，利益眾生。據此則知觀音有五百化身佛。」
百億金剛藏佛	金剛藏佛，出自《佛說佛名經》。出自《華嚴經、十地品》十方各十億佛國，每一個佛國都有一個金剛藏佛，所以就稱為「百億金剛藏佛」。
定光佛	《大智度論》：「如燃燈佛生時，一切身邊如燈。故名燃燈太子。作佛亦名燃燈。舊名錠光佛。」《玄應音義》：「錠光之錠，大經切。又音殿，即燃燈佛也。」
六方六佛	出自《寶網經》及《觀虛空藏菩薩經》。
多寶佛	出自《佛說佛名經》、《妙法蓮華經》等。
釋迦牟尼佛	出自《佛說佛名經》等。
彌勒佛	出自《佛說佛名經》、《彌勒下生經》。
阿閦佛。	《佛說阿彌陀經》：「東方亦有阿閦鞞佛。」、《阿閦佛國經》等。
彌陀佛	《佛說阿彌陀經》：「彼佛光明無量，照十方國，無所障礙，是故號為阿彌陀。彼佛壽命及其人民無量無邊阿僧祇劫，故名阿彌陀。」
大明觀世音 觀明觀世音 高明觀世音 開明觀世音	以上皆觀世音菩薩之化身。
藥王菩薩 藥上菩薩	《觀藥王藥上二菩薩經》：「名其兄曰藥王，其弟曰藥上，即今之藥王藥上二菩薩也。佛告彌勒，是藥王菩薩久修梵行，諸願已滿，於未來世成佛，號淨眼如來。藥上菩薩次藥王后作佛，號淨藏如來。」
文殊師利	《放缽經》：「今我得佛，皆是文殊師利之恩也。

菩薩	過去無量數諸佛，皆是文殊師利弟子。當來者亦是其弟子。當來者亦是其威神力所致。譬如世間小兒有父母，文殊者，佛道中父母也。」
普賢菩薩	《大方廣佛華嚴經普賢行願品》。
虛空藏菩薩	《虛空藏菩薩經》：「爾時西方過八十恒河沙世界。有一佛剎。名一切香集依其中眾生成就五濁。彼國有佛。名勝華敷藏如來應正遍知明行足善逝世間解無上士調御丈夫天人師佛世尊。彼佛今正為諸大眾轉妙法輪。彼有菩薩摩訶薩。名虛空藏。」
地藏王菩薩	《地藏菩薩本願經》、《大乘大集地藏十輪經》。
清涼寶山億萬菩薩	《華嚴經》〈菩薩住處品〉：「東北有處，名清涼山。從昔以來，諸菩薩眾，於中止住。現有菩薩，名文殊師利，與其眷屬諸菩薩眾，一萬人俱。常在其中而演說。」《探玄記、十五》：「清涼山，即是代州五台山也。於中現有古清涼寺。以冬夏積雪，故以為名。」
普光王如來化勝菩薩	即普光王如來。勝即身字之誤。《勝鬘經》：「過二萬阿僧祇劫，當時作佛。號普光如來。」
七佛世尊	七佛世尊，指過去七佛而言。七佛出自五本經：《長阿含‧大本經》、《七佛經》、《毗婆尸佛經》、《七佛父母姓字經》、律藏的「戒本」。
七佛滅罪真言	出自《大方等陀羅尼經》及嘉興大正藏之《諸經日誦集要》。

四、《高王經》的殊勝

　　《高王經》是一部以佛號為主的經典。在經藏中，以佛號為主的經典並不少見，例如以五十三佛名為主的《佛說觀藥王藥上二菩薩經》；以三十五佛名為主的《佛說決定毗尼經》，及《過去莊嚴劫千佛名經》、《現在賢劫千佛名經》、《未來星宿劫千佛名經》、《佛說百佛名經》……等等。

　　在宗教叙事上，《高王經》除了靈驗之外，也是修

行的經典。一般認為《高王經》感應殊勝，能夠消災解厄，治病延年，因而信仰者多為息災祈福而來。在信徒眼光看來《高王經》在入世方面是有不可思議的效果，然而《高王經》之效驗並不止於入世，它還是一部出世的經典，修行進入「色界天」的四禪，除了靠自身修行拙火上升、明點下降的「燃滴作用」消除脈結業障之外，也依靠了「十方佛」及「十方菩薩」的加持灌頂。《高王經》裡面就是「十方佛」及「十方菩薩」之名號，所以也有行者在內修的過程中，認為此經的靈力磁場強大，非同小可：

> 一股清靜的靈流，力量十分強大，進入我透明、紅、空的中脈，我的「心輪」原是重重的煩惱脈包裹著，竟然一片又一片的剝落，只要專一的唸一遍《高王經》，煩惱脈就剝落一片，直至煩惱脈全部剝落。[27]

接著就是中脈的「心輪」中心，有一條細小的「五彩心脈」，會發出亮光。信徒相信經過長久修練，隨修隨現自身淨光，這是本覺智光，此智光本是隱藏的，經修練後，會有進展，從見自身放光，到見外在世界，十方法界的光明，以至於光光相照，這是信徒所謂「淨光成就」。它有著四種不同的階段：一、五彩心脈顯現。二、覺受淨光顯現。三、增長淨光。四、法界顯現。這

---

27 盧勝彥文集第一百二十冊《佛王新境界》〈諸天的次第〉文章。

也就是「色界天」四禪階梯的成就。

　　或許這些只是盧勝彥個人修行的經驗，比較不為一般所了解，不過有人自述用《高王經》修行得成就，則仍然值得留意。再者，《高王經》在被冠以「偽經」的打壓之下，仍然歷經千年傳誦不輟，或許也有其殊勝之處，茲歸納《高王經》之力量、結構、變化、語言及果位等五大殊勝如下。

　　甲、三力加持，複方猶勝單方

　　以稱念佛號而論，淨土宗推崇專念「阿彌陀佛」一佛名號，其優點是專一、簡單。不過地藏經《稱佛名號品》云：「現在未來一切眾生，若天若人，若男若女，但念得一佛名號，功德無量，何況多名。」可見「一佛」功德甚大，但「多佛」則猶勝「一佛」。何以故？因為眾生「起心動念，無不是罪，無不是業」，所犯罪業，綿綿密密，百千萬種，而諸佛願力，也個個不同，不同的佛號，可對治不同的過患，所謂「藥無貴賤，對症者良。法無高下，應機者妙。」故信徒相信《高王經》內有多佛名號，涵蓋無量諸佛，似良醫診脈，以種種妙藥複方，對治眾生的種種障礙，《高王經》內更有無量菩薩名號，這就更為圓滿，是為「佛力殊勝」。經中更有「能滅生死苦，消除諸毒害」的經文，這是宗教敘事上的「經力殊勝」。《高王經》以「七佛滅罪真言」作為總持的咒語，則為「咒力殊勝」。佛力、經力、咒力，三力共同加被的結果，讓這部經成為信徒眼中非常有力

的消業除障法門。

乙、結構完整，短小精悍

若以架構來看《高王經》，整個經文的組織就是一部懺法，或是一種還淨法。它從皈依佛法僧三寶入懺，以般若寶筏為前行，以稱念佛菩薩名號為正行，以七佛滅罪真言為圓滿結行。《高王經》沒有一般的懺本那樣冗長，但結構完整，短小精悍，麻雀雖小，五臟俱全，去蕪存菁，只留重點。為何《高王經》必須簡短扼要？只要從它的歷史就能知道，一部夢授經的長度，必然限制在夢醒之後還能記憶的範圍內，所以它一定要簡短。在信徒使用宗教經典的角度而言，《高王經》作為一部懺法，就不能是夢境的殘篇斷章，而必須有完整的結構，方能讓前述之佛力、經力、咒力，發揮最大的效用，所以它必然一氣呵成，完整無缺。

丙、以少御多，以簡攝繁

以稱念佛名為懺法，除了誠心至意之外，還要有「懺量」，也就是念佛號的遍數要足夠，但《高王經》既以簡短扼要稱勝，如何才能快速達到「懺量」呢？事實上，以少御多，以簡攝繁的密教法門在《高王經》中也頻頻現蹤。經文中「未來賢劫千佛，千五百佛，萬五千佛，五百花勝佛，百億金剛藏佛」、「無量諸佛」及「清涼寶山億萬菩薩」等，就是密法善於變化的特質，讓信徒相信唸一遍《高王經》的功德，等同稱念億萬遍佛菩薩名號的功德。細數《高王經》中的佛菩薩名號，完整的

佛號只有 12 個，完整的菩薩名號只有 11 個，然而經文的善巧安排，竟能從時間與空間的重重無盡之中概括總持無量佛菩薩名號，這是《高王經》密法變化之殊勝[28]。

丁、易學易誦

《高王經》是夢授經，所以它不是從梵文翻譯過來的經典，而是直接以中文書寫的經典，在學習與念誦上就更容易為中土的人民所接受。《大悲咒》的內容也是諸佛菩薩名號的匯集，長度和《高王經》相當，但由於它是咒，所以只保留了咒音，不譯其意。如果我們比較、學習《高王經》與《大悲咒》的難易，《高王經》顯然要容易多了，而且佛號直接以中文念誦，一方面容易記憶，另一方面能夠瞭解諸佛的願力與功德，第三方面則因為念誦名號認識佛菩薩，更能結佛緣。《高王經》出自中土，毋須翻譯，易學易誦，事半功倍，在中土流通無礙，這是語言上之殊勝。

戊、常樂我淨，解脫生死

《高王經》中的三句經文：「消除諸毒害」、「能滅生死苦」、「常樂我淨」，代表持誦《高王經》的種種成就。「消除諸毒害」，就是息滅一切的災難，增益一切的善果，廣結一切的善緣，降伏所有的怨敵，具足息、增、懷、誅之功德，這是「羯摩成就」。「能滅生死苦」，代表解脫一切分別所產的煩惱，如善惡、聚散、

28　廖俊裕：〈高王觀世音真經因位上的殊勝〉，《真佛報》，第 689-690 期，2008 年 5 月。

愛憎、貧富、稱譏、毀譽……乃至生死，此為「解脫成就」。「常樂我淨」為涅槃四德，是得證法身佛時的佛性顯現。「常樂我淨」是欲界天與色界天的光明境界，此為「淨光成就」。而持誦《高王經》可得羯摩成就、解脫成就及淨光成就，這是《高王經》在果位上之殊勝。

五、結　論

雖然《高王經》在歷史上被多位考證者或學者定位為疑偽經或偽經，但是不可否認的是《高王經》流傳幅員廣大，而且從未間斷過。在信徒眼中，淨土思想念一佛名，功德已非常超勝，何況多佛？《高王經》裡無量諸佛、一切諸菩薩，事實上已涵蓋三世諸佛菩薩名號，而且經文佛菩薩名號，包括西方極樂世界淨土、東方琉璃淨土、東方阿閦佛淨土、彌勒淨土、華嚴世界淨土……等無量淨土。由於信徒相信念《高王經》能夠消除業障，得到常樂我淨，消除諸毒害，能滅生死苦，欲界天的大樂成就及色界天的禪悅與光明成就均可以得之。

再者，此經除了佛菩薩名號，更有七佛滅罪真言，一顯一密，結構完備，根據盧勝彥之解釋，唸此真言，即發出七心，由大慚愧心懺悔罪業，經歷發菩提心，最後觀罪性空，能夠讓行者懺罪還淨，回歸本然，功德殊勝。在宗教敘事上，《高王經》不僅結構完整，短小精悍，可謂是易學易誦，在信徒眼中有佛力、經力及咒力於其中，信之念之得諸佛菩薩加被，能滅生死苦，消除

諸毒害。所以信徒相信此經不但能息災、療病、祈福……，也是一部實修得解脫煩惱，開啟智慧，參禪入聖的經典。

最後，在信徒眼中《高王經》更是一部實踐的經典，本文不但指出學佛重視理事圓融，更要求以實際的行動去實踐此經之中體現的佛理。所以在佛教傳統中，《高王經》既出世亦入世，重點在於其實踐的義諦，因此，《高王經》是一部值得研究的佛教經典。

致謝：本文之寫作，承蒙釋蓮耶金剛上師諸多指導及協助，及國立成功大學王體教授、國立中正大學王進賢教授的寶貴建議，論文才得以順利完成，作者們在此表達最高的敬意與謝意。

魏晉佛道兩家化生思想融通基礎
—— 以敦煌「化生童子」[1]研究為中心

黃正務

（台灣威德佛學院秘書長）

化生童子佛宮生，便得真珠網裏行，
耳裏惟聞念三寶，時時更聽樹相撐。
化生童子上金橋，五色雲擎寶座搖，
合掌惟稱無量壽，八十憶劫罪根消。
化生童子佛金床，天雨天花動地香，
更有諸方共獻果，委花旋被鳥銜將。
化生童子食天廚，百味馨香各自殊，
無限天人持寶器，琉璃缽飯似真珠。
化生童子見飛仙，落花空中左右旋，
微妙歌音雲外聽，盡言極樂勝諸天。

---

1 「化生童子」一詞源於佛教經典之敘述而來。佛教信仰者往生後，以蓮花化生形式出現於佛國淨土後，開始從事各種修行工作。中國北朝開始時依此成為佛教造像中的一種裝飾圖案，此種裝飾圖騰的特點通常為童子貌並且配上蓮花元素，因此稱此圖像為「化生童子」、「蓮花童子」或「蓮花化生童子」。

化生童子問春冬，自到西方見未分，
極樂國中無晝夜，花開花合辨朝昏。
化生童子道心強，衣襪盛花供十方，
恰到齋時還本國，聽經念佛亦無妨。
化生童子舞金田，鼓瑟簫韶半在天，
舍利鳥吟常樂韻，迦陵齊唱離攀緣。
化生童子本無情，盡向蓮花朵裏生，
七寶池中洗塵垢，自然清淨是修行。
化生童子自相誇，為得如來許出家，
短髮天然宜剃度，空披荷葉作袈裟。

以上引文「化生童子贊」是我國唐代，民間以說唱曲藝形式，表現「化生童子」在西方極樂世界化生之後所從作的佛事。這些文句吟唱化生童子在西方淨土快樂美妙的生活，以此說明西方極樂世界如何美好，從而引發聽眾對西方淨土的嚮往和膜拜。[2]

可見「化生童子」在當時民間就已經是非常普遍的概念，且「化生童子」與佛教西方極樂世界淨土思想，有密不可分的關係。

化生童子在莫高窟

筆者目前所知的敦煌化生童子專論研究文獻中，有

2　引自潘重規編著：《敦煌變文新書》，文津，1994 年 12 月，頁 178-179。

楊雄先生「莫高窟壁畫中的化生童子」一文，他為化生童子圖像在莫高窟的「石窟號碼」、「年代」、「型像」、「位置」做了一個全面的考察，另有陳俊吉先生之「北朝至唐代化生童子的類型探究」，為化生童子做一個較為專業性的分類。莫高窟是佛教世界文化遺產藝術寶庫，「化生童子」在敦煌莫高窟其圖像當然也出現不少。楊雄的《莫高窟壁畫中的化生童子》指出：

> 莫高窟壁畫中的化生童子，與敦煌壁畫同時誕生。現存最早北涼時的第 268 窟、272 窟中就有化生。其後北魏、西魏、北周、隋、唐、五代、宋直至西夏，化生綿延不絕。[3]

「化生童子」出現非常早，從最早在北涼時代就已經出現，可說與敦煌壁畫同時，各朝代洞窟也從來沒有缺席。每個朝代都有其特色，北魏至隋代的化生童子常出現於龕楣、龕楣附近、龕壁，或者有些出現於窟頂，常與背景裝飾融為一體，此時的化生童子尚強調化生的歷程，而唐代時期淨土經變盛行，化生童子轉為出現於淨土變相圖中大量運用。[4]

楊雄將先生他認為化生童子的造型風格演化也跟莫高窟壁畫的發展大概一致。早期的化生裝飾意味較重，較少變化，兒童特點多不明顯，圖案化的傾向較重，但

3　楊雄：〈莫高窟壁畫中的化生童子〉，《敦煌研究》，敦煌研究院，1988年第三期，頁 83。
4　參見同上，頁 83。

有它自己的特點，亦有可觀者。唐時的化生童子是積極活動於敦煌藝術舞台上的一支隊伍，是其藝術高峰。晚期承唐時的餘緒，不乏佳作；但也承襲了化生一開始就有的圖案化、程式化等因素，有時又與飛天或供養童子有合一的傾向。從化生童子出現的洞窟主題位置，也可看出化生童子與西方淨土有密切的關聯，「莫高窟畫有化生童子的唐代西方淨土變約占 120 餘幅的三分之一略多。」[5]。不僅西方淨土變，「化生童子」也出現在莫高窟「藥師淨土變」，如符合經典中所述的佛國淨土不只西方極樂淨土，還有藥師佛淨土，彌勒菩薩淨土等。[6]

　　根據楊雄先生及筆者尋找到文獻資料，統計敦煌莫高窟存在有化生童子圖像石窟，按年代排序號碼分別為：

1.北涼：268、272

2.北魏：257、251、254、259、260

3.西魏：285、435、431、249、288

4.北周：294、296、299、301、428、432、438、442

5.隋：58、206、244、262、278、302、303、304、
　　309、266、407、427、412、401、402、403、
　　404、419、420、427、433、314、390、311、
　　380、383、388、390、392、393、396、397、
　　398

6.唐：12、18、19、23、44、47、57、66、79、85、

---

5 參見同上，頁 83-87。

6 參考同上，頁 86。

91、107、111、117、122、128、136、138、141、
144、148、150、156、158、159、164、171、
172、176、180、188、196、197、198、199、
47、57、60、92、112、126、194、196、200、
201、205、209、215、217、220、222、231、
234、237、238、240、320、321、322、329、
331、332、334、341、359、360、361、369、
379、381、383、396、445、446、474、468、
藏經洞

7.五代：6、12、61、72、98、140

8.宋：15、55、58、176、230、355、376、378、431、
437

9.西夏：78、81、83、84、88、151、164、234、244、
263、265、291、306、307、308、326、328、
350、365、400、418、460

從北魏到西夏共計 168 窟[7]有化生童子，而莫高窟共
492 個石窟，化生童子出現的石窟占總石窟比例為
34%。也就是敦煌莫高窟超過三分之一以上的石窟，都
有化生童子圖像。而且從最早北魏到最晚西夏這八百多
年間，各朝代洞窟都有「化生童子」的蹤跡。可說敦煌
莫高窟的興起到全盛到衰落，「化生童子」全部都沒有
缺席。從存在的洞窟數及數量來看，「敦煌化生」應是

---

7 加計藏經洞。

僅次於「敦煌飛天」的特有圖像標誌。

化生童子的分類

　　台灣陳俊吉先生寫「北朝至唐代化生童子的類型探究」一文從「類型學」與「風格學」來釐清從北朝至唐代化生童子圖像的類型與遞變。

　　陳先生首先將化生童子粗分為三種類型：其一為「飛天型」，化生童子以飛天形貌展現，故又名「童子飛天」，該類造型於北朝時開始運用，但於唐代時逐漸衰落。其二為「蓮生型」，化生童子展現從蓮花中誕生的場景，此類童子造型與蓮花有著密切關係，故又稱為「蓮花童子」，該類造型從北朝至唐代皆有使用，為三種化生童子類型中數量比例佔最多數的一類。其三為「嬉戲型」，該類化生童子以嬉戲形貌體態展現，主要於唐代時才開始大量運用。[8]

　　陳先生的「飛天型」是指從淨土世界蓮花化生的童子，展現飛天形貌，又稱飛天童子。「童子飛天」在造型上具有二個重要特徵：其一，此類型的飛天並非處於誕生階段歷程之圖像，而是展現出獨立完整的個體面貌；其二，此類型的飛天並不站、蹲、跪、坐於蓮花之上。

　　有關「飛天」，段文杰先生說「飛天」名在中國最

---

8 陳俊吉：〈北朝至唐代化生童子的類型探究〉，《書畫藝術學刊》，臺灣藝術大學書畫藝術學系，2013 年第 15 期，頁 177。

早記載於北魏楊衒之所撰《洛陽伽藍記》，是印度之歌神乾闥婆與樂神緊那羅的合稱，他們的主要工作是唱歌跳舞讚嘆娛樂佛。[9]他們經過西域，到了敦煌，和中原道教的「飛仙」的觀念結合，在敦煌石窟也出現了佛教飛天和道教飛仙同在一窟的情形。[10]

　　段先生將「童子飛天」自成一類。並指出化生之「童子飛天」：

> 自淨土世界蓮花中化生而出。作童男裝，裸體，披巾，於天花流雲中歌舞散花。始于西魏，隋、唐、五代、西夏皆有繪作，但形象姿態衣飾各不相同。西魏第 285 窟和回鶻第 97 窟較好。[11]

　　如前《觀無量壽經》所述，化生童子於淨土蓮花化生是第一個階段，化生之後的修行活動是第二個階段。因此可知段文杰與陳俊吉二位所歸類「童子飛天」展現的是第二階段的形象。也就是，「童子飛天」是從蓮花化生，但已經脫離蓮花，開始從事讚嘆供養等莊嚴佛國、事奉佛王的工作。

　　陳先生所述第二類型為「蓮生型」。這類型的特點：第一，化生童子呈現出從蓮花中誕生的歷程，其身體全部或部分為蓮花所包籠；或者全身已從蓮花誕生出來，但並未離開蓮花，或坐、跪、站、蹲於蓮花之上，強調

9　詳見《敦煌學大辭典》「敦煌飛天」詞條。
10　段文杰：〈飛天 ── 乾闥婆與緊那羅 ── 再談敦煌飛天〉，《敦煌研究》，敦煌研究院，1987 年第 1 期，頁 2。
11　詳見《敦煌學大辭典》「童子飛天」詞條。

其生命的潔淨不染。第二，化生童子通常呈現出手持蓮花、蓮蕾供養之貌，或者雙手合十的恭敬之貌，頗具善根福德之相；亦有以音樂、舞蹈來供養諸佛菩薩，表現出淨土世界的天音妙漫、無量莊嚴。甚至除了石窟圖騰之外，蓮生型化生童子在唐代也擴展到世俗器物上的使用，可見影響範圍非常廣泛。

　陳先生所述第三類為「嬉戲型」。嬉戲類型的化生童子是在初唐開始才大量運用，此類型的造像有幾個特點：第一，化身童子的造型必須是全身像為主。第二，可立於蓮花上（表示由蓮花誕生），或不立於蓮花中（表示其離開蓮花）。第三，童子呈現出嬉戲玩耍的面貌。又可以細分為兩種類別：其一，此類化生童子可立於蓮花上，或者離開蓮花，呈現出世俗的遊戲玩耍，例如跑跳、舞蹈、演奏音樂…等，但其活動的目的並非為供養或讚嘆諸佛、菩薩之勞動，而是呈現出獨自嬉戲的主題，陳先生稱此類為嬉戲類型的亞型「世俗類型」；其二，孩童離開蓮花，呈現出遊戲玩耍，其嬉戲內容與佛教善根涵養有關，例如跪拜禮佛、戲沙蓋佛塔、供養…等，陳先生稱此類為嬉戲類型的亞型「善根類型」。

　而此「嬉戲類型之善根類型」可能會與「第二類：蓮生類型」，都有供養的情況出現，可能會讓讀者混淆。陳先生指出分別之處，「善根類型」是在遊戲下展開，畫面呈現出孩童稚趣的樣貌，而「第二類：蓮生類型」畫面中童子，並沒有遊戲的意圖，表現出較為成熟、穩

健的樣貌。[12]

如上文所述，從楊雄及陳俊吉二位先生研究得知「化生童子」大量出現在敦煌莫高窟，並能成一系統加以分類，這並非偶然，有其獨特的存在意義與研究價值。因此下文，筆者將對「化生童子」在敦煌莫高窟所代表宗教與哲學上意義，做接續研究。

化生童子與佛教淨土信仰的關係

淨土信仰有三部重要經典，分別為《大阿彌陀經》及《佛說無量壽經》、《觀無量壽經》合稱「淨土三大部」經典。這三部主要是在讚頌阿彌陀佛的功德及說明修持往生西方極樂世界的方法。《阿彌陀經》云：

> 舍利弗。若有善男子善女人，聞說阿彌陀佛，執持名號，若一日、若二日，若三日，若四日，若五日，若六日，若七日，一心不亂，其人臨命終時，阿彌陀佛，與諸聖眾，現在其前。是人終時，心不顛倒，即得往生阿彌陀佛極樂國土。

只要在臨終往生之前，「一心不亂」地持「阿彌陀佛」名號，就可以往生西方極樂世界。相較於其他佛教修持法門，這是極為方便之法。因此當東漢末年淨土思想傳入我國之後，很快就被人們接受。

---

12 有關化生童子三種分類各項細部研究，可參考陳俊吉：〈北朝至唐代化生童子的類型探究〉，《書畫藝術學刊》，臺灣藝術大學書畫藝術學系，2013 年第 15 期，頁 183-188。

　　而往生淨土的方式就是「化生」，並且大部份是用「蓮花化生」的形式。《佛說無量壽經》：

> 無量壽佛與諸大眾。現其人前。即隨彼佛往生其
> 國。便於七寶華中自然化生。住不退轉。智慧勇
> 猛神通自在。[13]

　　「七寶華中自然化生」就是「七寶池內，蓮花化生」。[14]而「蓮花化生」則是往生阿彌陀佛淨土最重要、近乎唯一的方式。《觀無量壽經》更是將往生者在世的修持功德不同，分成九個等級，所謂「九品蓮華生」[15]。並以「化生」在蓮花中，等待花開的時間長短，來顯示品類等級高低[16]。在極樂世界，依照等級蓮花化生之後即稱為「化生童子」，由於是蓮花化生，因此也可稱為「蓮花童子」。

　　必須注意的是，在佛教經典，「童子」一詞並非僅指年齡小的兒童。而是修行証得八地以上果位的菩薩，

13　天竺三藏康僧鎧譯：《佛說無量壽經》卷下，《大正新脩大藏經》第 12 冊，頁 272。
14　明袾宏撰：《阿彌陀經疏鈔》卷四，《卍新纂續藏經》第 22 冊，頁 666。
15　《佛說無量壽經》依念佛人的智慧功德，有深淺的不同，可以分為上、中、下三輩。在三輩中，每一輩又可分為三品，即上上、上中、上下、中上、中中、中下、下上、下中、下下，合之便成九品，也就是九種的品類的意思。由於往生的人有九種的品類，所以所托生的蓮花叫做「九品蓮花生」，即「九品化生」
16　依《觀無量壽經》所述等待花開時間：上品上生，一生即開；上品中生，經宿即開；上品下生，一日一夜；中品上生，蓮華尋開；中品中生，經於七日；中品下生，經七日已。下品上生，經七七日；下品中生，經於六劫；下品下生，十二大劫。

都可以稱為泛稱為童子。[17]因其修行德行遠離淫慾貪念如童子般之純真無邪，因而稱之童子。依此教義，「化生童子」也可稱為「化生菩薩」，所以在佛教圖像的表現上，「化生童子」也並非一定非是是兒童的形象不可。所以歸類為敦煌化生童子圖像，也並非完全是兒童形象。

　　不過在世俗藝術的表現上，「化生童子」仍以兒童形象表現居多。化生童子蓮花化生之後，並非無所事事。正如本文開頭所述「化生童子贊」文所描寫，化生之後繼續從事各類快樂的修行活動，直到證果。[18]

　　綜上所述，可以看出「化生童子」與佛教淨土思想有著非常密切的關係，進入佛國淨土的主要方式是「化生」。這裡的淨土並非專指西方極樂世界，另有東方藥

---

17 Kumara-bhuta，又作鳩摩羅浮地，鳩摩羅浮多地。譯曰童子地、童真地、童相地等。通爲菩薩地之總稱，別稱初地或八地已上之菩薩。瓔珞本業經上曰：「鳩摩羅伽，秦言逆流，歡喜地。」是指初地已上。智度論二十九曰：「鳩摩羅伽地者。或有菩薩，從初發心斷淫欲，乃至阿褥多羅三藐三菩提，常行菩薩道，是名鳩摩羅伽地。複次有菩薩作願，世世童男，出家行道，不受世間愛欲，是名爲鳩摩羅伽地。複次又如王子名鳩摩羅伽，佛爲法王，菩薩入法王位，乃至十地故。悉名王子，皆住爲佛。如文殊師利，十力四無所畏等，悉具佛事故，住鳩摩羅伽地，廣度衆生。複次，又如童子過四歲已上未滿二十，名爲鳩摩羅伽地。若菩薩初生菩薩家者，如嬰兒，得無生法忍，乃至十住地，離諸惡事，名爲鳩摩羅伽地。」此爲一切菩薩地之通稱。玄應音義三曰：「鳩摩羅伽，正言究摩羅浮多。」

18 依《觀無量壽經》所述蓮花化生之後，修行證果的時間：上品上生，即悟無生法忍；上品中生，經一小劫，得無生忍；上品下生，經三小劫，住歡喜地；中品上生：應時即得阿羅漢道；中品中生，經半劫已，成阿羅漢。中品下生，過一小劫，成阿羅漢；下品上生，經十小劫，得入初地。下品中生，花開後聞法即發菩提心；下品下生：花開即聞法即發菩提心。

師琉璃光世界，北方不空成就佛淨土，南方寶生佛淨土。而且不只佛有淨土，菩薩也有淨土，例如彌勒菩薩淨土。不過因為佛教經典中，以阿彌陀佛西方極樂淨土影響最大，信奉人最多。因此我們就常看到敦煌化生童子的化生之地是以阿彌陀佛淨土變為主。

「化生」童子在莫高窟 249、285「佛道融合」石窟

　　要談「化生」童子在 249、285「佛道融合」石窟所代表的意義之前，首先應該先了解當時開鑿的時代背景。在東漢末年天下大亂，至魏晉南北朝三百多年，多為變亂時期。這時政治混亂、殘暴，社會上到處充滿奢靡、墮落。在學術思想也變得混亂，經常會隨著當時的政治環境而起變化，甚至於它還可影響到社會的進化與變遷，因而形成歷代各種學術興衰根源的主要因素。

　　因此，在這個時代的學術思想，可以說是一反兩漢以來的章句、訓詁及因襲傳統的舊規，思想家抱著熱烈的懷疑和創新的精神，專心致力於要推倒傳統的道德和縛住人心，卻早已僵化的經典解釋，進而採取積極解放的自由態度，企圖讓玄學、文藝及宗教，都得到自由的發展。

　　時代動盪人心不安，舊思想無法解決問題，因此一些有識之士，極度想要尋求新的思想與新的方法，以解決外在痛苦。於是開始用老莊哲學與佛教淨土出世思想結合，形成所謂「清談玄學」。其間的演變係從魏正始

年間，至晉代南北朝止。即由何晏、王弼開始、接著有
「竹林七賢」。佛教名流之間相互薰陶，產生銳智卓越
的思想家，而般若空慧透過老莊格義玄理，為使佛學中
國化奠訂基礎。因此，佛教思想在此時，有機會與老莊
思想融合發展，成為具有中國化特色的佛教。

　　比起兩漢那種死氣沉沉的環境，魏晉時期確實呈現
出蓬勃清新的自由新氣象，在學術思想上具有特殊的意
義、價值和風格。尤其竺法雅、支遁、道安、慧遠的相
繼推陳出新，才會產生六家七宗的佛教，即：本無、本
無異、識含、緣會、即色、幻化、心無等宗。[19]

　　雖然佛教開始發揚，但民間信仰仍很難脫離道家追
求延壽益算的觀念，也必然遭遇傳統道教的抵抗。例如，
《老子化胡經》就是典型的佛道相爭之下的產物：

> 太上老君以殷王湯甲庚申之歲……。從常道境。
> 駕三氣雲。乘于日精……。入於玉女玄妙口中。
> 寄胎為人。……誕生于亳。九龍吐水灌洗其形。

---

19 劉宋曇濟最早提出了六家分為七宗的說法。曇濟的《六家七宗論》
　久佚，惟梁代寶唱法師的《續法論》中曾引用。「六家」之說已經
　無從考證，而「七宗」一般指本無宗、本無異宗、即色宗、心無
　義、含識宗、幻化宗、以及緣會宗，其代表人物分別是道安的「本
　無宗」，竺法深和竺法汰的「本無異宗」，支遁的色宗，支愍度、
　竺法蘊和道恆的「心無義」，於法開的「含識宗」，道壹的「幻化
　宗」，於道邃的「緣會宗」等。
　　「六家七宗」中最有影響的，正是以道安為首的本無學派。吉藏
　《中觀論疏》記道安的本無義為：「無在萬化之前，空為眾形之始。
　夫人之所滯，滯在未（末）有，若詫（宅）心本無，則異想便息。……
　詳此意，安公明本無者，一切諸法，本性空寂，故云本無。」

化為九井。爾時老君鬚髮皓白。登即能行。步生
蓮花。乃至于九。左手指天。右手指地。而告人
曰。天上天下。唯我獨尊。[20]

此經是西晉惠帝時，當時佛道相爭激烈，天師道祭
酒王浮為了提高道教地位，刻意造了這本經，直說佛陀
也是道家太上老君的化身。

魏晉時期就是在這樣的時代背景之下佛教與道教思
想開始彼此相互影響，既抗爭又融合，亦分亦合，既彼
此競爭又互相學習詮釋創新，因此稱為「佛道融合」或
稱為「佛道合流」。

自魏晉開始佛教中國化之後，開始大受當時民眾歡
迎，以佛教為主題的敦煌莫高石窟也在這樣的時代背景
之下積極開鑿。而敦煌莫高窟第 249、285 窟是屬於「佛
道融合」石窟。敦煌處地邊遠，從來就是多種宗教並存
的地方，佛寺道觀長期共存，佛教藝術表現當時民眾的
思想，因此敦煌石窟出現佛道融合石窟並不令人意外。

兩窟都是北魏開鑿的石窟，249 較早，285 稍晚。兩
窟有關「佛道融合」的圖像描述，沙武田先生在「北朝
時期佛教石窟藝術樣式的西傳及其流變的區域性特徵
── 以麥積山第 127 窟與莫高窟第 249、285 窟的比較研
究為中心」文中有非常詳盡及生動的描述：

莫高窟第 249 窟，西魏（535-556）初建造，清代

20 《老子化胡經》，《大正新脩大藏經》〔事彙部類〕〔外教部〕第 54
冊，頁 1266。

重修。位於九層樓以北的石窟群中段。窟平面方形，覆鬥形頂，西壁開一大龕，為殿堂窟（圖2）。西壁圓券龕內塑一佛二菩薩善跏坐佛居中龕壁繪飛天，供養菩薩，婆藪仙和鹿頭梵志。龕外塑二菩薩。窟四壁上部畫天宮伎樂繞窟一周。中部西部畫飛天和供養菩薩，南北壁中央畫說法圖，飛天化生、供養菩薩，四周圍繞千佛。南北壁下部上畫供養人，下畫藥叉。東壁殘存天宮伎樂。窟頂蓮花藻井，西坡畫阿修羅、赤身，四目四臂，手托日月，足立大海，水不過膝，身後須彌山忉利天宮，側有雷公、電母、風神、雨師、烏獲、朱雀、羽人；與之相對的東坡是二力士捧摩尼寶珠，兩側是飛天、朱雀、孔雀，下有胡人與烏獲百戲，及龜蛇相交的玄武和九首人面獸身的開明；南坡畫乘風車的西王母（大梵天），在浩浩蕩蕩地巡天隊伍下方，有狂奔的野牛、黃羊和虎；北坡畫東王公（帝釋天）乘四龍車，下方繪山林、黃羊等。四坡壁畫內容豐富，既有神話傳說、佛道兩教人物、天宮，又有古代建築、人間生活、遊牧狩獵的場景。四壁畫千佛及說法圖等。繪畫技法上運用中原傳統暈染法，人物清秀、面頰紅潤，線描更加熟練、瀟灑、遒勁有力。

莫高窟第285窟，位於九層樓以北，西魏開鑿，中唐、宋、西夏、元重修。窟內北壁有西魏大統四、五年

（538-539）的發願文題記。它是莫高窟最早有紀年的洞窟，也是早期內容最豐富的洞窟。窟形平面方形，覆門形頂，西壁開三個圓券龕，南北壁各開四禪窟（圖 3）。前室西壁門上為第 286 窟，門北為第 287 窟、甬道和前室壁畫為五代重繪。西壁主龕內塑坐佛一身，脅侍菩薩兩身，兩側龕塑結跏坐禪僧像。北壁四禪窟內畫有禪僧像；窟頂四披繪飛天、雷神、飛廉、朱雀、烏獲、開明、伏羲、女媧等，邊沿畫山居禪僧像三十五身；西壁龕外畫供養菩薩、諸天、神將、力士；南北壁壁畫上下分段，各段分組，各自內容獨立，但又有總體佈局：上部畫伎樂飛天十二身，奏樂或散花，飄逸多姿，氣韻生動；下方一橫幅故事畫《五百強盜成佛》，畫有戰爭，受審施刑、剃度等場面，為我們提供了兵器、刑法、建築、服飾等形象資料；中部畫佛本生故事和因緣故事；下部畫藥叉。北壁上部畫最早的七佛說法圖七鋪，每鋪下方有願文和供養人，中部畫佛和菩薩。東壁門兩側畫觀無量壽佛，下畫供養人，並有願文榜題。所繪人物身體修長，俊秀，眉目疏朗傳神。繪畫技法上是西域藝術風格的北魏手法與中原的藝術風格的結合。[21]

　　249、285 窟內有佛教之「阿彌陀佛」、修行者代表「維摩詰」居士及道教最高神祇「東王公」、「西王母」

---

21 沙武田:〈北朝時期佛教石窟藝術樣式的西傳及其流變的區域性特徵 —— 以麥積山第 127 窟與莫高窟第 249、285 窟的比較研究為中心〉,《敦煌學輯刊》,敦煌研究院文獻研究所,2011 年第 2 期,頁 93-94。

為主題人物，除了各自有其表現主題、畫風一致之外，在其旁襯托之佛教諸天神眾、供養菩薩、飛天童子，及道教古神話中之神將、神獸、動物、花鳥飛禽，更是互相呼應融洽，完全沒有違和之感。

　　由 249、285 窟的開鑿內容，可知一般大眾當時思想上普遍認為「佛道」思想並非只是「並存」，而是可以「共融」。在圖像上，我們看到兩窟佛教經典中的人物菩薩，以及道教仙界神話中的人物，共處一室，互相對應。另外也有學者研究結果表明，陝西等北魏時屬「關中」等地，也發現了不少集道教和佛教「二合為一」的雙教碑造像。例如：

> 在西元 424 年陝西的一塊北魏造像碑上，我們可以見到表現這種公平方式的藝術中的一種平行並聯。該碑有二龕，道像位於左、佛像位於右。下部的眾供養人以香爐為中心分列兩邊。右邊有一男子、左邊有一道女及其他男子。這兩種宗教就這樣被同等對待。[22]

　　同時也有研究說明北朝時期道教畫像已經吸收佛教概念創作，最明顯例子是「道教飛天」：

> 北朝道教造像碑龕楣上飛天的圖像比較常見，其多表現為憑借飄曳的衣裙，飛舞的彩帶凌空飛翔，其手裡也有拿著樂器的仙女圖像。飛天圖像

---

22 J. M. 詹姆斯：〈中國早期佛道混合造像的一些圖像志問題〉，《藝術探索》，廣西藝術學院。2005 年第 19 卷第 3 期，頁 6。

是道教吸收佛教圖像的表現之一。[23]

又如本文一開頭所述之「蓮花童子贊」文：「化生童子見飛仙，落花空中左右旋，微妙歌音雲外聽，盡言極樂勝諸天。」這些佛教文獻關於化生童子與飛天的描述都是佛說法時，其凌空奏樂的場景。文中所描繪的飛天形像與道教造像碑中所雕刻的飛天非常一致。道教造像碑中的飛天圖像應該是佛教的天人圖像與中國傳統神仙思想的結合體，是二者融合的結果。

莫高窟249、285「佛道融合」石窟也有「化生童子」的出現，且與道教諸神、飛仙共處一室：

窟號	位置	類型	年代	形象描述
285	南壁、窟頂	童子飛天型	西魏	童子飛天呈現出裸體的造型，腋下披長條的天衣薄帶，而敦煌遺存的裸體飛天數量不多，顯得相當罕見。
285	窟頂北披	童子飛天型	西魏	童子飛天呈現出裸體的造型，腋下披長條的天衣薄帶，而敦煌遺存的裸體飛天數量不多，顯得相當罕見。

---

23 肖曉：《關中北朝道教造像研究》，湖南工業大學碩士學位論文，頁 86。

285	西壁龕楣	蓮生型	西魏	蓮花化生之伎樂童子俯仰，均為半身。投梳雙髻。中央童子雙手合十敬禮。左右各有三童子演奏樂器。二童子合十行禮。樂器有琵琶、豎笛、腰鼓、排簫、橫笛。繪工精緻，色彩保存完好。
249	西壁龕楣	蓮生型	西魏	此龕楣居中一化生，裸體披巾，在蓮花中獨舞，南北各有二化生持橫笛、豎笛等樂器吹奏，構成樂舞場面，蓮瓣像裙一樣下擺之覆蓮紋。

　　由此可證知，道教作為北魏當時地方民眾信仰的主流文化，但無排斥佛教，而是包容和影響佛教。有關這方面研究也不少，為魏晉時期「佛道融合」提供更多文獻佐證。[24]

曇鸞：「長生不死」與「極樂淨土」思想融通之代表人物

　　理解魏晉時期民眾宗教思想是「佛道融合」，也了

---

24 關於「魏晉佛道思想融合」更詳細的考證研究，可參考澳門大學教育學院助理教授張澤珣：《北魏關中道教造像記研究 —— 附造像碑文錄》一書。

解敦煌莫高窟 249、285 佛道融合窟開鑿的背景之後，筆者不禁想問，除了動亂的時代背景，進而促成佛道思想融合之客觀環境，但當時民眾是以什麼樣的主觀思想來理解融合佛道兩家之教義？而「化生童子」在佛道融合石窟的出現，是否表示在佛道融合思想工作上，有某方面的作用？筆者將針對這個議題做更深入的探討。首先介紹一位在魏晉時期將佛教與道教教義融合會通的關鍵人物 —— 曇鸞。

魏晉時期「清談玄學」思想風氣自由開放之後，佛教「淨土思想」等經典，闡述了前往極樂淨土完整的學說與修持方式，與道家「長生不死」神仙思想融合，因此淨土思想在魏晉之後開始大受民眾歡迎。[25]

而魏時期的曇鸞（公元 476-542 年），正是將道家「長生不死」與佛教「淨土思想」融合的代表人物。《續高僧傳》記載曇鸞：

> 因即辭還魏境。欲往名山依方修治。行至洛下。逢中國三藏菩提留支。鸞往啟曰。佛法中頗有長生不死法，勝此土仙經者乎？留支唾地曰。是何言歟。非相比也。此方何處有長生法。縱得長年少時不死。終更輪迴三有耳。即以觀經授之曰。

25　《觀無量壽佛經》中提出的十六觀之觀相念佛法門，明確的指出往生西方極樂淨土的修持方法。「三輩九品」說則區分修行境界的等級果位。這些實際的自身修行方法與境界學說，都是先秦仙家學說所缺乏的。

> 此大仙方。依之修行，當得解脫生死。鸞尋頂受。
> 所齎仙方並火焚之。

曇鸞是少年就出家的僧人，他精研《四論》、《涅槃經》，讀《大集經》時因為感受到經典詞義精深，曾想為它作疏解，但是寫作一半就生病了，至秦陵時，在城樓上見到異象，因而痊癒。自此感到人的生命過於短暫，想要學習長生之法，遂至江南梁朝，尋找陶宏景，得到十卷仙經。

回到北魏後，遇到菩提流支，他向菩提流支詢問長生之法。菩提流支將他譯出的《觀無量壽經》贈與曇鸞，曇鸞於是將仙經燒燬，自此開始弘揚淨土法門。

曇鸞本是佛教信徒，到了中年還向陶弘景學習道家之法，遇到菩提流支還詢問佛教是否有長生不死之法，可見中土神仙思想對他影響之大。《續高僧傳》：

> 然鸞神宇高遠，機變無方。言晤不思，動與事會。
> 調心練氣，對病識緣。名滿魏都。

雖然是佛教僧人，但卻沒有真正放棄道家學問。曇鸞以道家之術作為推展佛教思想的助緣，這種弘揚方式在當時北魏帝都，受到民眾的歡迎。

淨土思想自後漢時就傳入中國，但一直影響不大。曇鸞之後把印度淨土思想加以重新解釋和發揮，創造出了具有中國特色的淨土思想之修行理論與方法。道家學說方面著有《調氣論》一卷、《療百病雜丸方》三卷、《論氣治療方》一卷、《服氣要訣》，也為佛教祖師世

親《無量壽經優波提舍願生偈》，作《往生論註》。此外，他又寫作有《略論安樂淨土義》一卷，《禮淨土十二偈》。

　　在曇鸞之後有道綽、善導發揚光大，為後來的淨土宗打下深厚的根基。日本人尊曇鸞為淨土宗五祖之初祖，又尊為淨土真宗七祖之第三祖。他被魏孝靜帝稱為「神鸞」。但在南宋之後，中國淨土宗改以慧遠為淨土宗初祖，曇鸞反而被人遺忘，這與南宋之後，佛教重心南移有很深的關連。

　　由此我們可合理得知，淨土思想之所以在北魏時期開始大受民眾歡迎，跟與中國道家思想融通有極大關係，而曇鸞正是佛道思想融合會通的關鍵人物，「淨土思想」則是佛教與道家融合會通的重要思想起點。

莫高窟佛道「淨土/樂土」思想的融合

　　魏晉南北朝佛教當時思想背景因淨土思想融合了道家思想而發揚，在敦煌莫高窟以「佛道融合」為主題的第 249、285 窟，確實也展現出相對應的題材。張元林在「淨土思想與仙界思想的合流-關於莫高窟第 249 窟窟頂西披壁畫定名的再思考」文中，除了呼應段文杰先生的「佛道融合」說之外[26]，更進一步證實 249 窟是以「淨

---

26 段文杰：〈道教題材是如何進入佛教石窟的 —— 莫高窟地 249 窟窟頂壁畫內容探討〉，《敦煌石窟藝術研究》，甘肅人民出版社，2007年，頁 363。關於「融合說」段先生在本文列舉了大量的材料，有力的支持莫高窟 249 為「佛道融合」窟。

土思想」與中國傳統仙界思想的一種融合。[27]

張元林為此論點，從圖像上做了非常詳細的分析：

首先從 249 窟窟頂南、北二披所繪道家諸神形象
談起。南披的主體是乘三鳳鳥車的西王母，北披
主體形象是乘四龍車的東王公，都向著洞窟的西
披方向行進。作為中國傳統神話中的西王母和東
王公在漢以前並不被重視。到了漢代，由於這兩
個神靈的神性迎合了當時社會求仙問道的功利要
求，其宗教地位得到社會上下階層的看重，被列
入當時最主要的神祇，成了仙界眾神之首。在當
時人們看來，死後成仙最好的去處就是崑崙山，
而世人得道升天，須先進入天門拜謁東王公、西
王母。又據《拾遺記》：「崑崙山者，西方曰須
彌山，對七星之下，出碧海之中」的記載來看，
東王公、西王母所居之崑崙山可與佛教之須彌山
相比美，是道家的淨土仙界。這種仙界觀，在南
北朝時成為道家的修行目標之一。[28]

崑崙山是道家登仙之處，須彌山頂也是佛教諸神所
住之處。因此，當時人們將佛教之須彌山與道家之崑崙
山，在思想上會通，認為兩者同樣都是修行成仙稱聖后
的居住地。張元林文中也認為佛教「往生淨土」與道家

---

27 張元林：《淨土思想與仙界思想的合流 —— 關於莫高窟第 249 窟窟
頂西披壁畫定名的再思考》，《敦煌研究》，2003 年，頁 1。
28 參閱同上，頁 7。

「死後生天」、「羽化成仙」的觀念能夠會通，他強調
敦煌第 249、285 窟中出現的東王公、西王母、伏羲和女
媧及其眷屬，其功用與此之前中國早期佛教中的「仙佛
模式不同」，並不是藉由道家的諸神來表達佛教的觀念。
而是在當時開窟者明確的知道，佛教的往生極樂與道家
的羽化成仙，都是此生結束之後，擺脫痛苦趣向樂土，
兩者是相同意義的。因此張元林認為：

> 在第 249 窟窟頂南北批分別繪有道家的東王公、
> 西王母等仙界眾仙的同時，在西披繪有阿閦佛的
> 東方妙喜世界，在其南壁繪有被稱為莫高窟最早
> 的淨土變的雛型說法圖；在稍晚的第 285 窟窟頂
> 繪出中國傳統的神話題材的同時，在其東壁門兩
> 側繪有大型的無量壽佛說法圖；麥積山第 127 窟
> 窟頂繪出道家的天地之神東王公浩浩蕩蕩的巡天
> 列的同時，又在西壁門繪出巨幅的西方淨土變畫
> 面、維摩詰經變的畫面。所有這些都或明或暗地
> 表明：對於「極樂仙界/淨土」的共同追求。使得
> 原本屬於兩種不同宗教體系的神祇走到了一起，
> 成為表達同一個神學主題的統一體的不同單元。[29]

張元林從莫高窟第 249、285 窟圖像分析比較得知，
魏晉時代佛教「淨土思想」與道家「天界思想」合流。

同時筆者認為佛道兩種文化思想，能融合會通一

---

29 參照同上，頁 7。

起，而為庶民普遍接受，與本文研究主題「化生童子」與「淨土思想」關係密切，擔任非常重要的會通關鍵點之一。為說明此觀點，我們有必要先了解「化生」思想在佛道兩家的淵源。

佛教化生思想淵源

關於佛教宇宙生命生成原理論說體系，首先佛教認為這宇宙分成「六道」眾生，六道分別是「天」、「人」、「阿修羅」、「惡鬼」、「畜生」、「地獄」。佛教有「六道輪迴說」，即是眾生因前生與今世所造作之各種因緣，而形成「善業」、「惡業」，業報是一種力量，這種力量會驅使六道眾生，在結束生命之後，依照業報往生六道。前三者屬於三善道，後三者屬於三惡道。在六道新生長的型態，分為四類，即「胎、卵、濕、化」四生。據《增壹阿含經》：

> 爾時，世尊告諸比丘：「有此四生。云何為四？所謂卵生、胎生、濕生、化生。彼云何名為卵生？所謂卵生者，雞、雀、烏、鵲、孔雀、蛇、魚、蟻子之屬，皆是卵生。是謂名為卵生。彼云何名為胎生？所謂人及畜生，至二足蟲，是謂名為胎生。彼云何名為因緣生？所謂腐肉中虫、廁中虫、如尸中虫。如是之屬，皆名為因緣生。彼云何名為化生？所謂諸天、大地獄、餓鬼、若人、若畜生，是謂名為化生。是謂，比丘！有

此四生。諸比丘捨離此四生，當求方便，成四
諦法。如是，諸比丘！當作是學。」[30]

　　其中「化生」是不須要父母外緣，沒有任何依託，
完全依照自己的生存意欲與業力，就會「忽然」產生出
來。如《俱舍論》云：

若化生者染處故生，謂遠觀知當所生處，便生愛
染往彼受生，隨業所應處有淨穢。[31]

　　既然因緣業力有別，故化生者生處則有所差異，其
化生方式也就有所不同，例如，未來佛彌勒菩薩於兜率
天宮寶座中「忽然」化生，等待因緣成熟才下生南閻浮
提。西方極樂國土的教主為阿彌陀佛，其左右二大弟子
為觀音、大勢至菩薩，在彼國土也是以化生而生。既然
化生是新的生命「忽然」而生，除了上述諸大菩薩化生
呈現莊嚴菩薩貌外，多數的化生皆以童子貌的形象展
現。例如在《四童子三昧經》中記載，西方八億百千佛
剎，有佛名號樂音如來，佛土中有位無攀緣菩薩，從彼
佛剎隱滅身已，在閻浮提地的波羅奈國大城之善鬼宿居
士家中「忽然化生」，無攀緣童子生後便能說妙偈，度
化眾生。另在《大寶積經》另載昔勇郡王，為轉輪聖王，
其兩位夫人沐浴後，「忽然」各有一位化生童子由夫人

30　提婆譯：《增壹阿含經》卷十七，《大正新脩大藏經》第 2 冊，頁
　　632。
31　世親造，玄奘譯：《阿毘達磨俱舍論》卷九，《大正新脩大藏經》
　　第 29 冊，頁 47。

膝上結跏趺坐而生，二童子分別名為法意、法念，其童子像貌莊嚴無比，誕生後便會說佛法偈語。

　　業力有分善業與惡業，從高層次的「天」界，到低層次的「地獄」、「惡鬼」道，都是以「化生」的形式出生。以化生出生的新生命，其特色是單憑「業力」意欲，不用等待父母緣懷胎生長時間，「忽然」就可化生出現。由此可知，在佛教「化生」除了代表新生命型態出生的方式，「化生」同時也代表業報動力的「即時」形式表徵。

道家化生思想淵源

　　道家對於「化生」觀念更是由來已久，最早可追溯至先秦時期。《老子、四十二章》云：

　　　　「道」生一，一生二，二生三，三生萬物。萬物負陰而抱陽，沖氣以為和。[32]

　　這是道家宇宙生成觀。漢代《淮南子》嘗引《老子》以敘述宇宙的肇始生成，〈天文訓〉言：

　　　　道（日規）始於一，一而不生，故分而為陰陽，陰陽合和而萬物生，故曰『一生二，二生三，三生萬物』。

　　《老子》河上公注也說「道始所主者為一」，而認為「二」為陰、陽，「三」則為陰陽所生之和氣，且濁

---

32 參見楊家駱主編：《淮南子注》，世界書局，1994 年，頁 3。

三氣分為天、地、人。[33]

由此可知，以道為一，陰陽為二，陰陽合和之氣為三，由陰陽合和之氣生成萬物，應是漢代詮解老子宇宙生成的一般見解。道家認為宇宙萬物都是由元氣所生，當然鬼神也不能例外。「道」既然創生了天地萬物，其也必須存在於萬物之中；天地萬物是是「道」的具體化，而「道」則是天地萬物內在的本質，所以道是無所不在的，體限於任何一物之中，哪怕是「螻蟻」、「瓦壁」、「尿溺」、「鬼神」裡都無不含有「道」。

莊子更明確此「氣化萬物」說，《莊子・至樂》：

> 察其始而本無生；非徒無生也，而本無形；非徒無形也，而本無氣。雜乎芒笏之間，變而有氣，氣變而有形，形變而有生，今又變而之死，是相與為春秋冬夏四時行也。

莊子直言所謂「生死」，一切都是天地自然運作，既然能從無到有的形成生命，那麼也能夠從有到無的散去造就死亡，就好像春夏秋冬四季變化一樣流轉。《莊子・知北游》：

> 人之生，氣之聚也，聚則為生，散則為死。

莊子說人之生死只是「氣」的聚散變化，聚時為生；散時便死，是故死亡不過是氣體的流動變換，天地之萬物本質不過是道下之氣體流轉，生亦無需喜；死亦無所

---

33 參見呂祖謙：《音注河上老子道德經》，影印宋麻沙本，廣文書局，1985，道化第四十二。

懼。《莊子・齊物論》：

> 昔者莊周夢為蝴蝶，栩栩然蝴蝶也，自喻適志與！不知周也。俄然覺，則蘧蘧然周也。不知周之夢為蝴蝶與，蝴蝶之夢為周也？周與蝴蝶，則必有分矣。此之謂物化。

莊子思想的特點就是「物化」，在道家哲學中只分為形而上的道與形而下的萬物，肉體與花草樹木皆為形下的物質；故人的軀殼與天下萬物為同層流轉，但人往往執著於形軀的存在，而忽略了形軀我的經驗未必實在。

莊子的「齊物」思維是有著原始信仰文化之背景的：以人們的現實經驗而言，這些不同物種之間的變化或同一物中存在之不同物類的過渡，都是超越邏輯的幻想，但考察遠古的信仰神話中，這類的「變形」「化生」神話卻是一個重要並大宗的主題。其特殊之處在於，自從人類生而成形，便帶著這個受到許多限制的形軀不脫老、病、死等困頓，並因此而產生種種憂患，即所謂「一受其成形，不亡以待盡。」是所以，神話的存在正是對超越這種形軀之限制的嚮往，於神話的變形規則中，無論人或萬物都是不受空間、時間限制的。從神話學的角度重新審視楚墓中出土的鎮墓獸、虎座飛鳥、虎形根雕「避邪」、《山海經》中的變形神話和種種異類合體之獸，同時，似乎也能說明此一「變形化生」的概念與荊楚文化有著深刻的淵源與密切的關係。從《莊子》中的物化思想當可以更明確地發現其中反映出來的心態意

義。〈齊物論〉云：「天地與我並生，而萬物與我為一。」這是關於物我同一觀念的最直接而明確的表述，是說天地與我並存，萬物與我合為一體，亦即主觀與客觀相混融，「萬物皆一」，萬物之間沒有區別，物物之間人我之間界限的取消、「平等」的觀念正是神話的天然特質。[34]

綜上所述可知，道家的「化生」思想源於「萬物一體」、「氣化萬物」、「物化流轉」、「變形化生」等觀念。道家認為宇宙的生成力量是氣，天地萬物是氣的變化化育而生。氣的特質就是流動、變化生成。氣的變化流轉，造成各種生命型態之間的「化生」，而不變的本質是「氣」，也是變化流轉的動力因。

「化生」有「長生不死」的內在意義

佛教以「業」為動力因，業報成熟形成六道輪迴，與道家以「氣」為動力因，而化生萬物，兩種思想雖不全然一致意義，但卻也提供了兩種思想相互合流融通的共同基礎之一。即是，筆者認為這兩種思想，皆能提供先民對於「長生不死」的探索與追求的答案，是佛道兩教在思想上能共同會通的基礎點。

「長生不死」思想在遠古時代就存在，例如《山海經》就載有很多長壽不死人形象及所處國度之描述，分

---

34 邱容韡：《中國先秦變形神話傳說中「化生」之思維探究》，國立東華大學民間文學研究所，2008 年，頁 108。

述如下[35]：

位於	特色	生死狀況
羽民國	其民皆生毛羽	晝似仙人
大荒之山	顓頊之子	三面之人不死
無啓之國 8	為人無腸	死百廿歲乃更生
軒轅之國	人面蛇身，尾交首上	不壽者八百歲
不死之山	甘木、赤泉	壽，不死
《列子》華胥氏之國	其民自然而已	不知樂生，不知惡死

又如《史記封禪書》：

> 蓬萊、方丈、瀛洲，此三神山者，其傳在渤海中，
> 諸仙人及不死之藥皆在焉。其物禽獸盡白，而黃
> 金銀為宮闕，未至，望之如雲。

「蓬萊、方丈、瀛洲」是初民追尋的不死國度。還
有屈原《天問》云：「何所不死」；王逸注《引括地象》
云：「有不死之國」；淮南子《時則篇》也有「不死之
野」；呂氏春秋《求人篇》有「不死之鄉」，均以「不
死」為說。

以上的例證皆為說明初民心目中，早已嚮往追求「不
死之境」的樂土。

莊子也以「真人」、「神人」、「至人」來稱呼神仙。

《大宗師》：何謂真人？古之真人，不逆寡，不雄
成，不謨士。若然者，過而弗悔，當而不自得也。若然
者，登高不慄，入水不濡，入火不熱，是知之能登假於

道者也若此。古之真人，其寢不夢，其覺無憂，其食不甘，其息深深。真人之息以踵，眾人之息以喉。屈服者，其嗌言若哇。其耆欲深者，其天機淺。

《齊物論》：至人神矣！大澤焚而不能熱，河漢冱而不能寒，疾雷破山而不能傷、飄風振海而不能驚。若然者，乘雲氣，騎日月，而游乎四海之外，死生無變於己，而況利害之端乎！其出不訴，其入不距。

《逍遙遊》：藐姑射之山，有神人居焉，肌膚若冰雪，淖約若處子，不食五穀，吸風飲露、乘雲氣、御飛龍，而遊乎四海之外；其神凝，使物不疵癘而年穀熟。

由此可知，莊子也隱含有「長生不死」之意義。《天地篇》更有了「仙」字：

千歲厭世，去而上仙，乘彼白雲，至於帝鄉，三患莫至，身常無殃。

《列子》也繼承了莊子對「仙人、真人、至人」之說，並更加強調形容。《列子・湯問》說：

渤海之東不知幾億萬里，有大壑焉，實惟無底之谷，其下無底，名曰歸墟。八紘九野之水，天漢之流，莫不注之，而無增無減焉。其中有五山焉：一曰岱輿，二曰員嶠，三曰方壺，四曰瀛洲，五曰蓬萊。其山高下周旋三萬里，其頂平處九千里。山之中閒相去七萬里，以為鄰居焉。其上臺觀皆金玉，其上禽獸皆純縞。珠玕之樹皆叢生，華實皆有滋味；食之皆不老不死。所居之人皆仙聖之

種；一日一夕飛相往來者，不可數焉。

《列子》除了形容不死之境的美妙與狀況，也說住在那裏的居民吃了一種「珠玕之樹」，所長出來的果實之後，變成不生不死，而且他們也善於飛行「一日一夕飛相往來者，不可數焉。」[36]

而前文所言之道家形而上的「氣化萬物」、「萬物一體」等理論，則作為人們形而下追求「長生不死」生命形態的理論淵源。例如，《山海經》載有很多「變形」、「化生」以延續生命的神話故事。

如《山海經・北山經》載有炎帝少女死後變成精衛鳥銜石填海的故事：

> 又北二百里，曰發鳩之山，其上多柘木。有鳥焉，其狀如烏，文首、白喙、赤足，名曰精衛，其鳴自詨。是炎帝之少女名曰女娃，女娃游于東海，溺而不返，故為精衛，常銜西山之木石，以堙于東海。

又如《山海經・海內經》中郭璞注引《開筮》曰：

> 鯀死三歲不腐，剖之以吳刀，化為黃龍。鯀死變形為黃熊。

又如《山海經・大荒西經》中，顓頊死後復蘇，變

---

36 《列子・湯問篇》：渤海之東不知幾億萬里，有大壑焉，實惟無底之谷，其下無底，名曰歸墟。八紘九野之水，天漢之流，莫不注之，而無增無減焉。其中有五山焉：一曰岱輿，二曰員嶠，三曰方壺，四曰瀛洲，五曰蓬萊。其山高下周旋三萬里，其頂平處九千里。山之中閒相去七萬里，以為鄰居焉。其上臺觀皆金玉，其上禽獸皆純縞。珠玕之樹皆叢生，華實皆有滋味；食之皆不老不死。所居之人皆仙聖之種；一日一夕飛相往來者，不可數焉。

形為魚婦：

> 有魚偏枯，名曰魚婦。顓頊死即復蘇。風道北來，
> 天乃大水泉，蛇乃化為魚，是為魚婦。

又如《山海經・大荒南經》中，古代戰神蚩尤死後，化生成楓木：

> 有宋山者，有赤蛇，名曰育蛇。有木生山上，名
> 曰楓木。楓木，蚩尤所棄其桎梏，是爲楓木。

由此可知，先秦初民心中，上至帝王下至庶民內心，已對「長生不死」之「人」與「國度」非常熟悉與嚮往，而「變形」、「化生」則是延續生命，以達「長生不死」的重要方式之一。

在佛教思想中「淨土思想」也同樣包含有「長生不死」的內在意義，《佛說無量壽經》云：

> 佛告阿難：十方世界諸天人民，其有至心願生彼
> 國，凡有三輩。其上輩者，捨家棄欲，而作沙門，
> 發菩提心，一向專念無量壽佛，修諸功德，願生
> 彼國。此等眾生，臨壽終時，無量壽佛，與諸大
> 眾，現其人前，即隨彼佛，往生其國，便於七寶
> 華中，自然化生，住不退轉，智慧勇猛，神通自
> 在。是故，阿難！其有眾生，欲於今世見無量壽
> 佛，應發無上菩提之心，修行功德，願生彼國。[37]

致心發願佛國的眾生，雖因福報業力不同而有分上

---

37 三藏康僧鎧譯，《佛說無量壽經》卷下，《大正新脩大藏經》第 12 冊，頁 272。

中下三輩等級，但就算是「下品下生」，要待在蓮花苞中非常久的時間，才能花開見佛，但仍然是屬於「不退轉」境界。也即是只要往生佛國即不再輪迴六道，當然也就是到達「長生不死」的境界。

　　綜上所述，可知對於來世「長生不死」的探索與追求，是佛道兩家在思想上能共同會通的基礎點。

結　論

　　筆者從莫高窟「化生童子」圖像研究為起點，發現魏晉時期佛教淨土思想，能與道家仙家思想融合會通一起，是當時「清談玄學」開啟自由思潮，為主要關鍵時代背景因素。

　　而華夏民族對於「長生不死」的追求，是佛道兩家在思想上融合的基礎。佛教的「淨土思想」則作為「長生不死」之實際可行的進路，因此淨土思想在魏晉時期開始為庶民普遍接受，有其蹤跡可循。

　　筆者從歷史溯源與哲學義理分析得知，佛教的「業力輪迴」說及道家的「氣化萬物」說，則皆以轉化生命形態之「化生」形式為其動力因表徵。以此學說為基礎，兩教皆存有「透過化生形式轉化生命型態而達到不死之身與到達不死之境」的觀念。

　　「長生不死」精神早存在先民心中，因此「長生不死」的期望是佛道兩教融合的重要基礎。

　　佛教祖師曇鸞，則正是將道家「長生不死」與佛家

「淨土思想」融合的時代代表人物。

而「化生」形式所表徵的「長生不死」精神，則擔任兩教思想會通重要的關鍵點之一。

由此推論，魏晉時期藝術家結合「淨土思想」創造了「化生童子」圖像，與「長生不死」思想有一定的連結關係。

筆者認為，「化生」圖像在敦煌大量的出現，並非偶然，也不僅是作為佛教經典中蓮花化生童子的運用材料展現而已。敦煌藝術者對於這些材料當然必須有所本，透過本文研究，筆者發現敦煌「化生」圖像已不單是對「佛國蓮花化生童子」的簡單解釋。敦煌「化生」圖像是繪製者在繪製的當下，就開始受到當時文化氣息或哲學思潮的影響，被潛在文化的欲求所推動，而表現出來的內在語言符號。

因此我們看到了「化生」圖像，除了可以在佛教淨土經變洞窟中出現，也可以在佛道融合窟出現，也可在每一個朝代的莫高洞窟出現。敦煌「化生」圖像的出現，充分展現了中國人對於追求「長生不死」的終極精神代表。

很顯然「化生童子」研究目前還尚顯不足。而化生童子代表的哲學性、宗教性、建築性、裝飾性以及民族性特徵，如此豐富，不容忽視。而其結構與藝術性和整個洞窟的形式與歷史關係也非常密切，但皆還未被當代研究者重視。

漢傳佛教與當代臺灣宗教的創宗現象
── 以真佛宗為考察中心

吳有能

（香港浸會大學宗教及哲學系副教授）

一、導言：問題所在

　　任何一個歷史悠久的宗教或思想傳統，在它發展過程中，都常會產生創新與分化的現象，甚至進而成立新宗派，而新宗派的成立就是本文所謂「創宗現象」。創宗現象中外皆有，譬如宋代道學的發展，乃有濂洛關閩之並立。佛教方面，原始佛教慢慢演化成部派佛教；關於部派數目，南北傳教說法不同，有主十八部，也有二十部的主張；但不論部派數目多寡，可以確定的是部派時期曾經出現創宗現象。[1]在歐洲基督宗教發展史中也有

＊　本文研究真佛宗，蒙香港中文大學文化及宗教系譚偉倫主任接引，並安排引介參訪該宗教；後來又得到密教總會蓮傑上師、蓮歐上師、臺灣雷藏寺蓮哲上師及前威德佛學院秘書長黃正務先生提供資料及寶貴意見，特此致謝。感謝真佛宗諸位上師的慈悲接待與協助，也感激上師們尊重學術獨立，包容學者不同觀點。

創宗事件，譬如基督新教諸宗，牛津大學麥哥洛教授甚至認為實多次改革運動。[2]由於創宗涉及教派勢力之榮枯，所以創宗不但常常涉及新教義、新領袖、新團體等的出現，更往往反映著教派之間的現實爭衡；這些爭衡，就教派內部來說，其主要表現就在新宗派是否得到承認的問題之上，所以創宗過程通常並不平和；反之，往往伴隨著激烈的現實利益爭奪。嚴重的話，創宗不僅引發教派內部分裂，更導致政治對立，甚至烽煙四起，譬如歐洲新舊教分立，導致十六世紀的宗教戰爭以及十七世紀的三十年戰爭等，就是顯著事例。[3]所以宗教創宗問題確實是重要的議題，值得注意。但是，也有人運用已有的宗教資源，進行改造，但是卻因改變太多，已經脫離原有宗教的範圍，於是反而創立了新宗教，譬如歷史上的摩尼教。無論是創立新宗派，還是建立新宗教，同屬於一種宗教方面的重要創造活動，可以廣義稱為宗教的

---

1 有關部派分立的研究頗多，中文著作方面，敘述清晰的可以參考印順《原始佛教聖典之集成》、《初期大乘佛教之起源與開展》，演培法師著：《大乘佛教思想論》、《小乘佛教思想論》。

2 Diarmaid MacCulloch, *The Reformation: A History* (N.Y.: Viking Penguin, 2004). MacCulloch writes "It is impossible to understand modern Europe without understanding these sixteenth-century upheavals in Latin Christianity" and "they represented the greatest fault line to appear in Christian culture since the Latin and Greek halves of the Roman Empire went their separate ways a thousand years before; they produced a house divided."

3 See John Stevenson, *The History of Europe*: pp.1001-1848 , For a brief introduction to the Thirty Years War, see *Catholic Encyclopedia*. Available at:
http://www.newadvent.org/cathen/14648b.htm Online: 1 Dec., 2010.

「創立現象」。而當代臺灣宗教在最近幾十年，教勢大振，先後出現不少新宗派及新宗教。本文針對當代臺灣宗教的創立現象，特別側重在佛教，指出它們共通大勢，並試圖初步評論其意義。而本文雖以真佛宗為主要探索對象，但在論述中，也旁涉中華禪法鼓宗以及慈濟宗這兩大顯教新宗派，以收對比之功。

在論文結構上，第一節導言交代研究問題，第二節就題目所涉及的議題，回顧已有成果，檢討其得失；第三節論述本論題中涉及的「漢傳佛教」這一詞彙，以奠立進一步討論的基礎；並特別從漢傳佛教檢討真佛宗的性質。第四節簡介當代漢傳佛教的創宗現象；而第五節介紹這些宗派的發展趨勢。第六節從典範理論及權力觀點分析新宗派的矛盾與衝突現象，第七節，總結全文的探索。

二、現有研究成果之回顧與檢討

部分學者也開始注意臺灣漢傳佛教的創宗現象，並分別從內在與外在兩方面提出解釋。但因這方面的研究成果有限，而且都是片面的與分散的，具體成績尚嫌不足，難以進行鋪敍性的文獻綜述，本文只能就有限的研究成果進行回顧與檢討。

在過去的研究裏，比較傾向從「社會分化」去解釋臺灣佛教的創宗問題，其中台灣中央研究院丁仁傑教授

的研究最具代表性[4]；其突出之處在于把創宗的問題視為
「新興宗教現象」，並且取「社會分化」為解釋視角。
丁著以論帶述，是難得佳作，但難免偏重於外在社會現
象之分析檢討，但或仍有商榷空間[5]。至於從教義發展之
內部去理解的研究，則有江燦騰教授的著作，[6]江氏以「去
印順化」為主軸，以解釋法鼓宗與慈濟宗的新創，其論
述確實注意到內在教理思想發展的視角，但慈濟與法鼓
兩宗是否本來就存在去印順化的事實？這個判斷若有爭
議，則江氏所謂去印順化的提法，就無從談起。無論如
何，顯然外在與內在進路，各有其重要性，不可偏廢。

　　有鑒於以往成果的研究不足，[7]本研究在文獻解釋基
礎上，嘗試兼及內外兩面，並採取典範理論的解釋進路，
試圖理解臺灣漢傳佛教的創宗問題；而針對漢傳佛教之

4　參丁仁傑：《社會分化與宗教制度變遷：當代台灣新興宗教現象的社
　會學考察》，丁仁傑以工具理性分析宗派在社會上扮演著不同功能。
5　譬如丁仁傑以為盧勝彥是自行圓頂的，實際上，在真佛宗入門書籍
　都清楚記載於一九八六年三月十九日由果賢法師剃度。參世界真佛
　宗宗務委員會編，《真佛宗入門手冊》（西雅圖：世界真佛宗宗委會，
　2004），頁 63。
6　江燦騰，〈慈濟宗的建立及其宗脈思想的周邊問題之探討：變革與
　開展的歷程觀察及其反思〉，慈濟人間與宗教療研討會，花蓮：慈
　濟大學 2009 年 6 月 13-14。
7　關於慈濟功德會的專書不少，譬如 Chou Kai-ti, *Contemporary
　Religious Movements in Taiwan: Rhetoric of Persuasion* (Lewiston,
　New York: The Edwin Mellen Press, 2007). 學術性較高的研究則有
　Julia, Huang, *Charisma and Compassion: Cheng Yen and the
　Buddhist Tzu Chi Movement.* (Cambridge, Mass: Harvard University
　Press, 2009). Yao Yu-shuang, *Taiwan's Tzu Chi as Engaged Buddhism*,
　(Leiden: Brill, 2012).

中包含顯密二部，雖然本文特別以密教真佛宗為研究中心，但在論述之中也取中華禪法鼓宗以及慈濟宗這兩大新創宗派，以對比臺灣當代漢傳佛教的創宗現象及爭議。在進行具體探索之前，本文理應先解釋論題的論述專案—漢傳佛教與真佛宗。

三、漢傳佛教與真佛宗

真佛宗的定位，迄今仍有很多爭議。8本節試圖先釐清何謂漢傳佛教，並依據漢傳佛教的標準，然後再分析真佛宗的定位問題。

（一）漢傳佛教

佛教可以分成南傳及北傳兩支，南傳是以上座部為代表，而其基本文獻以巴利文跟泰文為主；在北傳佛教方面以大乘為主，並又再分出兩支：第一支為藏傳佛教，流行於西藏，蒙古，青海，甘肅等地；第二支稱為漢傳

8　Tam, W. L., "Re-examining the True Buddha School: A New Religion or New Buddhist Movement?" in *Australian Religion Studies Review: The Journal of the Australian Association for the Study of Religion*, 20(3), 2007, pp. 303-316. 鄭志明教授認為真佛宗受到佛教界的批判是因為社會大眾對新興宗教教主有較高的道德期許；參考鄭志明：〈盧勝彥與靈仙真佛宗〉，收入鄭著：《當代新興宗教：修行團體篇》（嘉義：南華大學宗教文化研究中心，2000 年），頁 197-215。在 2007 年馬來西亞七大佛教團體在《星洲日報》發表聯合聲明，認為真佛宗並非正信的佛教。參考：〈真佛宗是附佛邪教：七大佛團列六不法舉證〉，見《星洲日報》，2007 年 10 月 25 日國內版。從信仰立場判別正法與外道，區分正統與異端，屬於宗教信仰的行為，並非學術性的討論，也非本文的論述所在。

佛教，主要流傳于東亞地區。[9]

什麼是漢傳佛教？下文從先破後立之順序談起，也就是先澄清誤會，然後再提出正面主張。

首先，本文不主張把漢傳佛教等同中國佛學，因為漢傳佛教流行之地不只在中國而已，它遍及整個東亞世界，中國、日本、朝鮮都深受漢傳的影響，甚乃越南等地區都沾染漢傳佛教傳統之影響，因此不能夠從國別來判定漢傳佛教。

第二、本文認為不宜從種族來定義漢傳佛教，所以漢傳佛教並非漢族的佛教，更非所謂中國人的佛教。因為信仰漢傳佛教的，本來就不限於漢族而已，也包含其他國家的人，譬如在古代朝鮮人、日本人、琉球人等都崇奉廣義的漢傳佛教。

漢傳佛教到底是甚呢？當然這個問題，就像何謂佛教這樣的大題目，並不容易得到共識，甚至永無可能有共許的答案；但如果停留在界說上的爭議，則其他相關議題就難以展開；是以筆者只能冒險提出以下三點來說明我的理解，當然這部分原因是為了交代立論標準，以便於展開其他的論述。

第一，從教義上，漢傳佛教以大乘為主，而包含顯密兩部；其中顯教以禪宗與淨土教勢最大，而密教則曾

---

9 關於佛教的傳承流佈，請參考 Julia Ching and W. Oxtoby ed., *The World Religion: Eastern Tradition.* (N.Y.: Oxford University Press, 1995).

出現唐密、臺密，並傳播為日本真言與台密等，[10]以及普及於所謂「民間佛教」，[11]而呈現出種種密教信仰與習慣的密教信仰及行為，譬如在佛教經懺活動中，經常出現密教的準提信仰及真言密咒等。不過，漢傳佛教雖然以這些大乘宗派及信仰為主要代表，但某些地區還有上座部佛教，只是它們並非漢傳佛教主流。

第二，從文獻看，漢傳佛教的特色之一，就是以漢文書寫系統所撰寫的或翻譯的佛教經籍為基礎的，所發展出的佛教傳統。漢傳佛教的文獻上多數收入大正藏，是運用古漢文書寫的佛典寶藏。以文獻上來說，漢傳佛教是以漢文書寫的經典系列為基礎，這包括以漢文撰寫及漢文翻譯經典在內，即使到了韓國及日本，在二十世紀前的古典文獻還是以漢文書寫系統所撰寫的。同時，儘管日本與韓國都先後出現運用當地語文撰寫的習慣，但是學問僧多數能運用漢文佛典，而他們的基本典籍，還是以漢文佛典為據，甚至發展出和讀的傳統。總而言之，不論是以漢文撰寫還是以漢文翻譯的經論傳統，都構成漢傳佛教的文獻基礎。

第三，在教理傳統中，參與創造者毫無疑問是以漢

---

10 蒙藏地區的佛教因為其主要經典並不使用漢語，所以不應視為漢傳佛教。

11 有關這方面的研究，重要研究者有歐大年（Daniel Overmyer）等，而華人研究中最突出為譚偉倫教授，其推動華文學圈中民間佛教的研究最有貢獻。參考譚偉倫主編，《民間佛教研究》（北京：中華書局，2007）。

人為主，但不以漢人為限，朝鮮、日本…等地因為都能
研讀漢文佛典，並且進而創發新見，卓有貢獻，並多以
漢文書寫論述，所以也是漢傳佛教重要一環，當然東亞
佛教基本取向就是大乘，[12]漢傳佛教教理雖不以大乘為
限，但無疑以大乘為主，是以筆者以為漢傳的歸屬標準，
其實不在於修行者是否漢族，也無須要求其生發區域必
為漢地，但必須參與以漢傳佛典為基礎之佛教傳統的創
發，而漢傳佛教教理基本取向就是大乘為主的佛教精神
文明之傳承、發展與創造，當中所謂大乘是指包含金剛
乘在內的廣義性理解。[13]本文主張，所謂漢傳佛教就是
在漢語佛教文獻系統中，近兩千年的以大乘為主的佛教
精神文明傳統。其基礎以漢文佛典為依據，其精神追踵
佛陀本懷，而以大乘為主，而其傳佈則超越漢地，近世
以還，澤潤東亞，而當代以下，則更佈及全球。

---

12 西嶋定生：《中国古代国家と東アジア世界》（東京：東京大学出
　版会，1983）。William Ng, "East Asian Religious History" in Peter
　Clarke and Peter Beyer ed. The World's Religions: Continuities and
　Transformations. (London & New York: Routledge, 2009), pp.
　177-189.
13 一般傳統大乘佛教，喜歡以大小乘對比。但小乘的稱呼，不免帶
　有大乘色彩的價值判斷，現在學術多數以南傳佛教稱小乘佛教。
　其次，大小乘之外，也有主張別立金剛乘的主張，這種大乘、小
　乘與金剛乘三分格局下的大乘就是窄義的大乘佛教，而廣義的大
　乘佛教一方面指出與小乘有別，但另一方面，又包含金剛乘在內。
　換言之，廣義的大乘，就是三分格局中，大乘與金剛乘兩者的總
　稱。

（二）當代臺灣漢傳密教

在交代本文對漢傳佛教的理解之後，我們回頭來看當代臺灣漢傳佛教的狀況，臺灣的漢傳佛教是以顯教為主，譬如佛光山、慈濟功德會、法鼓山與中台禪院等。而當前學界也多數注意顯教，甚至只在人間佛教的研究。其實，臺灣漢傳佛教並非只有顯教，而更有密教；但密教又因種種因素，以致難以為顯教所充分重視，甚至引起種種爭議。

臺灣地區密教有很多新發展，密教許多人才先後到臺灣傳法，[14]而臺灣本土也逐漸流行各式各樣的教門，也有自我定位為密教的。譬如千佛山白雲禪師自稱傳古梵密：「…在民國三十年行腳泰北途中，巧遇印度苦行僧讖托那庫瑪傳授他古梵密法…古梵密護摩法是佛陀時代的一種密法，在大日如來時代，三十三亦即忉利天的天主帝釋天曾發誓願要護持佛法僧，加上四大洲的天王及各界天王、天神，也都擁護佛法。…佛陀入滅之後五百年至今就沒有人敢做了」。[15]這種傳承千載失傳之秘的說法，是古梵密特殊之處，也引起外界一些質疑。但至少依據千佛山的敘述，其所傳的諸法之中包含古代

---

14 譬如章嘉活佛，關於密教入台，可以參黃英傑編：《民國密宗年鑑》，臺北：全佛文化出版社，1995。姚麗香著：《藏傳佛教在臺灣》臺北：東大圖書公司，2007。

15 參考〈一場煙與火交響的古梵密大護摩盛筵〉，《千佛山》，第 200 期，2006 年 1 及 2 月號合刊，頁 35。

「梵」密；而就筆者有限的理解，千佛山的經論都以漢
文或漢文翻譯佛經為本，似乎迄今仍未見任何漢文以外
的經典依據，所以或暫時視為漢傳密法為宜。當然，千
佛山的密法，又受到部分藏傳與顯教所質疑；不管外界
是否承認，千佛山的禪與密都傳承不替；但從教勢來說，
真佛宗以密教相號召，而在台灣及東南亞相當興盛，是
以本文以真佛宗為主要研究對象。

（三）從漢傳密教看真佛宗

真佛宗又是怎麼樣的宗派呢？真佛宗是出生於臺灣
嘉義的盧勝彥所創，宗派內尊稱他為蓮生活佛。關於真
佛宗的學術性介紹不多，譬如丁仁傑、鄭志明、譚偉倫、
蘇慶華、姚玉霜等教授[16]都先後提出不同論述，本文不
擬重複。但承上所論，本文既主張漢傳佛教主要是依據
漢文佛典所發展出的大乘佛法，也打算從這一標準，討
論真佛宗是否漢傳佛教宗派。

真佛宗傳承經典都是以漢文系統所傳佛教典籍為依

---

16 丁仁傑：《社會分化與宗教制度：「當代台灣與宗教現象的社會
　學考察」》；鄭志明：《台灣新興宗教現象 —— 傳統信仰篇》（嘉義：
　南華管理學院，1999）；譚偉倫：〈新「宗教」與「新教派」之辨
　—— 對真佛宗研究一個跨學科嘗試〉，見《2004 年台灣密宗學術
　研討會論文集》，中國真佛宗密教編會編，台北：真佛宗出版社，
　2005 年，頁 180-230。姚玉霜：〈兩個台灣佛教團體於倫敦發展的
　研究 —— 倫敦佛光寺與真佛宗真佛堂〉，收入佛光山文教基金會主
　編：《1996 年佛學論文集（一）：當代台灣的社會與宗教》（台北：
　佛光出版社，1996），頁 325-358。

據，他們以漢文誦讀，研究各種佛教典籍，甚至是講授漢譯藏文經典，譬如一九九四年起盧勝彥在美國西雅圖講《密宗道次第廣論》，後來整理出版為《密教智慧劍》，這是有史以來，運用漢文討論《密宗道次第廣論》經義的系統性著作；而這套書就是運用法尊法師的漢文翻譯本進行的，所以蓮魁居士在〈出版說明〉中提到：「本書以法尊法師的譯本為主，不另加擬標題，以方便與原典對照閱讀。」。[17]至於真佛宗的《真佛經》也是漢文撰寫的了；所以從傳承經典看，真佛宗無疑以漢文系統為經典基礎所建立的佛教新宗派。

　　至於弘法語文方面，真佛宗的弘法語文，基本上以漢文為主，特別是國語（普通話），粵語及閩南語是最常用的語文。雖然在世界各地，也有使用當地語言的現象，特別是在美加等地，部份上師有時會運用英文講經說法，譬如加拿大蓮緻上師、蓮花少東上師等都部分運用英文弘法度眾的紀錄。但整體來說，真佛宗的弘法人員，從上師、教授師、法師、堂主到助教，基本上都運用漢語文為主要弘法語文；至於該宗內部雜誌如《蓮邦》、《燃燈》與《真佛報》等都以漢文編撰，近年該宗派雖進行英文翻譯的工作，也有外語網站平臺，並出版部份盧勝彥作品的英文翻譯，但畢竟這些外文翻譯工

17　參考盧勝彥著：《密教智慧劍》，（台北縣板橋：蓮魁出版社，1996），第一冊，頁 11。宗喀巴著，法尊譯，《密宗道次地廣論》（台北：文殊出版社，1988）。

作，還處於發展初期，尚有很大發展空間。真佛宗主要
還是運用華語文傳教，因為在港臺兩地，居民絕大多數
使用華語，使用華語弘法，就自然不過了。甚至在海外
道場，也以華語為主。這是因為儘管真佛宗傳揚世界各
地，但都是先從華僑為基礎，慢慢開展出去。而真佛宗
海外的開基道場，多數都由移民外地的華裔信徒創立，
所以基本上還是華僑聚居地為主，而弘法語文以華語文
為主，就不足為奇了。不過，該宗派信眾一直以海內外
華人為主，但近年隨著海外弘法的成效顯著，譬如印尼
等地，據稱就有百萬之眾，當中也有不少完全不懂華語
文，所以未來真佛宗必然會展開跨語文的全球宏法運
動，而翻譯就成為必然的工作了，近年該派的宗務委員
會成立翻譯小組，主理英文翻譯工作，已漸見成績，但
無論如何，整體上真佛宗還是以漢語文為主的宗派。

　　至於該宗所傳教義，該教雖自稱佛教，實則呈現融
合主義特色，並以道顯密融和見稱。盧勝彥自道：「我
們靈仙真佛宗（簡稱真佛宗）的宗旨，是推行佛教思想
的現代化，應用道、顯、密的修煉方法來解脫世人的煩
惱，達到人人明心見性，自主生死，以智慧的正信，使
人人共悟真理的實相」。[18]其實，融合傾向本來就是中
國民間宗教常見現象，[19]在台灣也延續這種趨勢。[20]盧勝

18　參考真佛宗官方網頁：http://tbsn.org/chinese2/tbssubject.php. 上
　　網日期：2014/6/2.
19　See Judith Berling, *The Syncretic Religion of Lin Chao-en* (N.Y.:

彥出入中外宗教，而能吸收各宗，推陳出新，並進而開宗立派。他曾表白他的豐富經歷：「我是先學基督，後再學道，最後我再學佛，我自己本身修習密宗，我皈依了紅白黃花藏密四教，我都有皈依傳承，包括日本的東密，跟中國的台密，還有藏密，我都修得很齊很全，另外，我自己在顯教也皈依了三位師父，就是印順導師、道安法師、樂果法師。」[21]所以依據盧勝彥的自述，真佛宗所傳，兼容並蓄，呈現融合主義的特色。

　　從該宗的發展史看，真佛宗早年多傳道法，而成熟期則以佛教，特別是以密教為主要弘傳法門，而其重視三密相應，修真言、手印與觀想，無疑都是密宗法門。《菩提心論》云：「凡修習瑜伽觀行人，當須具修三密行，證悟五相成身義也。所言三密者：一、身密者，如結契印召請聖眾是也。二、語密者，如密誦真言令文句了了分明無謬誤也。三、意密者，如住瑜伽相應白淨月滿觀菩提心也。」[22]《大日經疏》曰：「入真言門略有

Columbia University Press, 1988). 三一教混合儒釋道三教，足見融合性現象。其實佛門中也呈現不同教派的融會，最明顯就是禪淨合流，參考。這種融合風氣在韓國日本也可看到，參考 Hyun-key Kim Hogarth, *Syncretism of Buddhism and Shamanism in Korea.* Seoul: Jimoondang Pub. Co., 2002.

20　譬如南懷瑾，參氏著：《道家密宗與東方神秘學》（台北：老古文化事業公司，1985）。

21　參考盧勝彥講：〈佛教真佛宗之緣起〉，收入李憲樹編輯：《最真實的真理》（台南：天祥製版社，1990），頁 13-14。

22　《大正藏》，32・574b。

三事：一者身密門，二者語密門，三者心密門。」[23]《大智度論》卷十亦載：「佛有三密：身密語密意密。一切諸天人皆不解不知。有一會眾生，或見佛身黃金色、白銀色、諸雜寶色；有人見佛身一丈六尺，或見一里十里百千萬億乃至無邊無量遍虛空中，如是等名身密。語密者，有人聞佛聲一里，有聞十里百千萬億無數無量遍虛空中，有一會中或聞說布施，或有聞說持戒，或聞說忍辱精進禪定智慧，如是乃至十二部經、八萬法聚，各各隨心所聞，是名語密。」[24]所以密教以修三密為特色，既然真佛宗傳揚三密，當然包含密教教法。

　　無論顯密，都屬大乘佛教傳統，所以從真佛宗所弘傳內容來看，則真佛宗的法義包含漢傳大乘佛教成分，特別是大乘中的密教。所以卡盧仁波切第一世曾說：「盧勝彥是世界上以華語實修密法度眾生的最高成就者；沒有盧勝彥的弘法工作，密宗沒有那麼快發揚全世界。」[25]卡盧仁波切的話，點出真佛宗運用漢文典籍及使用漢語傳播的特點。

　　總結以上，筆者認為從經典、弘法語言與教義看來，真佛宗表現出漢傳佛教的特色。更準確的說，真佛宗包含了漢傳佛教的一般成分，也具備密教的元素。

23　《大日經疏》，參見《唐密》：
　　http://www.tangmi.net/show.asp?id=232，檢索日期：2011 年 12 月
　　1 日。
24　《大正藏》，25・127c。
25　參盧勝彥：《真佛儀軌經》（台中：青山出版社，1989），頁 200-203。

　　但問題是包含核心教義及其他漢傳佛教成分，又是否足以判定該宗為佛教呢？這就需要有更多的論證；而由於這涉及創宗議題的進一步討論，本文將留待下節詳談，而本節就以上述三方面，說明真佛宗具備漢傳佛教的元素。

（四）真佛密法的教義

　　真佛宗教義顯得非常龐雜，它當然含有濃厚的佛教成分，但實際上也吸收道顯密三教，而以密教為中心；同時，又博採藏密紅白黃花四教，並揉合東密與台密大法。筆者認為這種廣包博採的取向，更像傳統民間宗教文化；無論如何，真佛宗呈現出糅合主義並無可疑之處。[26]

　　從教義而言，真佛宗有前後期之差異，初期弘傳以道法較多，特別是以靈學為特色，後期則以佛教密法為主，並兼及顯教教旨，所以真佛宗雖有道教成分，但更多體現出佛教宗派的特色。特別是真佛宗講究三密並修，真言、手印與觀想都清楚展現密教特色。但最突出確是其大乘的普渡精神，譬如盧勝彥的誓言最為明顯：「我發心，為了慈悲眾生，我寧可發了大願，生生世世留在世間，直到眾生皆成了佛，我才成佛。我也發心，我寧可身入地獄，受苦受難，分身碎骨，如同地藏王菩

---

26 所謂宗教的揉合主義，就是將不同的宗教信仰與行為融合起來，參考大英百科全書。
vailable at: https://global.britannica.com/topic/religious-syncretism

薩的大願一樣，地獄未空，誓不成佛…我受苦受難均無
所謂，若捨己身，而度得多人，我這一世的生命就有意
義。眾生全入天上界，唯我獨留地獄中，這是我心甘情
願的。」[27]宗教誓詞在信仰中可說是極為重要的，它是
個人意願的公開而直接的表達，更是信仰核心理念的確
證，這段誓詞發揮的是捨己渡眾的信念，這一敘事，顯
示盧勝彥主觀上希望傳達大乘渡眾精神的核心理念。

　　從經典來說，真佛宗在密教方面特重《密宗道次第
廣論》、《大日經》及《金剛頂經》，而在顯教方面，
則以禪宗《壇經》、淨土《阿彌陀經》、《大智度論》
及《高王觀世音真經》為重。這些經典雖然有顯密之分，
但都是漢文佛教經論，是則真佛教是依據漢傳佛典所建
立的教派就再清楚不過了。

　　當然從所修法門而言，一般顯教傳授的念佛、靜坐
等，真佛宗也有傳授；至於真佛宗的大法，則多採密教，
教徒多從四加行開始修上師相應法；而盧勝彥所傳大法
博采密教各部，兼有時輪金剛、孔雀明王法、黃財神法、
喜金剛法、大威德金剛等大法。同時，真佛宗也不限於
佛教，而能兼采道教的法門，譬如瑤池金母丹鼎大法、
九轉玄功等。總上所述看來，成熟期的真佛宗無疑是以
密法為宗主，但不以之為限，故而呈現融和顯密，揉合
道法的特色。

---

27 盧勝彥:〈洩露天機（代序）〉，見盧勝彥文集第 48 冊《上師的證
　　悟》（台中：青山出版社，1986 再版，p. 3。

正由於真佛宗呈現博采兼容的特色，所以真佛密法可說是當代漢傳密乘中傳承最豐，法門最廣的新宗派。而又因為其教義整合不同傳統，所以系統龐大，但也因之而容易引起爭議，甚至質疑其傳承之合法性等。加上真佛宗重視個人之實修證量，所以其主要表述形式，在於具體呈現實踐行果，而並不特別重視系統性的理論建構，所以不容易掌握，筆者依據其基本文獻，整理出關鍵性教理共四點：

1.實踐宗旨

修行目標就是宗旨，依據《真佛宗入門手冊》的自述，該宗派的以敬師、重法與實修為宗，又以明心見性，自主生死為旨。[28]現在分別敘述如下。

真佛宗自敘大旨在追求「明心見性，自主生死」，所以重消業斷惑，往生蓮池；但大修行者之修法，在自了之外，更進而超越個人名利得失，擺脫名聞利養，而求利樂眾生，淨化人心，祥和社會。同時，該宗派又以敬師、重法及實修為旨。[29]

敬師：因為上師有修持經驗及證量，所以密教主張行者必需依靠上師教導修法。顯教是依法不依人，而密

---

28 世界真佛宗宗務委員會：《真佛宗入門手冊》（華盛頓：世界真佛宗宗務委員會，2004），頁 116。

29 參考世界真佛宗宗務委員會：《真佛宗入門手冊》，頁 115 及 121-122。

教則講依法又依人。因為需要有上師傳法、灌頂及加持，行者才能有修法成就，若自己私下讀經、修法，不但不能成就，更是盜法行為。真佛宗秉承密教傳統，故而強調傳承，特重敬師，整個宗脈就以根本傳承上師盧勝彥為中心，他們非常強調三昧耶戒，嚴守行者與根本傳承上師、本尊與護法之誓約。

重法：真佛宗重法義又重傳承法脈，所以每次法會，都以表述傳承開始，以示感恩懷德，以及傳承有自。當然，真佛宗更重視將這些其來有自的佛法，努力實踐，使以特別強調具體修法。

實修：真佛宗強調實修，以免徒托空言，把玩光景。實修經緯萬端，但都需要一虔敬之心，好好將事情做好就是實修。所以從四加行，到護摩，慈善救濟都是實修。

2.實踐基礎

對比來說，顯教重講明佛理，密教重實修證量。證量是從修行中得來的，所以真佛宗重視具體修行，而行者之所以能夠修行實踐，就在於內具佛性，佛性就是修行之基礎。

真佛宗強調人皆有佛性，而佛性就是一切修行的根基，但佛性之展開，則包含兩輪實踐方向，於是有入世間法與出世間法。

3.實踐方向

佛性可表現為「出離心」與「菩提心」，兩者儘管不同，但相輔相成，並不互相排斥；前者生一切出世間法，它以般若空慧，體證苦、無常、無我三印，從而破執證空，證入三摩地，以捨離世間之出離心，而求了脫生死大海，進入摩訶雙蓮池；後者以慈悲大心，不忍眾生苦，不願聖教衰，而生發普度眾生之悲願，並展現為利度眾生之方便法門，所以真佛宗也隨順眾生之習慣，既講風水堪輿，也談問事命理等；這本來是密宗常見特色，所以南懷瑾先生曾說：「密宗諸法，誠為納諸魔外之學，鎔之一爐，權設普門廣度，既為對待諸異學魔外之說，亦復遍逗群機，導之入大覺智海。終結與第一義而不違背，則於魔外何有哉！」[30]真佛宗也是博採兼施，但其核心精神仍在借假修真，開權顯實，從世俗諦導入勝義諦。如果從這標準看，則真佛宗的精神是符合密教特色。

總而言之，從不忍眾生苦，展現了行願菩提心；而從化度權巧，借假修真，則又展現出勝義菩提心，而從破執證空，則展現為三摩地菩提心。所以真佛宗的實踐方向是本菩薩心，而相容世間法與出世間法。

本文認為真佛密法試圖兼備世出世法，可謂經緯萬端；在入世法方面，以息（災）、增（益）、懷（敬愛）、誅（降服貢高我慢，淨化貪嗔癡三毒）為要。而外在社

---

30 南懷瑾著：〈禪宗與密宗〉，收入氏著：《道家密宗與東方神秘學》（台北：老古文化事業公司，1985），頁226。

會實踐，則有華光功德會，盧勝彥慈善基金會等，進行多角度的社會公益與慈善救濟活動。出世法方面，則強調即身成佛，消業往生，自主生死。

4.具體修法

真佛密法的具體實修法門很多，不能盡錄，今舉要如下。

（1）修法基礎：修證三密，轉化三毒

真佛宗跟其他密教一樣，講求以三密轉三業，所謂三密，就是口誦真言，手結法印與意作觀想，以求化除貪、嗔、癡三毒。但真佛宗更講究在根本傳承上師的加持下，達到明心見性，自主生死的最後解脫。[31]

（2）修法階段：分段性的修法主張

真佛宗也依照西藏修法主張，設定階段性的修法。其大要是先「外法」、次「內法」，再「密法」，然後「秘密法」。外法是四加行、上師相應法與本尊法；內法為寶瓶氣、拙火法與開中脈；密法為開五輪、金剛法與無上密，而密密法就是大圓滿法。[32]

（3）修行依循：戒律嚴密，儀軌完整

真佛宗重視儀軌，除為了莊嚴修法之外，更重要是鞏固傳承。譬如修八大本尊法，雖選擇個性相近，願力相等之本尊修行，但也必須在修持儀軌的正行，觀想根

---

31 世界真佛宗宗務委員會：《真佛宗入門手冊》，頁 132。
32 世界真佛宗宗務委員會：《真佛宗入門手冊》，頁 125-126。

本傳承上師三光加持，並頌蓮花童子心咒。[33]

　　至於在持戒方面實比一般顯教還要嚴格，除了五戒之外，尚有密教十四大戒，事師法五十頌等，其中修法十戒就包含要敬師、要誠實、勿重財、勿玩忽、勿譭謗、勿邪念、勿污穢、勿害人、勿重色與勿草率，而所有戒律中，又特重三味耶戒。[34]

（4）修行成就

　　三大成就是：（a）持明成就是持咒而得成就，（b）護摩成就，以護摩而成就，護摩有外護摩（火供）與內護摩，即寶瓶氣、脈、明點（精氣神凝聚，化為光點與熱能，打通內外），同時開七輪，以得成就。（c）三摩地成就，從修禪定而成就，由定入慧。[35]

　　真佛宗根本傳承上師有普光上師法脈，所以也講準提咒九品成就。[36]最與眾不同就是摩訶雙蓮池，該宗派主張這是由盧勝彥證量與悲願所生，既顯示活佛的成

33　世界真佛宗宗務委員會：《真佛宗入門手冊》，頁 128。
34　世界真佛宗宗務委員會：《真佛宗入門手冊》，頁 121。
35　世界真佛宗宗務委員會：《真佛宗入門手冊》，頁 129-130。
36　修持咒語成就可分九品，准提神咒為總攝二十五部神咒，故修持准提法，亦可得九品成就。一、下三品，1、下品成就，能攝伏一切四眾，凡有所求，舉意從心。一切天龍而來問訊，又能伏一切蟲獸鬼魅等。2、中品成就，能驅使一切天龍八部，能開一切伏藏，能入修羅宮龍宮，去住隨心。3、上品成就，便得仙道，乘空往來，天上天下，皆得自在，世間出世間一切事無不通達。二、中三品，1、下品成就，便得諸咒仙中為王，住壽無數，福德智慧，三界無比。2、中品成就，便得神通，往余世界，為轉輪王，住壽一劫。3、上品成就，現證初地菩薩位。三、上三品，1、下品成就，得至五地菩薩位。2、中品成就，得至八地菩薩位。3、上品成就，三密變成三身，只於比生證得無上菩提。

就，也是信眾修行成績。

綜上所述，首先，依照真佛宗文獻的敘述，真佛宗的自我認知，應該是相容顯密，揉合道教，故外顯為道顯密相容之宗風。同時，在世界真佛宗宗務委員會的敘事中，真佛宗兼有道顯密法門，而以密教為核心。但筆者要指出的是依照真佛宗的自我敘述，可以分析出該宗派的敘事，實在發揮漢傳佛教顯密相容的特色，遠承台密、東密法脈，而更博采藏傳紅白黃花四教傳統，並試圖統整消融，建立龐大的密教系統。但也隨順當地民眾的世俗心理，而廣泛採用道教乃至民間宗教的種種舊慣風俗，於是堪輿、地理、問事、求籤等都採納；故而真佛宗體相龐大，博采兼容，表現不拘一格，但觀察其敘事意圖，則其主觀取向明顯為立基佛法，強調密乘的融合進路。

其次，真佛宗所宣稱的具體修行，特重次第，講求循序漸進，讓行者可以拾階而上進，繩墨而自警，從而步步深入，層層升進。同時，修行方式，化繁為簡，取精用宏，試圖建立適合現代社會的簡化次第。

同時，佛教雖不著相，但可以借假修真；我們觀察到該宗派大量運用曼陀羅、壇城、唐卡、金剛舞等具體的外在形式，以彰顯密法莊嚴。

由於真佛宗的融合取向，所以表現為出入各宗，推陳出新的特色，故而走向創立的路子。下文將說明何謂創宗及簡述當代臺灣宗教的創宗現象。

四、當代臺灣宗教的創立現象

（一）創宗與創教

　　七十年代起，臺灣經濟起飛，當地宗教發展的物質條件也漸次充分，於是台灣的佛教開始急速發展，[37]其中又以所謂四大宗派 —— 佛光山，慈濟功德會，中台禪院與法鼓山，最為發展。而臺灣漢傳佛教已經發展到創宗的階段，這一新發展，很值得注意。

　　何謂創宗？近年台灣學界在新宗教的討論上，有不少論著；[38]筆者綜合前人意見，嘗試從三方面說明筆者如何理解創宗。

　　第一，創宗就是指創立宗派的意思，基本上「宗」

37　瞿海源：〈台灣的新興宗教〉，《二十一世紀》，2002 年，11 月號。網址：http://www.cuhk.edu.hk/ics/21c/supplem/essay/0207054.htm。瞿教授認為：「台灣新興宗教現象之發展主要可以透過三個大因素來加以探討。第一個是社會結構因素，社會結構在解嚴前後，乃至於解嚴之前就開始有很大的變化，到目前為止，這種結構性的變遷仍在繼續進行，其中主要的就是自由化。第二個主要因素是宗教團體本身，宗教本身的教義、傳教方式、領導和組織都可能造成不同宗教團體的不同發展。最後一個重要因素就是個人接受新興宗教的可能性。個人由於心理需求、神秘經驗及相關信仰、權威人格、與家庭關係及生活，都應該與個人是否接受新興宗教有關。」

38　最早討論的是董芳苑：〈台灣新宗教概觀〉，董文在時間上提出二戰後為新舊分水嶺，並將新宗教區分為三範疇。見氏著：《認識台灣民間信仰》（台北：長春文化事業公司，1986），特別是頁319-321。但鄭志明批評董芳苑的第三範疇，將傳統宗教的新現象也視為新宗教。參考鄭志明：《台灣新興宗教現象》（嘉義：南華管理學院，1998），鄭志明：〈台灣新興宗教的文化特色〉，刊於《宗教哲學》，五卷一期及二期，1999。

字有兩個意義，一指宗旨，是核心教義的意思，譬如以一般以「明心見性」為禪宗，這裏所謂宗就是指宗旨而言；另一方面，宗也指宗派、宗門與宗脈，這指向法脈傳承與教派分流的意義。筆者認為創宗就是指新宗派從老宗派中分流而出，別創法脈，新立傳承的意思。

　　第二，筆者認為創宗與創教雖則相關而實不相同；創教是本無此教，而新建宗教；而創宗則是已經存在的宗教之中，出現分流區隔，別立新派的現象。其中，新創宗派仍然歸屬於老宗教，只是別有新意，故而開創新宗。但若建立新宗教，則顯然就表示不再隸屬老宗教，而是老宗教之外的另一新成立的宗教。就以佛教與南禪為例，在釋迦牟尼前並無佛教，所以佛教是在釋迦牟尼手上新創的宗教，這屬於創教現象，而非創宗現象；但南禪成立前，不但已存在佛教，也已有禪宗，所以南禪後來發展出一花五葉，這是指創宗現象，因為五家七宗，都是禪宗內的創宗現象而非創教現象。新創宗派必與過去宗派既相關而不相同；一方面，新宗派必須與佛教相關，所以無論有多創新，還需隸屬佛門，傳承佛法；但另一方面，正因又新宗派跟傳統宗派存在關鍵性差異，所以要別立新宗，開創新脈。

　　第三，新宗派與新宗教是可以轉變過渡的，新的宗派可以漸漸發展而成為新的宗教，新的宗教也可以歸宗於傳統的宗派，譬如中國儒教會、玄門真宗與乾坤教等傳統民間信仰，現都是台灣內政部登記為新宗教；相反，

也有新宗派回歸到傳統佛教宗派之中，譬如現代禪。

　　第四，具體的說，創宗通常是有宗派領袖、新的經典或是對舊有經典傳統提出新的詮釋，並進而凝聚出新的教義，而伴隨新教義而來的，常有新的修行方法及修法團體。新宗領袖在傳統教義之上，指陳新方向，所以總括而言，創宗一般包含在經典創造、古書新詮、教義新釋、儀式整理、修行新見及組織成立等方面的新發展，當然這些背後通常都因為新宗教領袖出現的關係。

（二）當代臺灣漢傳佛教新宗派

1.中華禪法鼓宗

　　檢討臺灣漢傳佛教，不論顯密二宗皆出現創宗的現象。在顯教而言，最重要是法鼓宗與慈濟宗，而密教當首推真佛宗。現在分別簡介如下。

　　2005年中華禪法鼓宗正式宣佈成立，法鼓宗是由法鼓山開山宗長聖嚴法師（1930-2009）所創的佛教新宗派。何以需要創立新宗？聖嚴法師認為他同時繼承了東初老人（1907-1977）和靈源老和尚（1901-1988）的曹洞禪與臨濟禪法脈，[39]因而聖嚴法師並非僅傳任何一脈而已，於是客觀上也就有了成立新宗派的需要；而又因這些禪法都從中華大地所產生，所以這個新宗派也就稱

---

39 參法鼓山官方網站，又同參釋聖嚴：《歸程》（法鼓山），頁206-210。又《悼念‧遊化》，網址：
http://dongchu.ddbc.edu.tw/html/05/5_11.html

為「中華禪法鼓宗」。

在教義上而言，法鼓宗遠承師祖太虛大師（1889-1947）人生佛教的理想，具體提出「提升人的品質，建設人間淨土」的宗旨。[40]此外，聖嚴法師在禪法的具體修行上也有新見，復興默照禪法，是當代舉足輕重的禪宗大師。

其實，法師早就感慨佛法這麼好，但知道的人這麼少，誤會卻這麼多，所以畢生致力推動佛法研究以及佛教教育，期望普及佛法，提升人心品質，建設人間淨土。為了落實這種理想，法鼓宗特別重視心靈轉化，希望通過提升心靈來淨化整個社會，尤其重視教育工作，不論是大學院教育、大普化教育及大關懷教育，都是要讓佛法普及社會之中，讓眾生領略到佛教的好處。[41]除了透過宣揚教義，轉化社會，他先後提出「四大環保」、「心五四運動」、「心六倫運動」[42]。法鼓山是禪門新宗派，禪宗就是心宗，所以無論法鼓山的社會運動具體內容如

---

40 有關法鼓山的介紹，簡明的可以參考何錦山：《台灣佛教》（北京：九州出版社，2010），頁283-295。

41 有關聖嚴法師的理念，參法鼓山網站：http://www.shengyen.org/content/about/about_02_1.aspx。上網日期：2014/5/29。

42 所謂四種環保，其實就指心靈環保、生活環保、自然環保與禮儀環保。而所謂心六倫運動則指的是家庭倫理、生活倫理、校園倫理、自然倫理、職場倫理和族群倫理六種。由於正確的倫理觀念，一定是由自己有善心善意的開始做起，所以這個六倫理的運動，與他的價值主體，亦即是心靈有關，所以稱之為心六倫運動。而心五四運動是一個有關心靈改革、品質提升的社會運動，心五四的要點在於四安，分別為安心、安身、安家及安業。

何轉變，但不變的都是以心為運動的總綱，這顯示法師
所重視就是對人心的安頓，是以法鼓山是以心為主軸以
建構其整套社會運動論述，這種安心的追求，同時表現
為提升人的品質與建設人間淨土的宗旨。漢傳的禪風，
在法師手上綻放出適合時代的莊嚴佛法，這一中華禪門
的法鼓宗風，就是漢傳佛教的新宗派；聖嚴法師對於這
一在他手上開展的新宗，寄於很深的厚望：「法鼓山四
大堅持的最後一項，就是漢傳的禪佛教，並以禪佛教的
立場，和世界佛教、世界各種文化接軌、對話，建立起
和平喜悅的人間淨土。」[43]綜上所述，在修禪與度眾方
面的法鼓山都有新突破，聖嚴法師實際上建立了稱為「中
華禪法鼓宗」的漢傳佛教新宗派。

2.慈濟宗門，靜思法脈

　　佛教慈濟功德會近年也提出創宗，慈濟前身是成立
於 1966 年的佛教克難慈濟功德會，當年證嚴上人有感社
會貧民生活艱困，特別感到民眾因病而貧，所以立志建
立醫療救世的事業，最終開展為慈濟「四大志業、八大
腳印」的佛教志業[44]。證嚴上人的動員世人的慈悲能量，

43　參法鼓山網站：
　　http://www.shengyen.org/content/about/about_02_1.aspx。上網日
　　期：2014/5/29.
44　慈濟的「四大志業」，分別為慈善、醫療、教育及人文，而在四大
　　志業之上再加上骨髓捐贈、國際賑災、社區志工及環保，便合稱
　　為「八大腳印」。上人在「一灘血事件」中，感受到民眾面對貧病
　　交煎的痛苦，事件大致講述證嚴法師到醫院探病，遇見一位豐濱鄉

膚慰全球，贏得中國德雷莎修女的美譽，也曾被提名洛貝爾和平獎，但上人認為慈濟事業是全球慈濟人的事業，並非她一人的成就，所以婉拒了提名。不過，桃李無言，下自成蹊，今日資料顯示全球慈濟有八百萬信眾，可說是巨無霸型的超級佛教團體。

　　慈濟的取向自然是人間佛教的具體實現，但筆者不認為印順導師的人間佛教教理主張，是產生上人慈濟事業的主要動力。上人雖然終身師事印順導師，但其實印順導師只是上人的剃度師傅，[45]基本上兩人在法義認知上，可說南轅北轍。筆者認為印順採取中觀立場，基本上並不積極肯定如來藏，而證嚴上人則發揮《法華》立場，明顯繼承如來藏傳統。在大關節上，兩人大約只有在人間佛教的總方向下，雙方才理念一致，他們都反對傳統度亡取向與消極避世的老佛教傳統，而主張積極入世，善化世間。所以筆者認為證嚴上人似未認同印順佛學的核心見解，自然談不上印順化；而既然慈濟並無所謂印順化，則成立慈濟宗，也斷非為了在印順死後去完成所謂「去印順化」的做法。早年江燦騰教授就說過：「證嚴法師的佛教事業，決不是印順佛教思想的直接產

原住民婦人流產，但因為無法支付八千元保證金而被醫院拒收，於醫院門外留下一灘鮮血，這件事令上人心生不忍。
45　1963 年 2 月臺北市臨濟寺開壇傳戒，但因上人是自行落髮，未正式受戒，所以未能參予傳戒。她轉到慧日講堂買書，偶遇印順導師，就禮導師為師，當時印順叮囑：「你我因緣殊勝，既然出家了，你要時時刻刻為佛教、為眾生！」並取了法名證嚴，字慧璋。這就是兩人的師徒因緣。

物。」[46]

　　證嚴上人之學佛，雖跟從居士學佛開始，但其後基本上都是上人自行苦學，深造自得的結果，上人特別深刻體會《法華經》，她通過嚴格身體力行，而真實體證出的佛法精髓。

　　上人晚年提倡《法華玄義》，特別強調「行入」，大乘佛教通常講求解行並進，但慈濟則特別強調行入，所謂行入不是只講行入，而是從行入開始，再求覺悟。證嚴上人說「做中學，學中覺」，常有人誤會，以為上人只強調行入而不講覺解，這肯定並非事實，簡單來說，慈濟重視解行兩面，但以行入為先。

　　傳統佛教宗派重視講誦經典，演說佛法，但慈濟做法非常不同。證嚴上人雖多開示，但慈濟宗門非常強調的是分享具體的慈濟經驗，通過工作分享、志工迴響及受惠民眾感想等，慈濟愛用文字美化經驗，以畫面強化感情，從而成為龐大的慈濟文字影音經典庫。[47]而其強大感染力，成功動員社會中道德力量與情感資源，使得更多人參予慈濟活動。根據 2007 年 5 月 10 日的報導，證嚴上人正式宣佈成立慈濟宗，[48]慈濟自認不屬於任何

---

46 張慈田：〈佛學研究與修行 ── 訪問江燦騰居士〉，1989 年 12 月 13 日訪談紀錄。見於網址：
　　http://hk.plm.org.cn/gnews/2007624/200762466045.html，上網日期：2014/5/29
47 譬如慈濟年鑑、大愛電視、慈濟月刊等都善用文字與畫面，進行藝術加工，昇華出動人的故事與情境。
48 雖然慈濟創宗日期，但似乎內部尚無定論。有些人主張慈濟創宗

佛門宗派，而自我定位為「慈濟宗門，淨思法脈」，其別創新宗的意圖與事實都非常清楚。

其實，《法華經》對上人影響深遠，上人出家之初就持法華經；而其走向，似乎頗受日本佛教，特別是立正佼成會的影響；[49]立正佼成會是日本佛教新興宗派，以法華三部經（《無量義經》、《妙法蓮華經》、《佛說觀普賢菩薩行法經》），以及釋迦牟尼佛的教法為依據，謀求改建社會，創造和平的世界。這些想法都跟慈濟頗為吻合，慈濟另立宗派，或者也反映著立正佼成會的取向。

3.真佛宗

真佛宗，本稱為靈仙真佛宗，該宗是由盧勝彥所創立。盧勝彥自稱因有特別宗教經驗，便放棄基督教，而學道修佛，[50]後來他開始正式傳法，信眾頗多。他在 1979 年創立靈仙宗渡眾，並在 1984 年改稱為靈仙真佛宗。[51]

依據真佛宗本身的記載，對該宗的創立有清晰的敘

日期要早得多，但客觀文獻上似乎未有甚決定性證據。但早期創立說若能成立，則可以消解慈濟創宗是受到法鼓創宗之刺激的說法。

49 See Yao Yu-shuang, *Taiwan's Tzu Chi as Engaged Buddhism*, (Leiden: Brill, 2012) and Yao, Yu-shuang, "Japanese Influence on Buddhism in Taiwan," in the Journal of the Oxford Centre for Buddhist Studies,(2014), pp.141-156.

50 依據真佛宗官方介紹，盧勝彥先是跟清真道長學道，以後又皈依佛教，先學顯教，再學密宗。參考世界真佛宗宗務委員會：《真佛宗入門手冊》，頁 47-60。

51 參魏寧：《真佛宗台灣雷藏寺之研究》（宜蘭：作者自印版，2014），頁 20-21。

事：

（一）釋迦牟尼佛給盧勝彥的授記。阿彌陀佛付託。
　　　彌勒菩薩賜戴紅冠。蓮華生大士教授密法。
　　　由於「授決定記」，得佛「付託」「戴紅冠」，
　　　得一切「密法」，因此創立「靈仙真佛宗」。

（二）盧勝彥創立「靈仙真佛宗」並不是自立個別
　　　特殊的宗派，而是發揚佛理，諸善奉行，不
　　　排斥其他宗教，也不捨其他法，而依善巧方
　　　便來建立一切正法，這「靈仙真佛宗」就是
　　　佛教、道教，甚至任何宗派的助緣。

（三）積極意義：

　　（1）立宗派是為眾生，因為有宗派，大家的
　　　　　心才會集中起來，目標一致，便會產生
　　　　　一個中心。

　　（2）諸弟子身心感應才會發生，同時要有共
　　　　　修會，共修是藉著大家的力量，加強自
　　　　　己修行的功夫。

　　（3）立宗派是結下宗派之緣，共修之緣，將
　　　　　來彼此互相提攜，同入摩訶雙蓮池。

　　（4）立宗派是方便教法，由宗派來產生信心，
　　　　　得到修行的門路。

　　（5）宗派能令眾生起護法之心，是斷惡續善
　　　　　的，功德才會增加，人人起護持宗派之

心，這是非常重要的弘法宏誓願！[52]

　　真佛宗自述其起源及願景，表明其立宗意趣；但筆者要強調的是在性質而言，從開始盧勝彥本人就大量吸收道法及民間宗教，所以其創立的宗派也就稱為靈仙真佛宗；後來才改稱真佛宗，而這一改動，雖有其他當時的實務因緣，但卻反映盧勝彥讓宗派更加走向佛教的企圖。真佛宗的走向，是以密法為主，但不以密法為限。

　　但是問題是到底真佛宗是新宗派還是新宗教呢？[53]

52　《靈仙真佛宗簡介》（台中：青山出版社，ND），頁 8-9。

53　學者或從社會學的角度，否定對新宗教的判斷，他們認為當尊重信徒的身分認同的權利，不要剝奪他們屬於舊宗教傳統的自我認知，以免被排除在正統之外。這些學者甚至認為從事這種判斷沒有充分注意學者實不自覺地站在當權者的一邊而進行潛判教。以上這些新興宗教學者，提醒研究者切勿不自覺的成為壓迫的一方，也應注意判斷所產生的影響，這些都是很有價值的意見。但是筆者認為這些意見讓我們注意應該避免不合理的判斷，而並非拒絕從事任何判斷；應該指責判斷所產生的壓迫性結果，而不是否定任何判斷。研究者實際上應該做的是運用合理的判斷標準，充分的理由及證據，以盡量保證判斷本身的合理性。而任何學術上的判斷，本就服從理性與尊重證據，只要有足夠理由也可以修正及推翻。所以宗教的定性問題，並不必然反映一種絕對的權力關係，反而可以提供進一步反省的基礎。何況，研究者的判斷並非絕對的真理，而只是暫時未被推翻的合理結論而已；所以只要判斷標準及理據都是公開與透明的，就可供大眾檢驗，而隨時等待修正或推翻，就此而言，筆者並不認為學者的判斷有太大的剝奪他人身分認同的權勢。反之，如果進行新宗教的判斷，就是剝奪信徒的身分認同及正統權利，那反過來說，禁止學者及舊宗派的判斷，不正是剝奪老宗派信徒的身分認同及維持正統的權利嗎？所以問題的重點是要有合理的判斷標準及理據，而不是全然否定任何判斷行為。何況，現代民主社會也承認社會多元化，尊重不同宗教，自然也尊重新的宗教，對於當權者的無理壓迫，我們理當反對。而新宗教也有自己成為正統的權利，譬如歷史上基督教也曾被排除在正統之外，但現在自身也成為正統了。

真佛宗起於盧勝彥本人，所以應該探索其自身的經歷；而依據盧本人自述的宗教經驗看來，就充滿許多非佛教的成分；譬如盧勝彥自稱得助於牽亡靈媒林千代，這種敘事型態接近民間信仰；而該宗又宣稱盧勝彥得到瑤池金母開天眼，其後又接受青城派道士的傳承，這使得該宗派沾染許多道教乃至民間宗教的成分；早期盧勝彥既接受牽亡，也練七星步，學習風水地理，又喜歡問事；綜合來看，盧早期這些經歷，基本上佛法味道輕，而道法味道濃，他甚至還當過道長。但到後來，他表現出大量佛教的色彩，特別是吸收藏傳佛教，而又以密法為號召。總之，盧勝彥的成長經驗，有許多的曲折，而其宗教身分的認定，也從基督徒，轉變為道長，最後以活佛的身分面對世界。所以，筆者認為要定性真佛宗，理應注意這些變化軌跡，才能更好的把握真佛宗的特性。事實上，該宗也宣稱「真佛密法是蓮生活佛一生證悟的心要結晶。」既然如此，所以應從動態的發展，去掌握盧勝彥本人的發展，這樣才能更完整的定位真佛宗，而不應只談真佛宗固定不變的宗教屬性。筆者認為該宗本稱「靈仙真佛宗」，將仙佛並列，可見其混合主義的特色；後來該宗派雖改稱「真佛宗」，但其尊奉的神靈，還包含瑤池金母、地母、黃大仙等等。所以雖然真佛宗的信仰包含不少佛教特色，但卻更像混合型的民間信仰，而因為成分繁富，所以雜揉不同宗教反而更是真佛宗的特色。既然該宗既雜揉不同宗教成分，那麼我們又該如何

理解它呢？

　　首先，揉合主義是宗教常有的現象；在人類歷史發展的過程中，吸收不同宗派，乃至不同宗教的教義、儀式等，都是非常普遍的現象。中國儒釋道三教，經過近二千年的接觸，早已吸收對方不少養分，豐富自己的內容。有些吸收，跟宗派原有教義符合，也就顯得順理成章；有些則不為原宗派接受，以致衝突不斷，甚至引致宗派分裂。從儒家來看，今天儒佛互補的做法，許多人都不會特別反對；宋代大儒朱熹主張半日靜坐，半日讀書，顯然吸收佛老靜坐之法；但是對於強調儒家本位的來說，則或更重視闢佛老的言行了。筆者要強調的是，吸收不同宗教元素，確實是宗教常見現象。也許問題之一在程度上的輕重，而非事實上的有無。此外，這也關聯到所吸收的新成份，是否衝突核心教義。如果跟核心教義不衝突，人們自然也比較容易接受；如或不然，則也比較容易引起衝突，譬如有人主張是基督化的佛教徒，但既要相信全能的神，又要講空，這就在基本教義上造成難以協調之局面。回到真佛宗的定性問題上，筆者認為真佛宗確有吸收不同宗教的成分，但這也不足以視為判定該宗是否佛教的決定性條件。

　　另一判定宗派的角度，自然就是檢查其傳承。漢傳佛教雖不嚴格要求傳承，但很多宗派還是非常重視傳承，強調祖祖相傳，所以宗派常有祖庭，廟宇常設祖堂，這都是重視法脈傳承的現象；至於藏傳佛教在佛法僧

外，加上傳承師傅的第四寶，可見其重視傳承；而若無傳承，則如同盜法。所以若要確定真佛宗的性質，也可以參考其傳承。

　　但真佛宗的傳承敘事，不免顯得證據薄弱；而且更多時候，我們看到該宗自稱的傳承，反為相關人物及宗派所否認。譬如在顯教而言，依照該宗文宣，盧勝彥皈依印順導師，並出示皈依證；盧勝彥說：「我是在五十九年二月十五日皈依印順導師的，地點是台中佛教蓮社，三皈證書是這樣寫的：「茲有臺灣省嘉義縣信士盧勝彥發心皈依三寶，謹依印順法師為三皈本師，給取法名慧彥，從此自應止惡修善，精勤念佛，自行化他，同證菩提。特給此證。右給盧勝彥收執。傳授三皈本師上印下順。佛曆二千五百十三年。」[54]但印順導師本人，卻親自撰文澄清。大意是承認盧勝彥確實有皈依，也有皈依證；但皈依證是依照傳統中國佛教給的，並非他本人頒授；同時還澄清說：「我記得，盧勝彥從美國回來見我，只是我在病中的一次，他帶了五個弟子來。我沒有說過：『蓮生！努力向前』；我不知『蓮生』是什麼，怎會這樣說！盧勝彥原文說：『每次返台，均拜訪他老人家』，而且『均說蓮生！努力向前』，這與蓮香所說五次回國，見過兩次，也多少不同了。所以，盧勝彥的『每（五）次返台，均拜訪他』，『均說蓮生努力向前』，

54　盧勝彥：〈印順導師與我的因緣〉，
　　http://tbsn.org/chinese3/news.php?cid=23&csid=37&id=5225。

是照著他自己的意思而寫出來的。」[55]雙方各執一詞，但就算依照盧勝彥以及蓮香的說法，盧前後最多也只是見過印順導師五、六次，應該並非入室弟子；而印順本人表示從未肯定盧勝彥，當然也沒有勉勵他努力向前的做法；他甚至表明兩人對佛教的認識，有南轅北轍之處。譬如印順就盧勝彥所肯定的大口吃肉喝酒之論，直斥之云：「話似乎說得太離譜了！也許想到就寫，說溜了嘴吧！試問：釋迦佛大口喝酒嗎？在佛制的戒律中，出家與在家佛弟子，可以任性的大口喝酒嗎？如說這才是傳統佛教，那真是謗佛謗法了！」[56]爾後，盧勝彥又另外撰文，表示理解印順的生氣，其實是關注之類。但迄今似乎無法確切的否證印順導師的證詞。

　　此外，該宗曾宣稱得到達賴喇嘛的認證等等，[57]更是被達賴辦公室所直接否定；達賴辦稱雙方雖有見面，但沒有任何特別安排，且達賴常接見僧俗人，所以跟盧勝彥見面並不具備特別意義。[58]就此而言，所謂達賴認

---

55 印順：〈我與盧勝彥〉，收入印順：《永光集》，
　　http://yinshun-edu.org.tw/en/Master_yinshun/y43_10。
56 印順：〈我與盧勝彥〉，收入印順：《永光集》，
　　http://yinshun-edu.org.tw/en/Master_yinshun/y43_10。
57 參考盧勝彥：《天竺的白雲》，
　　http://tbsn.org/chinese3/career.php?id=25
58 參考 1977 年 11 月 6 日達賴辦公室宗教助理 Tenzin Sherab 的信件，以及 "The Buddha as a Grand Master," in *Tibetan Review*. 1997/3. 中文翻譯可以參考：
　　https://trueevilscumschool.wordpress.com/2014/06/02/%e6%9c%aa%e7%b6%93%e9%81%8e%e5%96%87%e5%98%9b%e3%80%8c%e8%aa%8d%e8%ad%89%e3%80%8d%e7%9a%84%e3%80%8c%e5%

證等傳聞，也許尚需更有力證舉。以上兩例，都涉及重量級的佛門龍象，而兩人的否認，難免動搖真佛宗敘事的公信力。

　　就真佛宗所提到藏傳傳承而言，在黃教方面最為清晰，也有文獻證據可查。盧勝彥皈依土登達爾吉上師，學習密法，這並非真佛宗自家的文宣提到而已；現在還保留照片及土登上師的親筆信函。[59]

　　依照研究的論證習慣，我們不能單獨採信宗派內部的證言，否則老黃賣瓜，自賣自誇，當然沒有太大的客觀性。依照筆者的調查，香港商人姚榮基家族，是土登達爾吉上師（漢名：李廷光）的重要功德主，長年供養上師的淨音佛閣；而姚氏一家自然跟上師一家非常親近，我在淨音佛閣還發現姚氏祖先及姚榮基父母的牌位，就供奉在觀音殿之中；筆者親自向姚榮基的兒子姚中順及中庸請教，他們稱倆人自小就在佛閣出入，對淨音佛閣相當理解。依據姚中順所述，得知土登上師的侍者恩姐提到盧勝彥上佛堂多次，請教佛法。又有一次，盧勝彥到香港辦法會，禮請土登上師赴會；當時並打算就在盧勝彥的法座上方，獨立安排土登上師的法座，以

---

b1%b1%e5%af%a8%e3%80%8d%e5%96%87%e5%98%9b%ef%bc%8c%e5%81%87%e8%b2%a8%e4%b8%80%e5%80%8b/

59 吐登達爾吉上師於一九九九年一月十三日給謝明芳小姐的信中已認證盧勝彥是轉世活佛。參考：
https://ilovegm.wordpress.com/2012/10/04/%E5%90%90%E7%99%BB%E9%81%94%E7%88%BE%E5%90%89%E4%B8%8A%E5%B8%AB%E7%9A%84%E8%81%B2%E6%98%8E/

示上下傳承之意。不過，最後又打消安排。從淨音佛閣姚先生所述這些事情，顯示盧勝彥確實皈依過土登上師。[60]如果上述的調查屬實，筆者認為真佛宗具備黃教的傳承是有證據的。

當然，依照真佛宗的敘事，盧的傳承分為人間的及無形的兩類，而無形的傳承反而是最重要的。筆者當然尊重宗派的信仰，但也必須指出如果人間傳承難以證實，那麼虛空的無形傳承就更難有公信力了。依照筆者現時掌握的資料，對於真佛宗所宣稱的傳承，無法肯定其必為真，也無法判定其必為偽。筆者要強調的是現在並無充分證據，以支持任何決定性的判斷。至於訴諸證悟成佛者的證言，或有大成就者的肯定，這當然是很重要的；而這對信仰團體內部而言，有一定說服性與鼓舞性，但對於宗外人士，或者還並非有力的證據。

建基於以上論述，筆者嘗試為真佛宗定性，到底它是漢傳佛教的新宗派，抑或應視之為新宗教呢？筆者認為真佛宗毫無疑問具備漢傳佛教的元素，但此不足完全證立其為漢傳佛教的身分；同理，真佛宗包含非佛教成分，但僅此亦不足以視之為外道。至於傳承方面，現有

---

60 靜音佛閣是私人道場，2016 年 7 月 8 日是土登達爾吉登上師的生忌；我因姚先生的引介，得以登門拜訪。可惜當時因信眾很多，無法深談。但上師的哲嗣李劍生向我提到黃龍禪師與呂洞賓的故事，頗堪玩味；並展示土登達爾吉上師的資料，最珍貴看到大鏡框內收納的幾十張老照片，呈現佛閣的修建及上師的生平，足以反映其在香港傳承黃教的片段。

文獻尚嫌不足，依然存在爭議空間；無論是印順及達賴的否定，都不能等閒視之。此外，傳承是密教的核心，所以若不能在人間傳承上，提出更有效的說明，則不免嚴重動搖該宗派在這方面的公信力。

但無論如，檢視真佛宗提及的藏傳四大派的人間傳承，筆者認為其在土登上師的傳承方面，擁有相當的證據，所以若從土登上師這邊看，真佛宗毫無疑問是可以視為漢傳密教的。

但如果換一角度看，從該宗大量吸收道教，乃至民間宗教的神靈，甚至吸收風水地理，看相問事等等，真佛宗比較接近民間信仰，只是佛教成分更多而已。其實，中國民間本來就存在雜採佛道的宗教人士，他們有的身分是僧，有的則自居為道，但卻雜採佛道的宗教資源。民間也拜觀音，也奉呂祖的情況相當普遍；這種佛道混合的情況，也體現在盧勝彥的師傅身上；青城山的清真道長，卻也同時是紅教的了鳴和尚；而真佛宗稱為蓮生活佛的盧勝彥，卻也曾是青城派第十五代傳人「玄鶴道長」。[61]而自稱創立的就是包含佛道元素的「靈仙真佛宗」；從這一混合型態看，真佛宗更像是民間宗教，這在該宗派早期尤為明顯；但後期，真佛宗大量吸收佛教成分，於是更包含愈來愈多的佛教色彩；特別是密教信仰

---

61 盧勝彥本人說：「我（玄鶴道長）承道家青城派清真道長的教誨極多。」盧勝彥：〈清真道長的神通〉，Available at: http://tbsn.org/chinese3/news.php?cid=23&csid=57&id=5704

及儀軌方面，比重更多，所以晚期的真佛宗也就更多漢傳密教色彩。

其實，這種混合型宗教，本來在中國民間就很普遍，譬如一貫道等都是吸收不同宗教的。似乎中國的身分意識不強，人們遊走於三教之門，也並未感到必然不可。所以從這一民間傳統看，筆者認為真佛宗近乎佛道的混合宗派，它既不同於一般的道教，也不同於一般的佛教，而願意成為任何宗教的助緣。這一判斷可以從盧勝彥自己的話看出來：「蓮生上師創立靈仙真佛宗，並不是自立個別特殊的宗派，而是發揚佛理，諸善奉行，不排斥其他宗派，也不捨其他法，而依善巧方便來建立一切正法，這靈仙真佛宗就是佛教、道教，甚至任何宗派的助緣。」[62]這一段話，從早年成立靈仙真佛宗就有，[63]但到2014 年仍然在講，可見是盧勝彥一直不變的想法，依照這段話的意思，似乎靈仙真佛宗，就是佛道等宗派的助緣。

綜合的說，從黃教傳承而言，筆者認為真佛宗確實有條件可以被認定為漢傳密教的新宗派；而就其表現形式而言，真佛宗的教導，包含風水命理，看相抽籤等等，也展現強烈民間宗教色彩。但若從其信仰內容之包含耶佛道三教，混合內容廣泛，涉及宗派及宗教也很多，就此而言，真佛宗也並非已經存在的任何宗教所能夠包容

---

62 〈蓮生活佛盧勝彥 2014 年 11 月 29 日台灣雷藏寺週六蓮花童子護摩大法會」大圓滿法第 115 講開示〉，Available at:
http://tbsn.org/chinese3/news.php?cid=29&csid=49&id=1730
63 《靈仙真佛宗簡介》（台中：青山出版社，ND），頁 8-9。

在內，就此而言，或者也可以說盧勝彥實際上創立了新宗教。

我們看到臺灣宗教在短短數十年之間，逐漸繁榮發展，而且創立新的宗派；其中最顯著的，顯教有法鼓宗及慈濟宗門的成立，而真佛宗在密教方面，也是一支教勢頗盛的宗派，以下一節我們將討論漢傳佛教的新趨勢。

五、當代漢傳佛教新創宗派的趨勢

在上一節，我們看到臺灣宗教在短短數十年之間，逐漸繁榮發展，而且創立新的宗派；其中最顯著的，顯教有法鼓宗及慈濟宗門的成立，而真佛宗在密教方面，也是一支教勢頗盛的宗派，以下我們將討論漢傳佛教的新趨勢。

當代臺灣創宗與社會分化有關，分化會產生不同層級和區塊，這些不同層級和區塊各自有不同的需求，真佛宗主要的信仰者是屬於社會中下層的人民，法鼓山主要的信仰者是中產階級為主，差別在教育程度，在社經地位之上。兩宗派各自能滿足社會中不同階層的需要，各有其不同群眾。

同時，臺灣一直顯教盛行，相對來說，民眾對密教並無太多接觸機會，但社會上對密宗又好奇，於是客觀上形成對密法的嚮往。而真佛宗使用百姓熟悉的日常話言傳揚密法，深入淺出；同時又提供具體的修行次第，讓民眾循序漸進的依法修行，確實能夠吸引不少民眾。

真佛宗遂能乘時而起，運用密法精神資源建立包含道佛成分的教派。

　　值得一提的是基督教是非常重要的背景因素，天主教修女對慈濟之刺激，是證嚴上人自己公開的事實。東初老人要聖嚴法師反駁基督教，是因為基督教傳教力道大，所以要求聖嚴法師回應基督教的責難。而盧勝彥個人則甚至曾為基督徒，至於以盟約去理解行者與活佛之間的關係，這種表述也富有基督教色彩。無論如何，國民黨在大陸失去政權，立足臺灣後，因其高層偏好基督教，加上西方文化之強勢，一時聲勢大盛。強勢的基督教既是佛教競爭對手，也是學習的對象，所以後來臺灣地區佛教重振，跟基督教的刺激脫不了干係，而佛教也採納不少基督教的傳教方式。盧勝彥原來就是基督徒，後來偶然也會用基督教元素來弘法，譬如在早期著作《啟靈學》中，盧勝彥在教導啟靈功法時，指導基督徒，在念四字真言時可念「耶穌基督」。[64]到了晚年說法，仍偶用聖經開示。無論如何，基督教在臺灣佛教復興過程中，確實是非常重要的背景因素。真佛宗跟其他新創宗派又有何共通趨勢？筆者從下列共四點概括說明。

（一）傳統與現代的因革

　　首先，從教義上講，我們認為這些新創宗派都表現

64　參考盧勝彥：〈啟靈神功第一法〉，見盧勝文集第 22 冊《啟靈學》（台中：青山出版社，1994 再版，頁 13。

出傳統與現代的因革。法鼓山的使命是承先啟後，也就是承襲佛教優良的傳統，同時開導未來的新取向。聖嚴法師說：[65]

> 我的法脈是傳承於中國禪宗的兩個系統，一個是曹洞宗，一個是臨濟宗。我在臺灣、美國以及世界各國，主要宣揚、介紹或指導的，都離不開這兩個系統…我除了傳承這兩個系統，同時也參考日本、韓國、越南的禪法，乃至於西藏的次第修法、南傳內觀法門，是重新整理漢傳佛教的傳統禪法之後的再出發。因為是在承襲傳統禪法之外，又有創新，所以重新立宗，名為法鼓宗。

所以法鼓山的創新是建立在廣泛參考禪宗內部不同傳統的創新，它祈望做到的不但是禪宗內部的承先啟後，而同時希望整合世界佛教。譬如法鼓山除顯而易見繼承禪宗法脈外，也吸取淨土的法門。這種以禪攝淨的做法，並非新創，但確實反映法鼓宗整理不同傳統，推陳出新，別立新宗的革新努力。對比而言，過去漢傳佛法相當封閉，門戶自限；而二十世紀的法鼓山成立，卻呈現氣魄宏大，更難得是體大思精，他不但吸取南傳佛教的內觀法門，也探詢藏傳佛教次第修法，還試圖整合韓國、日本、越南的禪法，[66]所以聖嚴法師在禪學方面

---

65 參聖嚴法師：〈中華禪法鼓宗〉，available at:
　　http://www.shengyen.org/index.aspx Online: 1 April, 2010.
66 同上註。

的創新是建基於對傳統的因革損益，揚棄不適合現代需要的舊習，同時也發揮古代優良的精神資源，以便來開創佛教新的局面，聖嚴法師高才碩學，著作等身，其佛學成果並非一篇短文所能評鑑，但是筆者要指出的是無論其成敗如何，這個新宗派展示了對佛教傳統與現代的因革損益的努力，則毋庸置疑。

慈濟宗，自稱為慈濟宗門，靜思法脈，但證嚴法師強調沒有宗派的立場，所以在創宗方面，比較自由，並沒有突破宗門的包袱負擔。上人認為應發揮《法華經》，特別是無量義經的思想，以為回歸本心就可以開創出無量的法門。慈濟宗門強調入世修行，上人強調從人間的具體實踐與歷練來磨練自身的慈悲心、來體驗人生的苦痛，從而產生智慧。[67]她卻秉承佛教重視慈悲心與菩薩道，特別重視慈濟事業的開發。

真佛宗在傳統與現代的因革上表現得特別清楚，他一方面繼承道、顯、密三教，在漢傳顯教的基礎上，雜採紅、白、黃、花四教佛法的思想，也吸取日本的真言密法，同時在整合傳統中推陳出新、化繁為簡、整理次第，把非常繁雜且冗長的藏密修行法門，加以濃縮整理。

---

67 證嚴上人說：「佛陀留在人間的教育，讓我們啟發智慧，培養慈悲。如何啟發智慧？縱使說再多的方法與道理，只是愈聽愈深，還是做中學，學中覺才能體會深刻。」又說：「我們不必想多麼深奧的佛法、大道理，只要以最虔誠的心待人處世，實際付出，腳踏實地做了之後才說，所以我常說『做就對了』。」證嚴上人：《真實之路》（台北：天下文化，2008），頁9；頁4。

現代不少人對密法感到興趣，但忙碌的現代生活，讓人沒有多少時間可以修法，真佛宗乘時而興，成功整合古代宗教精神資源，並試圖適應現代的需求，簡明扼要，強調修行的種種果效，對於講求快速實際的現代人來說，就有很強的吸引性。無論從慈濟、法鼓及真佛宗三方面可看到當代臺灣宗教面對傳統與現代之時，都表現篩選傳統以適應現代需要的趨勢。

（二）博采相容、承傳創新

第二，這幾個新創宗派都有以博采相容、承傳創新的作法，聖嚴法師對法鼓宗的自我定位是：「我們是傳承印度佛教，立足於中華禪佛教，參考、吸收現在世界各大系佛教的所長，可謂匯聚眾流，充分展現了中華文化的含融性與消融性。」[68]而事實上，法鼓宗確實以禪立宗，但不但整合禪門不同宗派，也吸納其他佛教宗派的精華，確實博采相容，以自創新宗。

依據真佛宗的敘事，該宗教雜揉了紅、白、黃、花四教修法，對藏傳來說已經是大整合；當然，在藏密之外，也吸收部分日本密教，混合各種密法。此外也採集了顯教的內容，對於禪宗與淨土兩宗，甚至吸取各種道法、符籙等，這使得真佛宗更加的豐富。

從真佛宗的崇拜對象來看，真佛宗壇城供奉真佛宗

68　參聖嚴法師：〈中華禪法鼓宗〉，available at:
　　http://www.shengyen.org/index.aspx Online: 1 April, 2010.

的八大本尊，這已經包含道教的瑤池金母為重要的尊神；此外常有北斗、太歲星君、城隍、閻羅王、土地、地母娘娘、六甲六丁神將等不同來源的神祇；[69]盧勝彥甚至同意將基督像放在壇城，依據蘇慶堂先生記載在多明尼加的密壇上，就有耶穌的神像：「盧勝彥希望皈依的弟子能夠學習成佛的方法，去修行。至於從別的宗教而皈依的，可以把原宗教的信仰，做為基礎。所以盧勝彥提到：「西雅圖雷藏寺也供奉耶穌基督，師尊以前是基督教徒，所以我對耶穌基督很尊敬，因為祂的精神是值得尊敬的。另外師尊也認識很多的一貫道、天道的前人，像王樹金前人，天道是稱為前人 —— 以前的人，陳大姑前人。天道以前從北方一直流傳到南方，他們稱為前人。在佛教裡任何一個宗派只要是有正法 —— 正確的法，我們都要平等尊崇。這是師尊本身的精神，師尊對所有的眾生一樣是平等尊崇，全部平等尊崇。」[70]現在西雅圖雷藏寺的天王下，就安放了基督像。這些方面我們可以看到真佛宗的確是博采相容，就在這融合主義的基礎上創立新的宗派。

　　相對來說，在教義思想方面，慈濟並不特別強調教

69 有關八大本尊的介紹，可以參考魏寧：《真佛宗台灣雷藏寺之研究》，頁 79-86；至於這裡提到的北斗及星君等，則為筆者參訪台灣雷藏寺觀察所得。
70 〈聖尊蓮生活佛 2007 年 2 月 17 日西雅圖雷藏寺丁亥新年除夕法語開示〉，參考：
http://tbsn.org/chinese3/news.php?cid=29&csid=41&id=1020

義，所以其相容博采，並非表現在教理思想方面上之博採法義，反而重視實踐法門的相容並蓄，從而自創新宗。她說：「慈濟精神以《妙法蓮華經》為主臬，而《法華經》之前有《無量義經》。佛陀宣演《法華經》之前，先演說《無量義經》，之後再接著演說《法華經》；可見，無量義經是《法華經》的精髓，《法華經》是《無量義經》的延伸。每次談到《無量義經》，我就滿心歡喜！尤其經中有一段：靜寂清澄，志玄虛漠，守之不動，億百千劫。這十六個字，每天都在我腦海中浮現！慈濟三十年路，就是依照這十六個字走過來。」[71]她特別發揮其中十六個字靜思法脈：「靜寂清證，志玄虛漠，守之不動，億百千劫，無量法門，悉現在前，得大智慧，通達諸法。」前四句是內修清淨心，旨在生發智慧；而後四句是外行菩薩道，重在發揚大愛。慈濟為了力行菩薩大愛，慈濟眾生，自然要博采相容，開出無量法門。所以相對于法鼓宗與真佛宗在教理方面廣泛採納，慈濟宗則在社會救濟實踐方式上，呈現相容並蓄的趨向。這是因慈濟深感空言無益，而能夠走入社會基層，深切理解方方面面的實際需要，所以也表現出博采相容的風格，而自創新宗。

---

71 參證嚴上人：〈慈濟精神就是來自《無量義經》〉，收入《慈濟月刊》，第 348 期。收錄於慈濟官方網站：
http://www.tzuchi.org.tw/index.php?option=com_content&view=article&id=1045%3A2009-07-10-06-06-16&catid=81%3Atzuchi-about&Itemid=198&lang=zh 檢索日期：2010/4/14。

（三）全球化的發展

　　臺灣佛教經歷七、八十年代的經濟起飛後的社會經濟變化，借助經濟的實力，這些佛教新宗派也開始全球佈局、世界弘法。譬如真佛宗的道場，除臺灣之外，已分佈在全世界，而以印尼、馬來西亞、菲律賓、香港、美國、加拿大等地最為興盛，[72]就此而言，真佛宗儼然成為世界化之漢傳密法宗教。特別是吸收世界各地的宗教經驗，也使真佛宗能快速成長。譬如跨國電視弘法，基本上是國外行諸多年的基督教電視佈道的佛教迴響。當然，也因為全球化的歷程，真佛宗也適應各地不同實際情況，而調整自身，以應付所需，因而又形成新的在地化。真佛宗的在地化表現主要在於隨順臺灣本土信仰的風俗，以適應當地人民傳統及習慣，以表現整合地方風習的取向。真佛密法為了廣度眾生，常雜揉當地民間的風俗習慣，例如風水、地理、符籙、問事等等。這種風氣，也呈現在海外的分堂，譬如倫敦真渡雷藏寺，這寺廟本身是收購當地天主教教堂改建而成的，而內部供奉尊神，更有民間信仰的黃大仙。[73]黃大仙是道教神靈，

---

72 〈世界分堂〉，參考《真佛網路中文版》，http://www.tbsn.org/chinese2/chapterindex.php。檢索日期：2010/4/14。

73 2008 年因譚偉倫教授之邀約，李玉珍教授與我都參加倫敦政經學院舉辦關於新興宗教會議，我們一行得到蓮緻上師與蓮僧上師協助連繫，得以參觀倫敦真渡雷藏寺，當時一行人最先發現這個現象就是譚偉倫教授。

在廣東地區流傳頗廣，而以香港特盛。黃大仙能飄揚過
海，到達倫敦，顯見是迎合倫敦地區大量香港移民的信
仰習慣。可見他們將本土宗教經驗全球化；然而，必須
注意的是真佛宗能崇敬各方神靈，甚至收到廟中供奉，
但是沒有根本傳承上師的認證，則斷不能崇拜這些外在
或外教神靈，當然更不能私自修法。同時，又將全球各
地經驗回饋本土道場。真佛宗的宗教現象表現在全球與
在地的辯證發展是非常清楚。

　　在慈濟方面，我們可以看到分佈於五大洲都有駐點
及工作人員，包含亞洲、非洲、大洋洲、美洲與歐洲都
有道場，但基本上以亞洲與美洲數目最多。[74]但基本上
都維持慈濟在台灣的做法，重視環保，講究實作，但不
特別強調佛教教義。法鼓山則走上很不同的道路，法鼓
山對於維持在台灣發展出來的弘法利生的方法，以及師
門教義，都很用心；盡管傳播到世界去，特別對於坐禪
的講究，可說是非常嚴守師門精義；而且也很重視理解
佛法，所以各地舉辦聖嚴書院，普及佛法，努力維持師
門宗風，很有成果。

　　綜上所述，雖然真佛宗、慈濟與法鼓都有全球化的

---

74 撇除慈濟發源地的台灣,亞洲的分會共有 20 個,聯絡點 2 個,以
　及未分類的組織 1 個,服務國家包括:印尼、日本、土耳其、約
　旦及泰國等;在美洲主要服務加拿大,其他的有巴西及巴拉圭,分
　會共 11 個,未分類組織有 3 個;大西洋有分會 11 個,服務國家
　有紐西蘭及澳洲;在非洲服務國家是南非,有分會 10 個;歐洲只
　有 4 個聯絡點,及 2 個未分類組織,設置於:英國、法國、奧地
　利、德國、荷蘭及瑞典。

發展，真佛宗由於其雜揉的特色，所以也比較能吸納不同地方的風俗習慣，所以雖然三宗都有全球化的取向，但真佛宗的在地化發展比較顯著。

（四）多媒體化與多角度化

傳統佛教多數在寺門中講經說法為主，但是新佛教宗派多傾向於多媒體化。慈濟在多媒體化方面最為成功，每天證言上人透過衛星跟全球弟子聯繫。同時，也有傳統平面媒體，如報章、雜誌等。至於經營之多角度化就更加清楚，慈濟中所謂四大志業、八大腳印就包含醫療、教育、國際賑災等等，足見其經營方式的多角度化。

法鼓山也自行發行報章、雜誌，也運用電視布教、廣告等弘法，同時，其經營方式也呈現多角度化，從教育來說有大學院教育、大關懷教育等等，從建立傳統正規的教育體系乃至普及社會教育無一都不在其關注之中，此外，尚有法鼓書院、教師禪訓班、讀書會等。

真佛宗很早就運用傳統的平面媒體，譬如《蓮邦》、《真佛報》與《燃燈》都是這方面的代表。此外，譬如中觀堂裏有電視弘法，在美國也透過網路播放盧勝彥的開示及活動。而且弟子在各地也自發建立網路的博客，大量運用網路科技平臺來普及真佛密法。除了多媒體化之外，真佛宗在弘法方面也出現多角度化，譬如開展臨終關懷，建設安老院等。但對比起來，也可以看到真佛宗多角度化表現的型態比較不同，真佛宗具體表現在三

大志業，它們分別是真佛墓園、真佛老人院及臨終關懷。
這三大志業彰顯真佛宗的信仰特色，真佛宗重視解脫生
死，接引蓮池，而不特別強調改變娑婆世界。[75]當然也
不能誤會真佛宗沒有現世的關懷，譬如華光功德會在賑
災、教育、扶貧與抗旱等方面都做了很多工作，特別是
在西北開挖水窖，幫助西北地方政府解決居民飲用水問
題；並參予希望工程，創設學校，真佛宗華光功德會可
說是不遺餘力的。[76]除此之外，真佛宗近年成立盧勝彥
佈施基金會，計畫積極參予賑災，獎勵文教等工作，[77]可
見真佛宗在多角度經營方面，逐漸成熟。

　　總的來說，當代台灣新宗派之興起，也有其現實意
義。他們都是全球布教，也充分運用電子媒體的資源。
所以雖然他們都是漢地宗教的特色，但對比傳統聚族而
居，信仰相同的民族宗教，就顯出是非常不同的特色，
他們不局限在特殊區域之中，所以也就更有機會以世界
弘法的事實來突破民族宗教之限制。十九世紀以來，民
族國家的興起造成所謂單一民族獨立建國的影響，譬如
德國、義大利的統一，就是以民族主義的號召力來建立
民族國家。但是以民族國家論配上民族宗教論就很容易

---

75 有關三大志願，參盧勝彥：〈放下箇甚麼？〉，見
　　http://www.tbsn.org/Chinese2/article.php?id=8914
76 有關香港華光功德會的慈善活動，參〈愛曾來過：細數香港華光
　　功德會的濟世足跡〉，網址：
　　http://www.tbworld.org/news/p8.php?at=1&id=3
77 2008 年 9 月在華盛頓州核可註冊成立，其主要工作，參考網址：
　　http://www.sylfoundation.org/chinese/get-involved/

衍生問題。民族宗教興起往往把境內其他不同信仰邊緣化，造成壓迫他人的現象，更嚴重的是民族宗教的興起，容易使單純的社經問題，以民族宗教衝突的形式來呈現，也就是將社會經濟上的現實問題，以民族宗教衝突來架構論述，形成理解，這就讓單純社經問題無端複雜化。當然本文並非指認具體事件是否源於社會問題或是民族宗教的問題，而是指出民族宗教的出現，很容易導致人們把社會具體問題轉譯為宗教衝突或民族矛盾。漢傳佛教的新宗派都有全球化的佈教方針，雖然現在仍然以華人信徒，以及華人聚居所在為主要發展據點，但他們的全球化，已經比傳統宗教更有潛力突破民族宗教的限制，就此而言，更能將漢傳佛教的力量，貢獻於作為世界宗教的佛教之上。

六、從典範權力觀論當代台灣
新創宗派的矛盾與衝突

漢傳佛教是大乘佛教，自然重視入世間法 。而在世出世法之光譜中，這些新創宗派各有特色。慈濟與法鼓山都屬人間佛教，都試圖深度涉入社會，法鼓重視以佛法啟導大眾，甚至試圖帶動社會心靈改革運動，而慈濟則重視感動人心，推動慈善救濟。但相對來說，真佛宗雖有入世法，但重點在解脫生死，所以比較強調出離心。雖然三大新創宗派，都有世間法與出世間法，但相對來說，人間佛教以入世為重，顯然與真佛密法之側重

並不相同。這種取徑之差異，也構成衝突之成因之一。
最明顯是真佛宗在東南亞舉辦法會，引發七大佛教團體
指斥為附佛外道。[78]本文無意參予所謂正法外道之爭
論，更無意以單一教派立場評論是非對錯，因為這涉及
信仰的層面，也並非學術研究所可置喙。但是離開信仰
的層次，而從學術研究看，仍可以提出這些爭議反映著
兩層相關而不相同的議題。

其一是典範問題。在當代西方科學哲學的論述上，
最有名學說之一是多瑪斯・孔恩（Thomas Khun）的典
範學說，[79]所謂的典範學說的提出本來是解釋在科學研
究的進程之中，因新方法與解釋系統之出現，所形成的
科學研究模型之改變。這些新的研究方法與解釋系統跟
已有的科學社群所採納的方法與解釋截然不同，而構成
孔恩所說的「典範轉移」。[80]而科學典範之間由於選取

---

78 星洲日報，參考網址：
   https://trueevilscumschool.wordpress.com/2014/06/04/%e3%80%8c
   %e7%9c%9f%e4%bd%9b%e5%ae%97%e6%98%af%e9%99%84%e4
   %bd%9b%e9%82%aa%e6%95%99%e3%80%8d-%e4%b8%83%e5%
   a4%a7%e4%bd%9b%e5%9c%98%e5%88%97%e5%85%ad%e4%b8
   %8d%e6%b3%95%e8%88%89%e8%ad%89/

79 Thomas Kuhn, "Pistcript-1969" in his *The Structure of Scientific
   Revolution* (Chicago: University of Chicago Press, 1969), 2nd
   edition, pp. 174-210. Thomas Kuhn, "Reflections on my Critics" and
   Margaret Masterman, "The Nature of a Paradigm" in I. Lakatos &
   Alan Musgrave ed. *Criticism and the Growth of Knowledge*
   (Cambridge: Cambridge University Press, 1970), pp. 131-278 and
   59-89 respectively.

80 Ian Barbour, *Myths, Models, and Paradigms: A Comparative Study
   in Science and Religion* (San Francisco: Harper & Row, 1976), esp.
   p. 93.

標準各自，解釋系統不同，由於缺乏可以進行的公共標準，所以典範之間往往不能放在同一平臺加以比較，這種不能比較性孔恩稱為「不可共量性」，或「不可公度性」。雖然典範說是科學哲學方面的理論，但維也納學派提出外推理論的觀點，將特定理論脫離原有的論述領域，而往外推展應用其他不同領域。筆者嘗試運用外推原則，將原屬於科學哲學的典範說，推展運用到當代佛教的創宗問題之上。

　　如果我們運用典範理論來解釋佛教創宗現象，則可以將新宗派視為不同典範的出現。人間佛教是針對清末傳統度亡形態的佛教之沉淪，而另闢蹊徑，最終建立的新佛教典範。這種新佛教典範以人間為重心，而不以西天極樂世界為中心。它重視人的努力，而不特別強調佛的救度，這些都顯示人間佛教呼應著二十世紀人文主義的思潮，而法鼓山跟慈濟都是發揮人間佛教的典型宗派。相對來說，真佛宗重視度亡，關心死後往生蓮池，它與人間佛教的基本取向，差別很大。所以真佛宗被人間佛教各宗批判，雖然原因複雜，譬如顯教認為盧勝彥涉及未證說證等等，但也部分反映不同典範之間的衝突。如果從宗教現象來看，盧勝彥雖講入世間法，但更強調出離心；而兩者走向差別很大，類似不同的典範，難以比量，但卻彼此競爭；就此而言，真佛密教之創宗，其實激化了與人間佛教這一不同典範之爭衡。

　　其次，典範理論也注意到典範涉及的不僅是單純是

探索科學真理的問題，而更是關乎研究資源的重新分配的現實利益爭衡，所以典範爭持背後更是科學社群的現實利益角力。從這個角度看新的科學社群爭取到新的主流，主流社群的承認甚至自居為新的主流，必然引起既得利益階層的反對，因此科學的典範轉移之時往往都是競爭激烈的時候，同理在宗教創宗方面，我們除了看到教義爭衡之外，更加重要的創宗也反映現實勢力的角力戰，而這就涉及權力問題。

權力問題在佛教內部論述中，常用正法與外道的對比來建構判教論述。但傅柯之理論揭示，知識型與權力之生產性有關，而論述也可以是權力的彰顯。[81]這些宗教競爭下的判教論述，即使有其片面的合理性，但從學術思想史的角度看，這些論述本身就滲透著彰顯權力之意味，知識型實際跟權力掛鈎。傅柯所講之權力與知識的關係，也有其片面的合理性。所以本文以為與其急於判斷孰正孰邪，不如參照傅柯之見解，我們要問誰有權評判正法與外道？誰又有權為其他宗派訂立審判的標準？其實，傳統宗派對新創宗派的評判，往往也包含一種權力運作。假如新宗派發展快速，就容易構成競爭威脅，也就引起批評與爭議。

密教的傳承以普渡眾生為最大的目標，盧勝彥說：

---

81 Michel Foucault, "Two Lectures". *In* Power / Knowledge: Selected Interviews and Other Writings: 1972-1977. (NY: Pantheon Books, 1980), pp. 78-108.

「不捨一個眾生。」所以真佛宗重視全球佈局而不劃地
自限，更通過衛星電視、網路資訊以及翻譯、經典方式
讓不同地區不同民族都可分享真佛法義。如果承認真佛
宗是漢傳密教，則其在世界化的表現，也是漢傳密教的
重大一步；傳統密教表現為民族宗教，或地區宗教型態。
但密法並非某一地區民族所信奉的宗教，而更可以成為
全球的普世宗教。就此而言真佛宗的創宗確實是使密教
的發展邁向一個新的階段，也就是說真佛密法的世界
化，讓密法打破了民族宗教的局限性，進而有利於密教
擺脫地方民族社會政治的糾纏，而展現其普世宗教的姿
彩。就此而言，真佛宗的創宗，不但是漢傳佛教的重大
事件，也是密教的重大發展。

七、結　語

　　綜合言之，本文區分創宗與創教之不同，創宗是在
原來的宗教之中，再創立新的宗派，新宗仍屬於原有的
宗教之內；而創教則是在原來的宗教之外，另行創立新
的宗教，新宗教不屬於原有的宗教。真佛宗的揉合主義
色彩濃厚，不應作出過度簡化的判定。但從漢傳佛教標
準而言，真佛宗擁有大乘佛教內容，特別在成熟期，其
密教成分更豐富，這是不爭之事實。就傳承言，真佛宗
的敘事，或不同於其他密教；[82]但密教似乎也沒有公認

---

82 譬如台灣密教史專家黃英傑上師提出，噶舉派的傳承有信件為
　　證，且也有公開儀式，讓眾人知道某人可以傳法。這好比學校為

的傳承形式；今檢視文獻，筆者認為真佛宗在土登達爾吉上師那邊的傳承，有比較完整的資料；而且就現時的調研成果而言，發現土登達爾吉上師親筆認證信函。雖然真佛宗很複雜，但既然真佛宗至少具備黃教的傳承，真佛宗也就有條件可以被認定為漢傳密教的新宗派。

　　不過，從就其表現形式而言，真佛宗的教導，展現強烈民間宗教色彩。從其信仰內容而言，包含耶佛道三教等龐雜內容。筆者認為真佛宗的融合主義色彩濃郁，這從正面看，可謂博採多元，胸襟廣闊；但從另一面看，也顯示其駁雜不純，所以治病看相，風水地理，問事占卜等等，就更接近民間信仰。而在官方網站，更進而宣稱「以實修為傳統，從耶、道、顯、密而得到大手印與大圓滿。」[83]這種結合耶道顯密的信仰，並非任何已有佛教宗派所有；同時，其兼備不同宗教的內容，似乎也不是已存在的任何宗教所能統屬，就此而言，或者也可以說盧勝彥實際上創立了新宗教。不過，無論真佛宗是創宗還是創教，由於其包含漢傳佛教的成分，真佛宗的廣傳，也就讓部分漢傳佛教元素，得以普及開去。

　　無論是創宗還是創教，當代臺灣宗派在面對現代社

及格的畢業生頒發畢業證書，以及舉辦公開的畢業典禮一樣，密教也會為及格的傳法人員，提供證明信件，以及舉辦相關儀式。而迄今筆者未見真佛宗提出相關書信及儀式。

83　參考〈真佛宗全球資訊網〉，Available at: http://tbsn.org/chinese3/news.php?cid=26&csid=7&id=1 On line: 1/7/2016.

會之時，各自看到社會變遷所帶來之危機與轉機，於是相應提出種種改革，以應付新局面，而宗派為了適應現代社會，推陳出新之時，由於改變太大，已非既存宗派所能籠罩，於是就產生創宗的需要。慈濟目睹下層民眾之貧困，特別是因病而貧，所以激發起建立慈濟的契機，並特別重視醫療與環保。法鼓宗也針對現代社會提出許多改革方案，其立足於禪心，講究修禪，毫無疑問，是接續了禪宗的法門；但其關注焦點，譬如四環保、心六倫的現代議題，則早非傳統禪宗所能收攝。至於真佛宗應民眾世俗需求，隨順世緣，廣納道佛諸門，而且更因應現代人繁忙的生活，特別將修法儀軌大量簡化，而整理出真佛宗特有之修法儀軌，也在現代化的處境下，謀求生存發展。雖然三宗因應的方式不一，但其面對現代化處境，致力改變則是一致的所以筆者認為這些新變化顯示創新以應世變的現象，而這也是幾個新宗派的共同特色，我們可以說創宗，甚至創教也就是它們在面對現代化的新表現。

　　同時，這些教派雖然互有不同，甚至矛盾；但若拋開信仰的角度，而從學術觀點解釋，實呈現不同理論典範的取向，以及不同勢力的競爭。但無論如何，隨著這些教派的全球佈局，也讓漢傳佛教的成分得以在歷史上，第一次在實質意義上，傳到五大洲，讓漢傳佛法的養分，廣被環宇。漢傳佛教本來就不曾自限於民族宗教的形式，而能嘉惠東亞各國，而現在借全球化的佈教，

這些新教派讓佛教，起碼讓佛教元素更傳布世界；於是
更促進漢傳佛教成為有實質意義的世界宗教。

參考書目

Barbour, Ian. *Myths, Models, and Paradigms: A Comparative Study in Science and Religion* San Francisco: Harper & Row, 1976.

Brook, Timothy. "Rethinking Syncretism: The Unity of Their Joint Worship in Late Imperial China." *Journal of Chinese Religions,* No. 21, Fall 1993, 13-26.

Chou, Kai-Ti. *Contemporary Religious Movements in Taiwan: Rhetorics of Persuasion.* Lewiston: Edwin Mellen Press, 2007

Devido, Elise Anne. *Taiwan's Buddhist Nuns.* Albany: SUNY Press, 2010.

Foucault, Michel. *Power / Knowledge: Selected Interviews and Other Writings: 1972-1977.* NY: Pantheon Books, 1980.

Julia, Huang, *Charisma and Compassion: Cheng Yen and the Buddhist Tzu Chi Movement.* Cambridge, Mass: Harvard University Press, 2009.

Kuhn, Thomas. *The Structure of Scientific Revolution* Chicago: University of Chicago Press, 1969, 2nd edition.

Lakatos, I & Musgrave, Alan ed. *Criticism and the Growth of Knowledge* Cambridge: Cambridge University Press, 1970.

Lewis, James. *The Oxford Handbook of New Religious Movements.* New York: Oxford University Press, 2004.

Madsen, Richard. *Democracy's Dharma: Religious Renaissance and Political Development in Taiwan* Berkeley, University of California Press, 2007.

Ng, William. "East Asian Religious History" in Peter Clarke and Peter Beyer ed. *The World's Religions: Continuities and Transformations.* London & New York: Routledge, 2009, pp. 177-189.

Oxtoby, Willard G. *World Religions: Eastern Traditions.* Toronto: Oxford University Press, 1996.

Paper, Jordan. "Mediums and Modernity: the Institutionalization of Ecstatic Religious Functionaries in Taiwan" *Journal of Chinese Religions,* No. 24, Fall 1996, 105-130.

Pas, Julian F. "Religious Life in Present Day Taiwan; a Field Observations Report: 1993-1994." *Journal of Chinese Religions,* No. 24, Fall 1996, 132-150.

Tam, W. L., "Re-examining the True Buddha School: A New Religion or New Buddhist Movement?" in *Australian Religion Studies Review: The Journal of*

the Australian Association for the Study of Religion,
20（3），2007，. 303-316.

Yao Yu-shuang, *Taiwan's Tzu Chi as Engaged Buddhism,*
Leiden: Brill, 2012.

Yao, Yu-shuang, "Japanese Influence on Buddhism in
Taiwan," in the *Journal of the Oxford Centre for
Buddhist Studies,*（2014），pp.141-156.

丁仁傑：《社會分化與宗教制度變遷：當代臺灣新興宗
教現象的社會學考察》（臺北市：聯經出版事業股
份有限公司，2004）。

王見川、李世偉：《臺灣的宗教與文化》（臺北：博揚
文化事業有限公司，1999）。

世界真佛宗宗務委員會：《真佛宗入門手冊》（華盛頓：
世界真佛宗宗務委員會，2004）。

丘秀芷：《大愛：證嚴法師與慈濟世界》（臺北：天下
文化出版社，1996）。

全佛編輯部編：《佛教的真言咒語》（北京：中國社會
科學出版社，2003）。

江燦騰、張珣編：《當代臺灣本土宗教研究導論》（臺
北：南天書局有限公司，2001）。

江燦騰：《新視野下的臺灣近代佛教史》（北京：中國
社會科學出版社，2006）。

江燦騰：《臺灣近代佛教的變革與反思：去殖民化與臺
灣佛教主體性確立的新探索》（臺北市：東大圖書

股份有限公司，2003）。

西嶋定生：《中国古代国家と東アジア世界》（東京：東京大学出版会，1983）。

何國慶：《考驗──證嚴法師面對的挑戰和回應》（台北：智商文化事業古人有限公司，2000）。

何錦山：《台灣佛教》（北京：九州出版社，2010）。

吳燈山：《成功者的故事 3──證嚴法師》（台北：聯經出版事業公司，1997）。

李舞陽、曾芳編譯：《藏密眞言寶典》（北京：宗敎文化出版社，2001）。

林國平主編：《當代臺灣宗教信仰與政治關係》（福州市：福建人民出版社，2006）。

社會問題研究叢書編輯委員會編：《宗教、教派與邪教：國際研討會論文集》（南寧市：廣西人民出版社，2004）。

南懷瑾：《道家密宗與東方神秘學》（台北：老古文化事業公司，1985）。

姚玉霜：〈兩個臺灣佛教團體於倫敦發展的研究──倫敦佛光寺與真佛宗真偉堂〉載于財團法人佛光山文教基金會主編《1996 年佛學論文集一：當代臺灣的社會與宗教》（臺北：佛光出版社，1996），頁326-358。

張慈田：〈佛學研究與修行──訪問江燦騰居士〉，1989年 12 月 13 日訪談紀錄。見於網址：

http://hk.plm.org.cn/gnews/2007624/200762466045.html

陳慧劍：《證嚴法師的慈濟世界 —— 蓮慈濟功德會的緣起與成長》(台北市：佛教慈濟文化志業中心，1997)。

黃英傑，《民國密宗年鑒》，臺北：全佛文化出版社，1992，初版。

董芳苑：《認識台灣民間信仰》（台北：長春文化事業公司，1986）。

潘煊：《聖嚴法師 —— 最珍貴的身教》（台北市：天下遠見出版社，2009）。

盧勝彥：《真佛夢中夢 —— 夢中的大神通》（南投：真佛宗出版社，1998 年）。

盧勝彥：《禪的大震撼 —— 至高的真我光輝》（臺北：大日出版社，1995）。

鄭志明：《台灣新興宗教現象》（嘉義：南華管理學院，1998）。

鄭志明：《當代新興宗教：修行團體篇》（嘉義：南華大學宗教文化研究中心，2000 年）。

鄭志明《臺灣民間宗教結社》臺北：華南管理學院，1998 年。

鄭志明《臺灣新興宗教現象 —— 傳統信仰篇》臺北：南華管理學院，1999 年。

瞿海源：〈台灣的新興宗教〉，《二十一世紀》，2002 年，11 月號。網址：

http://www.cuhk.edu.hk/ics/21c/supplem/essay/0207
054.htm。

魏寧：《真佛宗台灣雷藏寺之研究》（宜蘭：作者自印
版，2014）。

譚偉倫，〈新「宗教」與新「教派」之辨—對真佛宗研
究一個跨學科的嘗試〉，《2004 臺灣密宗國際學術
研討會論文集》，真佛宗出版社，頁 180-203。

釋聖嚴：《法鼓山的方向》（臺北市：法鼓文化事業股
份有限公司，1999）。

釋聖嚴：《雪中足跡》（臺北市：三采文化出版事業有
限公司，2009）。

釋聖嚴：《聖嚴法師學思歷程》（臺北市：法鼓文化事
業股份有限公司，1999）。

釋聖嚴：《歸程》（臺北市：法鼓文化事業股份有限公
司，1999）。

釋聖嚴法師：《聖嚴法師心靈環保》（台北市：法鼓文
化事業股份有限公司，2004 年）。

釋證嚴：《真實之路－慈濟年輪與宗門》（臺北：靜思
文化志業有限公司，2008）。

真佛宗的增長策略與挽留：
西方弟子的弘法挑戰

賈桂琳博士　著

（皇家山大學人文學系）

譚偉倫教授　譯

（香港中文大學文化及宗教研究系）

　　在 1975 年宗派創立之初，真佛宗創辦人盧勝彥所舉辦的法會地點都在他的家鄉台中，[1]每週舉行的法會有二到三萬人參與。[2]到 1991 年真佛宗已有超過一百萬信眾和一百個世界分堂。[3]1993 年盧勝彥在大馬吉隆坡的弘法就吸引了二萬五千人。[4]在香港舉行的時輪金剛法會更

1　真佛宗在 1975 年時名叫靈仙宗，1983 年時改名為真佛宗。見《真佛宗入門手冊》（奧克蘭：大燈文化，2008 年），頁 39。

2　這些數據來自筆者於 2013 年 11 月 28 日在台灣雷藏寺對義工的訪問調查，而具體數字則是義工們所作的估算。

3　參考〈關於作者〉，見於盧勝彥：《幽靈湖之夜》（英文翻譯）（聖布魯諾：阿彌陀事業，1992），頁 7。

4　盧勝彥《層層山水秀》（英文翻譯）（新加坡：圓證堂，1995），頁 107。

吸引近七萬人參與。2006 年真佛宗信徒的數目已增長至五百萬人，世界分堂有四百所！[5]據真佛宗的弘法人員估計，今天宗派的信眾已接近六百萬，但真實的數字一直未有公佈，因為盧勝彥曾表示當信眾數目達到六百萬時他便會引退！[6]真佛宗能在創辦三十九年能有這樣的一個信徒數目，其增長速度已超越了耶穌基督後期聖徒教會（或稱摩門教會）的週年增長百分比，也是世界上增長最快的宗教團體之一。[7]

　　雖然宗派從未正式公佈各國信徒的數字，據估計真佛宗主要的信徒是在台灣、馬來西亞、印尼、香港和新加坡。[8]在北美地區，真佛宗只有十一所分堂建於加拿大和二十所分堂建於美國。[9]2009 年 5 月，盧勝彥在說法

5 數字是基於 2014 年 3 月 13 日加拿大卡爾加里市蓮則法師的估算。因為有成員離開宗派的原因，很難準確估算宗派活躍會員的數字。

6 結果是宗派不太願意發佈會員的數字，官方的數字於 2006 年以後一直沒有改變。

7 數字是耶穌基督後期聖徒教會自己的估算。該教會為約翰史密施於 1830 年創立，現時約有一千五百萬信徒，見該教會官方網頁，〈事實與數字〉新聞房 http://www.mormonnewsroom.org/facts-and-stats.（2014 年 12 月 20 日更新）。

8 這個估計是基於這些地方的分堂數目比其他地方為多。見宗派網頁〈世界分堂〉http://www.tbsn.org/chinese2/chapterindex.php 擷取於 2009 年 6 月 6 日。盧勝彥也曾提及這些地方的真佛宗分堂數目最多。參〈念頭的重要〉，（蓮花童子說法數碼錄音）儲存於 http://www.padmakumara.org/forum/viewtopic.php?t=7017 擷取於 2009 年 6 月 3 日。

9 見宗派官方網頁〈世界分堂〉加拿大和美國部份。刊於 http://www.tbsn.org/chinese2/chapterindex.php 擷取於 2009 年 6 月 6 日。

中就曾就美國信徒數目的相對細小而表示憂慮：

> 當我在台灣之際，我要說法時……即使只在事前
> 一星期才通知信眾，仍會有三萬五千人赴會。在
> 新加坡就會有六到七萬人！在馬來西亞，情況也
> 會相若！在西雅圖，就只會有數千人。這些數字
> 顯示我們在北美的弘法工作仍要加把勁！[10]

通過對真佛宗管理策略與弘法推廣活動的考察，可以了解宗派在國際上信眾人數和分堂數目快速增長的原因。[11]除了盧勝彥本人的個人領袖魅力和感召力以外，促進真佛宗的快速發展有三個因素：

（一）擁有一個中央的宗委會統籌世界各地之分
　　　堂，確保不偏離宗派宗旨。

（二）活躍會員在官方與非官方的渠道上均可以積
　　　極參與。

（三）擁有一個龐大的市場分銷網絡來幫助宗派的
　　　推廣。

雖然真佛宗在吸納操華語的信徒上很成功，但在英語世界中，如在加拿大和美國所建立的分堂，就沒有可媲美的成功。這些地方的分堂，仍主要由華僑所創立和

---

10 盧勝彥〈念頭的重要〉，參考網頁
　http://www.padmakumara.org/forum/viewtopic.php?t=7017 擷取於
　2009 年 6 月 3 日。

11 本論文是基於筆者的 2015 年的博士論文〈孤立的佛教團體 —— 真
　佛宗及其卡爾加里市白雲雷藏寺對社會的外展工作〉之研究成果
　（卡爾加里大學博士論文，2015 年）。

組成。[12]本文將嘗試解釋真佛宗在世界擴展的過程中所
遭遇的行政和文化上的挑戰！我們將從與真佛宗的弘法
人員代表的深入訪談，和依據筆者於該宗派在加拿大亞
伯達省卡爾加里市的一個分支：白雲雷藏寺所做的十六
個月田野調查中提供證據。[13]最後我們會為宗派的行政
人員提供一些策略與建議，希望能幫助他們達成西方弟
子增長的目標。[14]

盧勝彥的領袖魅力

據哥頓梅爾頓（John Gordon Melton 1942- ）的研究，
盧勝彥是通過他個人的領袖魅力權威來吸引龐大的信眾
群！[15]據道格拉斯巴尼斯，領袖魅力權威是：

> 領袖通過一系列的教導、獨特的個性或二者兼備
> 來引發群眾的對他的敬畏、遵從和委身！[16]

---

12 操英語的參與者指那些較喜愛用英語作口語，包括在海外出生的
　第二和第三代華人。
13 田野研究在 2012 年 9 月 1 日到 2014 年 1 月 31 日期間進行。此研
　究倚靠數據搜集、參與觀察、 23 個深入訪談來探索參與者的經
　驗。見筆者博士論文〈田野研究的不同階段〉之章節，頁 29-30。
14 本研究的假設是有組織的宗教團體是有益的，因為它們可以通過
　提供會員發展緊密的人際關係網絡的途徑和提供會員生命旅途上
　道德和情緒上支援，從而提高和促進會員的生活質素。研究的課
　題則是白雲雷藏寺董事會一次討論探討不出席同修的會眾的原因
　時所提出的。董事會的討論引發筆者結合學界和宗教界的關心來
　對多種族宗教團體進行研究。見筆者博士論文，頁 18-28 中有關
　偏見、假設和研究目的之詳細討論。
15 見哥頓梅爾頓：〈對魅力權的肯定 —— 真佛宗的個案〉,《澳大利亞
　宗教研究評論》, 20.3（2007）: 301。
16 道格拉斯巴尼斯：〈魅力與宗教領袖 —— 一個歷史的分析〉《宗教
　的科學研究期刊》, 17(1978):2。

　　領袖魅力權威需要參與者（領導和被領導者）雙方
的認可，並對領袖有認同和支持。巴尼斯以為，若沒有
恰當的社會條件，社會只會把潛在的領袖看成只是對無
關痛癢的事感到著迷的怪人而已！[17]巴尼斯以為有魅力
的領袖通常與超越或內在的神聖力量有密切連繫：「對
日常生活或現實以外的力量或存在，有一強烈的關係」。
[18]以盧勝彥的例子來說，他是通過獲得信眾對他的教導
的接納和對他擁有不同的超常能力之認同，確立了他的
領袖魅力。[19]

　　總結梅爾頓的研究結果，盧勝彥在真佛宗的權力是
建基於信眾對他的教導之接納和對他擁有超常能力之認
同。[20]梅爾頓的研究方向是審視盧勝彥如何累積精神上
的憑證和從佛教群體領袖中獲取認同。但領袖魅力若缺
乏組織策略和一群義工的協助和配合，在增長組織方面
的作用畢竟有限！

真佛宗宗委會的策略

　　1997 年 11 月，盧勝彥創立了宗委會來為宗派建立
一個行政機構。[21]這機構的宗旨是實踐宗派的目標、弘

17　道格拉斯巴尼斯，〈魅力與宗教領袖〉，頁 4。
18　同上註，頁 3。
19　梅爾頓〈對魅力權的肯定〉，頁 301。
20　同上註。
21　《真佛宗簡介手冊》，頁 48。

揚真佛密法和廣傳宗派的教導。[22]在為各雷藏寺、分堂、
同修會、其他被授權的組織和弘法人員當中建立一個清
楚界定的行政機構是非常重要的！[23]據《經濟學人》的
研究顯示，大教會的快速增長會迫使該組織採用類似商
業的模式來管理其突如其來增長的龐大組織！[24]

　　同樣地，真佛宗宗委會也採用了類似的策略來管理
宗派。真佛宗宗委會的成員是在宗派中選舉二十一位上
師來擔任的。[25]並再由得票最多的七位組成核心小組，
成為宗派的決策中心。[26]由真佛宗宗委會與宗派的永久
顧問，即盧勝彥出家前的妻子蓮香上師一起管理了宗派
的行政事宜。[27]核心小組以民主方式和諮詢盧勝彥來作
決策。[28]

　　真佛宗宗委會在統籌整個宗派發展中擔當了重要角
色，劃一了世界各地分堂的面貌、價值和實踐。宗委會
最著重的規條是收取捐獻的原則。宗派是禁止在任何服
務、活動和慶典上收取定額的費用，獻金必須是自願的！
[29]比如有信眾希望邀請弘法人員為家中壇城開光，弘法

22　同上註。
23　同上書，頁 48。
24　參〈耶穌、總裁 —— 教會的生意〉，刊於《經濟學人》377(2005):62。
25　真佛宗宗委會，〈第四屆助教考試手冊〉（德蒙德市：事佛宗宗委
　　會，2009），頁 98。
26　同上註。
27　同上書，頁 99。
28　同上註。
29　同上書，頁 123。

人員是不能為這項服務收取定額費用。這樣會使到所有信眾都有同樣機會享受宗派的服務。另外，宗委會為宗派內所有新開設的寺廟作授權和批核，但不會負責籌建的過程。[30]

又如熱心信眾若希望在自己的城市中成立分堂，均必須向宗委會提出申請，並獲得批准，包括籌款的權利！[31]若分堂違反規定，它與真佛宗的連繫便會被撤銷。同樣地，弘法人員的身份也會被取消！

舉例說，若有上師假借籌款建新廟而中飽私囊，宗委會便有權取消該上師在真佛宗裡上師的身份。[32]這些決定都會在宗派網站中公佈。2006年印尼海天同修會便因放棄盧勝彥的真佛密法而被取消分堂的資格。[33]

宗委會的管治還包括傳承的維持和授與代師灌頂之權力。上師可以代勝彥灌頂，但他們不可以自行收徒。[34]通過應用世俗的中央董事會和權力科層網絡之制度，真佛宗各分堂能在增長中仍保持一致的方向！

由於各分堂須得到宗委會的官方認可，它們與中央管理的機構關係遠比自己國家內其他分堂的關係來得密

---

30 同上書，頁104。
31 同上註。
32 撤銷與否視乎違規的嚴重性和次數。
33 參考2006年12月1日真佛宗宗委會：〈真佛宗宗委會宣告〉，《真佛宗官方網頁》，檢索日期：2014年2月23日。
34 真佛宗宗委會：〈第四屆助教考試手冊〉，頁104。

切。[35]然而基於各國的法律之差異，真佛宗宗委會不會
干預各分堂或同修會的法定結構和行政程序。

行政科層

除制定和執行規定外，真佛宗宗委會還負責對弘法
人員的中央培訓。通過對個體的弘法人員角色與任務的
清楚釐定，真佛宗強化了組織的行政效率。弘法人員的
角色透過宗委會制定制服的服飾清楚地公開展示出來！

弘法人員的角色有點像大學機構。行政架構和相應
的服飾由高至低分別如下：

盧勝彥穿褐紅色的喇嘛裝和龍袍，上師穿喇嘛裝和
黃領，教授師穿喇嘛裝和綠領，法師穿喇嘛裝和褐紅色
領，講師穿喇嘛裝和藍領，助教穿喇嘛裝和白領。受了
菩薩戒的同門穿黃色法衣和啡色外戒衣，其他同門穿黃
色法衣。各人的角色如下：

上師的角色

上師由男性和女性的法師組成，他們均由盧勝彥親
自封立。上師負責為同門灌頂、執行法務、代師向世界

---

35 真佛宗加拿大各分堂只有很低程度的相互接觸。大家都各有自己
的管理系統。有些分堂的管理是全權由董事會決定，由一名上師
領導，又或由上師向董事會提供意見。

傳法。這群上師有點像天主教會的主教，他們共有一百位，包括出家眾和在家眾。[36]上師代表了真佛宗的傳承，他們的使命是向世界弘揚真佛密法。[37]

舉例說一名上師可能花一年當中六個月的時間在自己所駐守的廟宇內履行法務，其餘時間則到海外各處沒有常駐上師的分堂弘法。上師的委任是基於他們在靈性上的德行和性格的模範，而非按他們出家的年資。[38]

教授師是為正在等待升任為上師的弘法人員而設，他們的責任與上師無異。[39]

法師有男有女，他們是宗派工作的主力，也是分堂的前線工作者；除個人修行外，主要負責廟宇日常運作事務。法師和上師都是宗派內最委身的志願工作者，他們都發了願出家而全職委身於教團工作，真佛宗內約有五百位出家法師。[40]

---

36 宗派創立早期，盧勝彥分別封立了出家眾和在家眾作上師。但自從 2000 年開始，他再沒有封立在家眾了，因為不想出現出家眾頂禮在家眾的情況，從而引起不良的對外形象！

37 真佛宗宗委會：〈第四屆助教考試手冊〉，頁 102。

38 靈性功德指在真佛密法上的修行成就，其中一個例子是與本尊的相應。模範性格的特徵是無我的服務、參與慈善工作、一個謙虛和忍耐的性格等。有些法師還有占卜、神算和與盧勝彥有前世因緣。釋迦牟尼在世時，出家眾的年資是完全按出家多久而算的！

39 沒有接受盧勝彥的親灌者為例外，因為自從 1999 年退隱之際，盧勝彥便沒有在場賜授出家戒。2006 年當盧勝彥完成他的靈修退省，教授師便獲升為上師。以上據 2013 年 11 月 3 日蓮文上師在卡爾加里白雲雷藏寺的演講。

40 數字由卡爾加里蓮者上師於 2014 年 3 月 12 日提供，但數字並不包括出家的上師。

　　真佛宗的上師和法師均由盧勝彥據一切有部的《根有律》和密宗傳承而公開封立的。封立儀式一般每年舉行兩次，一次在西雅圖，一次在台中；在這兩地盧勝彥都有居所。法師的封立是公開進行的，盧勝彥會剃去發願出家者的頭髮，大眾會同聲誦唸釋迦佛的聖號。封立時法師會獲發一張出家證書和一份真佛宗印製的戒律。女性出家者也是受具足戒，據盧勝彥的教導，在真佛宗內男女出家眾分別不大。

　　舉例說，女出家眾也可以被提升為上師，這樣她的地位便比一般男出家眾為高。女出家眾不用走在男出家眾之後。男和女出家眾有以下的規定：

> 男上師可以剃度男和女出家眾，但女上師只能為女出家眾剃度。出家十年以上的男出家眾可以為男和女的出家眾剃度。出家十年以上的女出家眾只能為女出家眾剃度。[41]

　　這些規定都是按照釋迦佛所訂立的戒律而釐定的。在剃度上所存在的男女不均等，事實上只存在文件上而從未實行過，因為到目前為止，真佛宗所有的剃度仍是由盧勝彥親自主持的！

　　雖然真佛宗法師是接受一切有部的《根有律》，實際上，他們日常生活和交往是較多依據七戒法、三十三

---

41 再者男出家眾可以還俗、又再出家，如是共七次。女出家眾還俗後便不能再出家。見真佛宗宗委會：〈第四屆助教考試手冊〉，頁101。

條真佛法師戒律，當中包括事師五十頌、十四密宗根本大戒和真佛宗宗委會守則。[42]這樣的優次代表了真佛宗簡化了過時的守則，也更新了規條和著重點，對傳承的特別著重便是一例。

出家與在家之別在於出家眾取名以一「蓮」字作首，以示重生於阿彌陀佛的蓮花大家庭中。法師出家後必須放棄世俗上的職業，只靠寺廟的補貼和信眾捐助為生，而且要守獨身。從宗派對法師責任的詳盡說明可見法師在宗派中的重要性。他們擔當了把教團內信眾維繫在一起的重要角色。他們的責任如下：

打掃廟宇、打理壇城、預備供品、負責日常供養儀式、主持喪禮、到醫院探望病患、為祖先神主牌上位、為各種儀式擇日、管理儀式的報名、帶領同修靜坐、說法、宣講盧勝彥教義。他們同時會充當信眾的私人輔導員、為他們家裡壇城開光、甚至為信眾看風水（若有此方面的訓練）。

在真佛宗出家眾中也採取商業管理模式，舉例說，在真佛宗加拿大亞伯達省卡爾加里白雲雷藏寺有兩種出家眾：永久住廟與臨時住廟。永久住廟者須居住於卡爾加里市並選擇全職於廟宇裡工作，[43]廟宇會提供每月津

---

42 宗委會守則共有 67 條，用來保護對盧勝彥的肖像和寫作之適當運用，也藉此維持真佛宗對外形象的一致性。見真佛宗宗委會〈第四屆助教考試手冊〉，頁 98。

43 出家眾不用住廟，他們住在附近的宿舍。放假的時候出家眾可以離開宿舍去買生活用品、辦理雜務、主持儀式如澆淨、給信眾家中壇

貼、醫療和牙醫保健計劃，廟宇董事會決定他們固定的工作時間和日期。[44]出家眾可從信眾得到額外的供養來支付他們到海外參與不同的法務活動。

盧勝彥每年的八月份（農曆七月下旬）都會在西雅圖華盛頓洲的雷德蒙市親自主持法會，出家眾都必須盡力出席。出家眾的「長住」身份是由董事會決定的，能否成為永久住廟的出家眾是取決於出家人履行責任的能力和能否與大眾建立融洽的關係。[45]

如同世俗的僱員一樣，出家人也得簽署受僱合約[46]。這些例子再進一步突顯了真佛宗的高度商業組織化之特性和其在地方上的行政策略；但每個分堂都有自己的管理方法和在經濟上完全獨立自主。

講師與助教的角色

上師是由盧勝彥親自封立的，講師和助教則是通過宗委會所設立的考試來選拔的。助教和講師都是熱心的

城佈置提供意見等。但出家眾除廟裡活動，一般只維持最低程度的社會接觸。上師不用住宿舍，他們可以找尋自己的居所。

44 暫住者沒有以上福利，但他們仍可接受會眾和訪客的供養。

45 法師必須以和靄、忍耐和慈悲的態度接待大眾。見〈長住和暫住法師約章〉（卡爾加里真佛宗白雲雷藏寺，2000）。

46 暫住資格一般給予三個月或更少，之後可申請長住資格，但是三年一約。見上註。在過去出家法師不論男女都不用簽署受僱合約，但因曾發生過有法師在沒有事先通知的情況下而離去，使廟宇無人看管，於是便有簽署合約之舉。可是並非所有真佛宗的分堂都有僱傭合約之政策！

同門，他們主要的責任是支持分堂的上師和法師。他們在法務上提供許多額外的支持。他們與一般熱心同門的不同在於他們能執行一些儀式，諸如為家中壇城開光、做早晚課和帶領同修。講師和助教都要求對盧勝彥的教導有深切的認識。講師尤需要有較多的實際經驗。在當過助教三到四年後，他們方可參加升任講師的考試。

講師和助教在宗派中是非常重要的，因為他們人緣好，又善於交際。因此他們成為宗派與大眾的公關橋樑，負責接待到訪的客人和廟宇與外間接觸工作。[47]埃德蒙頓市淨音雷藏寺的助教羅金斯基表示：「我們的工作是為宗派執行公共關係的工作」。[48]他曾協助過四十多場在醫院、學校、大學、老人之家、圖書館和信仰對談聚會中的演講。[49]

助教和講師還可以協助信眾們建立和諧共融的關係。因為他們熟悉廟宇的內部運作和文化，助教和講師能充當董事會與信眾間的中介者，通過把信眾的關懷傳達到董事會中，從而減少群體間的矛盾衝突。因為上師在宗派內的地位崇高，信眾不一定願意把投訴，特別把對僧人的不滿與他們分享。白雲雷藏寺蓮則法師以前是該寺的助教，名叫戴西。她表示由於她在家的身份，信眾較願意和她分享個人的生活和傾訴苦衷。董事局最終

47　羅拔洛斯基於 2013 年 8 月 23 日接受筆者的訪問。
48　同上註。
49　同上註。

以腦震蕩的方法來找出解決信眾申訴不滿的辦法，如派
出董事接觸投訴人。

在家義工的角色

除了上述宗委會的官方職位以外，還有義工幫忙各
分堂的工作。事實上義工的協調工作也是相當有組織
的。舉例說，在白雲雷藏寺的牆壁上都貼有每月義工的
工作分配時間表，列明每位義工負責工作的日期和時
間。[50]義工的工作包括公眾午膳的烹調工作、壇城的佈
置和拆除、招待客人、中英文翻譯、多媒體設備的工程
支援、攝影、收取法會報名表格、提供同修時的保姆服
務、廟宇供品售賣等。每月法會的時候，白雲雷藏寺都
有 120 位信眾參與，當中有三成都會當義工。義工在具
體工作的合作上也促進會眾間和諧相處。事實上若問到
訪者對白雲雷藏寺的觀感，他們表示感受到溫馨和廟宇
成為一家人的觀感。會眾都在廟宇的法務工作上扮演一
個重要的角色！[51]

當義工的誘因

義工在真佛宗的科層組織中幫助宗派形成一個凝聚
的群體，每位成員都有清楚界定的角色！在寺廟當義工

---

50 並未登記當義工和沒有被正式委派工作者，在他們到達廟宇時也
　會被邀請幫忙不同的工作。

51 基於筆者在 2013 年 1 月 26 日在卡爾加里白雲雷藏寺所做的訪問。

能提升自我和得着情感，並達致社區服務的理想和通過
服務以種下福報的種子，從而改善現世的生命。

　　白雲雷藏寺的董士會主席奇連曾表示，會眾感受到
真佛密法對他們的幫助，所以希望回饋宗派。[52]但不能
把義工的工作看成是理所當然的，所以每次的說法中法
師都會公開感謝和稱讚義工和參與者，這是說法的開始
和結束時的重要部份。

　　除了一般的道謝以外，在法會後都會宣佈捐助者的
名字。參與者所提供的經濟援助、義務工作、和情感上
的支持會不斷地被鳴謝。[53]在廟宇中有一句流行的話：
「有錢出錢、無錢出力」。宗派中設義工制服也大大增
強義工對工作的認同感，也能為個人在集體中所擔任的
角色作出明確的提醒。無論是口頭上或視覺上的認同，
都是一種認可、充權和同儕的鼓勵。淨奇如是分享她的
經驗：

> 每當人們聽到（宣佈）或看到自己的名字在佈告
> 板上，都會生起一種對自己貢獻的愉快和自豪。
> 這都會鼓勵大家繼續努力，因為大家知道各人的

52　奇連於 2013 年 1 月 26 日接受筆者訪問。

53　探訪者是指那些進到廟宇中的人，不論他們是否與一名家人同
　　行，又或只是一名好奇的過路人，又或是遊客而非參與者或宗派
　　成員。參與者乃指那些參與廟宇所舉辦的同修的人，但並未正式
　　皈依。同門是專指那些已正式皈依盧勝彥和真佛宗的人，他們已
　　接受皈依灌頂和填妥皈依表格。參與者和同門都會被算作廟宇的
　　會眾。探訪者由於他們沒有持續與廟宇發生關係故並未被算在內。

貢獻不會被忽略！[54]

如是廟宇和群體互惠的關係會得到延續，廟宇能回饋群體。義務工作還會強調平等的美德，因為不論貧富都會一起工作，所有會眾和參與的人都有機會從集體的努力中得益。很多探訪者和初皈依的信眾都表示深受感動。因為不論他們是陌生人與否、有捐獻否，他們一律被平等看待。薩巴阿拉希姆是一名大學講師，她於白雲雷藏寺聖誕週年派對時第二次到訪，她對與其他信眾一起獲贈一盒巧克力作禮物感到很意外。[55]雖然她不黯中文，但通過獲贈巧克力，她感受到被歡迎和被作會員來看待。[56]她說：愛是一種世界語言，雖然我不懂他們的語言，我在此仍感受到愛和被接納！[57]

出版和科技技術

真佛宗有一個很大的媒體網絡，多由義工負責營運，以推廣宗派的教義和活動。[58]當中包含七種主要的途徑：

（一）真佛宗出版一份雙週報名曰《真佛報》，通

---

54 基於卡爾加里白雲雷藏寺的同門會眾在 2013 年 11 月 30 日的反饋。

55 基於舒巴那謙於 2013 年 11 月 30 日的反饋。

56 同上註。

57 同上註。

58 除了主要的技術人員顧問以外，其他都是義務工作者。

過亞洲的雜貨店和世界各地的超市免費派發。真佛報有兩部份：頭版有娛樂和世俗新聞來吸引一般過路讀者。內容包括對亞洲和好萊塢名人、好萊塢最新電影、美國體育聯賽、時裝、旅遊、科學研究、健康、音樂等議題的討論。比如在 2013 年 12 月 26 日的頭版是關於由馬丁・史柯西斯（Martin Scorsese 1942-）執導《華爾街之狼》（2013）電影的文章。[59]背頁則是有關流行歌星碧昂絲・吉賽兒・諾利斯（Beyoncé Giselle Knowles-Carter 1981-）的最新音樂軟件。[60]

第二部份則是真佛宗盧勝彥的最新消息，包括他最新的說法內容、所著書上的詩歌和文章，還有其他信眾的文章、世界分堂和義工的活動的報導。這種策略與基督教運動中的耶和華見證人通過出版雜誌《警醒！》來吸引大眾注意一樣。這份雜誌有世俗要聞的報導，也有教人處理日常事務如壓力的文章。[61]與《警醒！》同時派發的是《守望台》，主是要吸引潛在的信徒，為他們提供一個從聖經看世界的視角。真佛報的第二部份也是要提供一個看世界新聞的佛教視角。這樣地，真佛報便凸顯了宗派要與大眾關心的議題保持相關性的重要！

據《經濟學人》的研究，教會增長是建基於開拓所

59　〈編者的話〉，《真佛運報》2013 年 12 月 26 日。
60　同上。
61　比如 2014 年 5 月號便是管理壓力的專號，見〈壓力 —— 管理它的鑰匙〉刊於《警醒》2014 年 5 月。

有傳揚他們訊息的可能渠道。這套用到真佛宗上亦合適，真佛宗的其他推廣渠道包括：[62]

（二）月刊《燃燈》雜誌，一部約 100 頁的中文雜誌，特色與真佛報相若。

（三）以五種語言包括中、英、法、印尼和巴西語建立的真佛宗網頁。

（四）台灣所建立的真佛電視網絡。

（五）以社交網站和視頻分享網站如臉書（Facebook）、谷歌短片網站（YouTube）、高清視頻播客網站（Vimeo）等來上載盧勝彥的最新說法視頻。[63]

（六）最重要是大燈文化，一間內部的出版社，負責出版、推廣和分發盧勝彥的著作往世界各地。美國的大燈文化與宗派的翻譯機關 ── 真佛翻譯小組合作出版不同語系的書。[64]內部出版社成功的原因在於它能以極快和頻密的速度，並以大眾化的價錢把書籍出版。出版社亦經常舉辦盧勝彥的簽書會來推廣他的書，每次在亞洲和在美國雷德蒙市都有五百到二千人出席此類活動。[65]

（七）真佛宗宗委會以大量的資源放在先進科技的

62　參〈耶穌、總裁〉，刊於《經濟學人》377(2005):62。

63　《真佛宗簡介手冊》，頁 46。

64　翻譯組所有組員都是義務工作者。

65　雷門市參與者的數目估計是基於 2013 年 8 月 24 日購買書籍人的數目。參真佛宗官方網站 2009 年 3 月 10 日的佈告：超過二百人出席於新加坡展覽會的簽書會。
http://tbsn.org/english2/news.php?classid=4&id=113 擷取於 2014 年 3 月 10 日。

運用上來穩住世界各地的聽眾。盧勝彥的說法和所主持的宗教儀式都以互聯網直播到世界各地。每逢世界性的活動，多部鏡頭和投影機把整個過程投影在大螢幕上。需要翻譯的都會獲發無線耳機。卡爾加里的白雲雷藏寺也用此方法來提供翻譯服務，把說法翻成英、中、越南等語言。大部份的出版和媒體網絡工作均由熱心義工擔任，需要專門人士來進行的世界視頻網絡工作則屬例外！

被認定作二祖的蓮寧上師（1965-）以為英語世界中弟子數目的緩慢增長，是與真佛宗在聘請合資格的翻譯來替宗委會工作碰到莫大挑戰有關。[66]因為沒有足夠的弘法人員和義工的幫助，宗委會被迫要聘請專人來翻譯。[67]比如盧勝彥在過往三十年的著作，當中只有一成被翻譯作英文。這還未把他的說法算在內！[68]

美國的大燈文化能按著盧勝彥的寫作速度來同步出版。但在 241 部著作中只有 20 部被翻譯成英文。[69]蓮寧上師表示他們曾嘗試在報章上刊登聘請翻譯的廣告，惟反應強差人意。[70]他把低回應率歸咎於對盧勝彥著作翻譯者在理論和經驗知識上的要求。[71]他解釋說：「弘法

---

66 筆者於 2013 年 8 月 22 日於雷門主給蓮寧上師所做的訪問。
67 同上註。
68 同上註。
69 同上註。
70 筆者於 2013 年 8 月 23 日在雷門市給蓮寧上師所做的訪問。
71 蓮寧上師相信有效的金剛禪定經驗是翻譯盧勝彥的教導如「九次第定」所必須的，這樣方能選擇適合的語言。因為讀者需要在個人修行上應用盧勝彥所說的技巧。以上是筆者於 2013 年 8 月 22 日在雷門市給蓮寧上師所做的訪問。

人員都有弘法的任務和自己修法上的需要，所以只能利用很少的時間來翻譯」。[72]他表示：「我們宗派規定要一日一修，故每天能應用的時間很少」！[73]

　　他進一步指出：宗派在華人社群中的增長速度之快，使宗派缺乏足夠的資源來應付。[74]但這並不表示在英語弘法方面毫無進展，只是相比之下不如華人群體之發展快速而已！事實上可從兩個因素得知，在英語世界群體中宗派也是持續增長的！

　　首先宗委會成立英語中央領袖訓練。2013 年 11 月宗委會在台中進行第五屆助教及講師的訓練和考試，面試也於同一地點進行。[75]這次聚會也是宗派第二次以英文進行訓練。雖然英語課程仍是初級基礎班，但學員由三名增至九名，代表了三倍的增長！[76]

　　這些數字在如此龐大的宗派中算是微不足道，但第一批的畢業生在推廣和增加盧勝彥教導的英文翻譯的工作上扮演了重大角色。奧克蘭的芮妮在美國大燈文化中扮演舉足輕重的角色，她組織翻譯員把真佛宗的喪葬儀

---

72 同上註。

73 筆者於 2013 年 8 月 22 日在雷門市給蓮寧上師所做的訪問。

74 同上註。

75 真佛宗宗委會〈真佛宗有關講師與助教的宣告〉見真佛宗官方網站 http://tbsn.org/english2/news.php?classid=1&id=378 2013 年 10 月 5 日擷取於 2014 年 3 月 12 日。

76 上師候選人均由相關的分堂推薦和資助。該課程除英語外還有中文和印尼語，分別有 71 人和 25 人參與。英語課程參與者有三分之一是白人，其餘均是第二代的中國移民。

式翻譯成英文。[77]可見第一批的畢業生正在通過翻譯工作來協助未來英語世界的信眾掃平信仰道路的語言障礙。[78]

如此一來，義工在中央的層面便發揮了廣泛的影響，並直接伸延到地區分堂。有義工幫忙推廣真佛宗活動，也同時減輕了弘法人員的責任。

第二個真佛宗弘法活動的增長指標是宗委會由倚賴個別分堂，發展到由宗委會負起英文翻譯工作的全責。1990 年初，美國聖布魯諾的紫蓮堂和新加坡的圓證堂率先把盧勝彥的作品翻譯成英文。[79]2010 年真佛翻譯組的成立與美國大燈文化合作，通過人力和財政上的注資，把翻譯的程序簡化。[80]後來，英文書的出版與中文書一起被宣傳，英文書因而銷路大增。中文讀者為他們的孩子、親戚和朋友購買英文書籍，若非如此，這些讀者不會自行購買。[81]除此以外，宗委會也會致力在確保互聯網的現場轉播中有英語的播放。

---

77 分別根據筆者於 2013 年 8 月 22 日給芮妮所做的訪問和筆者於 2013 年 8 月 23 日給羅拔洛斯基所做的訪問。

78 義務工作者的翻譯風格都是因人而異的，雖然真佛宗翻譯組有製定一些基本的翻譯水準和一個中央的基本詞彙。

79 基於對早期英文翻譯作品的統計。

80 《真佛宗簡介手冊》，頁 77。另見大燈文化官方網站 http://www.dadencharity.org/擷取於 2014 年 6 月 2 日。

81 這是筆者於 2013 年 8 月 25 日與英文簽書活動中的書籍購買者的個人交談和觀察。

英語群體中的緩慢增長

在我們於北美：雷德蒙、拉斯維加斯、洛杉磯、關島、奧克蘭、紐約和埃德蒙頓的訪問顯示，最少有七個分堂承認，在挽留華僑群體以外的信眾沒有長期的成功！他們集體的聲明表示，雖然經過多年的努力去吸引廣大的信眾，只有少數的非華裔信眾被成功地留在分堂中。美國分堂的蓮者法師表示：

> 從 1997 到 2002 年，我開始了每星期的英語同修，但沒有人參與。只有二至三人投身此項工作；也只有七到八人較常來幫忙！[82]

埃德蒙頓的羅金斯基每年於四周的學校、圖書館、醫院、大學、老人宿舍、原住民、監獄、跨信仰會議中發表約四十次演講。雖然他如此努力推廣宗派，他說：

> 只有五到七人（非操華語信眾）經常參加我們的同修，最多的一次也只有十五人！[83]

洛杉磯一如同修會的莫莉表示：

> 我們舉辦了一年的每週英語同修，但我們要結束了！因為沒有人來參與，最多的時候只有五人出現。[84]

---

82 筆者於 2013 年 8 月 23 日給蓮者上師所做的訪問。
83 筆者於 2013 年 8 月 23 日給羅金斯基所做的訪問。
84 筆者於 2013 年 11 月 9 日在台中給莫莉所做的訪問。

　　拉斯維加斯的亨利在當地的週年亞洲文化節中設立攤位來推廣宗派，[85]但結果與上述經驗相若！[86]

　　雷德蒙德的蓮寧上師說：

> 多年前，從 1983 到 1984 期間，也即宗派的草創期，是有許多高加索（外籍）人士。但他們都離去了！對不諳中文的人士來說，是很難坐在那裡學習的！翻譯是不能盡得原意！[87]

　　雷德蒙德的情況自宗派的草創期後一直沒有多大改變！2013 年 8 月雷德蒙德國際法會的聽眾，二千人當中只有不多於二十名非操華語信眾的參與者便可證實此事。這些參與者中有四份一是與他們的中國配偶一起參加，他們的配偶很多本身是義工或弘法人員的身份。

　　卡爾加里的白雲雷藏寺從 1992 年創辦以來，聲稱下了很多功夫創造一個和諧的宗教群體，使到加拿大人，不論是否操華語，能一起同修真佛密法。但根據我們與核心成員的訪談，他們在提供英語同修的努力上並不怎麼成功！

　　英語同修已提供了二十年，但每週參與的很少超過五人，新來者多不回頭。[88]若引用一些縱向調查數字，

85　筆者於 2013 年 11 月 19 日在台中給亨利窩夫所做的訪問。

86　同上註。

87　筆者於 2013 年 8 月 22 日給蓮寧上師所做的訪問。

88　見筆者博士論文有關〈探訪者數據〉的部分，頁 83-84。雷藏寺每年平均有 1,870 名日間探訪者，當中大約有 116 名是非華裔。足見探訪者是持續和穩定的！

一年來的英語每週同修，在新參與者中，只有五人間中回來。[89]五人當中又只有一人每週參與同修。

若以全年來訪者的數字來看，廟宇只能使百分四的非操華語來訪者再次造訪[90]，只有一人正式皈依，成功率相當於百分之一。[91]這些數字證明了廟宇董事會在吸納非操華語新信眾的工作沒有成果的說法。

文化挑戰

卡爾加里市白雲雷藏寺的縱向調查和個案研究顯示，真佛宗向非操華語群體擴展的最大障礙是在對自我及自我與世界關係中的文化差異，影響了宗派與社會的結合。[92]我們可以把研究的三個主要發現綜述如下：

（一）在處身於大群主流的操華語參與者當中，作為非操華語的少數群體，感到的威脅與不安減弱了英語世界參與者的參與意欲。

（二）西方世界中的理想群體是把個人自主、能和其他信眾分享對佛法的理解看得重。

（三）當能減低少數群體的不安程度，並且致力於培養信眾間的社交聯繫，皈依和參與的人數自然會提升。社交聯繫是促進宗教群體增長

89　大約每五星期一次。
90　見筆者博士論文，頁 84。
91　同上註。
92　本文的會眾是指一群信徒，包括在家與出家。

> 的有效動力，比起行銷、廣告、知性上的說
> 服來得有效。[93]

在卡爾加里白雲雷藏寺所觀察到的中、西同修群體社會行為差異可以用中、西文化世界觀的差異來解釋。

理查德尼斯比特（Richard E. Nisbett 1941-）在他的《思想的地理 —— 亞洲人和西方人如何思想不同》（The Geography of Thought: How Asians and Westerners Think Differently...and Why）一書中比較了中國和希臘哲學對世界的不同理解。他寫到：希臘哲學家把一切物件都看作由細小的微粒組成。[94]他說：「希臘哲學由個體開始分析 —— 分析人、原子、房屋 —— 都是他們的分析單位」。[95]這樣的一種世界觀導致他們有以下的社會參與方式和特點：

> 希臘人是獨立的。他們會通過語言上的爭辯來找
> 出他人以甚麼作真理。他們把自我看成獨立個
> 體，有獨特性，是一個從社會上其他成員不同的
> 個體，控制著自己的命運。[96]

關於中國人的主流世界觀是：

> 對中國人來說，世界的性質是世界是一團的物質

---

93 有關不同的弘法策略詳盡的成功率，見筆者博士論文〈對操英語的參與者之吸引來源〉，頁 178-180。
94 參理查德尼斯比特：《思想的地理 —— 東西方人如何不同地思考…及為何會如此？》（紐約：自由出版社，2003），頁 77。
95 同上書，頁 19。
96 同上註。

而非一堆分離的個體。看著一塊木，中國的哲學
家會見到一件天衣無縫的整體，又或是不同物質
的相入相即！[97]

由於把事物看成互相關連，尼斯比特以為中國人的
社會生活是相互依存的，而且著重和諧而非自由和真
理。[98]西方的思想堅持以個體的自由為價值，而中國人
則較愛集體行動。還有西方較愛獨特性而中國人對和諧
地融入群體有着偏愛！[99]因此，中國的社會關係有以下
的特色：

個體在與社會的關係中的目標並非要建立超越或
獨特性，而是追求在一個互相支援的社會關係網
絡裡的和諧，並且在成就集體目標中扮演一個角
色。[100]

哈威阿倫森在他的亞洲佛教群體的研究中也有類似
的發現。阿倫森討論西方文化中社交連繫是如何建立時說：

有些社會的群體性是建立在擴大的家庭、穩定和
清晰的角色、行為守則、共享的神話和禮儀、某
程度的非語言的情緒協調之上。我們（在西方）
的關係是創立於把自己塑造成個體，並在語言上
分享我們不同的感受，並與其他人一起發掘不同

97　同上書，頁 18。
98　同上書，頁 19。
99　 同上書，頁 61。
100 同上書，頁 55。

的自由抉擇。[101]

阿倫森還進一步解釋個體與佛教的關連：

> 佛教所在的文化多是把個人與大社會的關係看成是相互關連。很多北美的佛教徒則先天地以為實踐和表達個人是好的和對的！[102]

基於尼斯比特和阿倫森的觀察，世界觀和由之而來的社會特性影響宗教群體中如何與他人相處。

我們在卡爾加里白雲雷藏寺對義工所做的訪問，支持尼斯比特和阿倫森對不同社會模式的看法。當我們請受訪者對理想佛教群體環境特性作描述時，英語群體會比擬成一群有相同看法的獨立思想者。[103]舉例說，當參與者被問及他們對群體的定義會否包含個人為集體作出個人犧牲，比如以小數服從多數的原則來與人相處，就好像亞洲群體的情況，英語群體都表示反對這種對群體的看法。

團體訪談的結果可以反映在耶西博霍達的個人看法中。他經常參與週六早上同修，他以為：若個人感受到圓滿和自愛，個人犧牲是不需要的！[104]西方人較偏愛自主也可從中、西同修組中弘法人員不一風格的說法中看

---

101 哈威阿倫森：《在西方土壤上的佛教實踐》（波士頓，2004），頁 24。
102 同上書，頁 29。
103 關於研究所發現的詳盡討論，見筆者博士論文〈後現代文化與大故事之崩潰〉，頁 180-191。
104 筆者於 2013 年 9 月 27 日於卡爾加里所做的小組訪談。

到。在中文同修組同修後，法師的說法是採取有權威語調的。比如法師分享他如何克服一些不良習慣如無耐性和懶惰，他把他的經驗作為一個模範來給信眾介紹。當法師問大眾是否有問題，絕少有人發問。這種說法的風格有如一位智慧的老人把智慧傳授給他的學徒一樣，是典型的儒家孝道的價值。在中國人儒家的社會中，教導、嚴格的紀律和對社會責任的接納都非常被看重。[105]法師們因著他們的精神上和教導上的角色而受尊敬。因此避免發問是看成一種對更高的智慧和權威之尊重和敬意。

　　另一方面英文同修組的氛圍是較輕鬆和隨便的。迪奇是白雲雷藏寺的助教，他帶領同修超過十年。每週同修後他都會從盧勝彥的作品《智慧的光環》中朗讀一章，參與者都會分享他們從文章中所獲得的體悟，他們還常常分享他們個人掙扎的經驗和表達他們自己的見解。他們很注重表達情感、分享知識和平等看待不同的見解，而非著重權威的角色。受訪的英文組都著重在團體中的自主和作個人的選擇。操英語的參與者把他們看成是個體的匯集，而華語的參與者把他們看成是一個整體的構成部份。[106]

　　阿倫森以為，在亞洲的文化中，身份和個體是以在大我中自己所擔當的角色和責任來表達的。這與西方溝

105　拔潔米勒等編，〈在中國與美國家庭以個人故事作為社會化的媒體〉，《兒童的發展》68(6.1997):557。
106　筆者於 2013 年 11 月 2 日卡爾加里所做的大組訪談。

通兩個獨立自主的個體不同。[107]他這樣解釋：「當兩個人承認各自是分離的，他們便會通過談話來建立共同興趣。[108]在亞洲的文化中則會非常注重社交上的共融和溫馨，特別是在朋友間和家庭中」。[109]

我們可以用例子來說明，在卡爾加里白雲雷藏寺中，小孩子和成年的小孩的名字經常不會被知曉，他們常常被與他們的父母或祖父母連繫在一起。在中國文化中，家庭是以長者為代表，這突顯了儒家中的孝。有清楚角色界定的義務工作會再確認個體對團體的貢獻在於他在團體中扮演的角色。團體會不斷表揚義工的工作，藉此而顯示會眾做好本位工作的重要價值。這種確認有時會由法師來做，又或同門甚至通過個人所獲的滿足感來達致。

操英語的同門則視獨立個體為重要價值。英文組的同門視真佛密法為眾多靈性思想的一種，而非最理想的模範。操華語的信眾多傾向流傳治病與奇蹟的靈驗故事，這會強化盧勝彥作為蓮花童子和阿彌陀佛化身的消息。

英文組的同門著重以個人真理的角度來詮釋盧勝彥的教導。他們傾向從閱讀中得到啟迪，從而應用在個人的生活中，並通過公開討論而達至。在每月的中、英文組同時同修之際，英文組同門會有較多發問，即使要經

---

107 哈威阿倫森：《西方土壤上的佛教實踐》，頁 16。
108 同上註。
109 同上書，頁 15。

過翻譯。這個觀察並不表示操華語同門不著重從個人的真理來看盧勝彥的教導，但個人的修持在華人被視作私人的事，而他們更願意表達一種共同的統一陣線。華人的信眾傾向於跟從團體的路線來顯示團結和歸屬於團體。這是儒家的「忠」之表達，也顯示了團體對維持宗派團結價值的重視。

比如說，操華語同門常引用蓮華生大士的一句名言：敬師、重法、實修作為宗派的目標。[110]華語同門所擁護的是從上而下的知識傳遞方式。在西方同門來說，則偏重於通過彼此的分享和討論中的個人表達。

所以真佛宗現行以華人信徒為主的社交運作模式，是與西方信眾所期盼的理想佛教群體模式不太相容。基於上述在卡爾加里白雲雷藏寺對操英語與華語的信眾之社會模式觀察，真佛宗在西方人中的增長受到以下方面的限制：

（一）華人對和諧和盡力達至統一的看重與西方對獨立自主的價值相衝突。

（二）真佛宗弘法的從上而下架構挑戰了西方崇尚個人自由的理想。

（三）西方信眾經常感受到在華人為主的群體中，有會喪失自己個人自主的威嚇。

據阿姜對亞洲佛教群體的形容是：共同的理念是群

---

110 《真佛宗簡介手冊》，頁 50。

體是一致性多於共通性！[111]

　　雖然有文化價值上的差異，但真佛宗對不同宗教故事混合的接納卻是它吸引西方弟子的地方。盧勝彥開始的時候是一名主日學老師的基督徒，除了他的大乘和金剛乘的教導，他又混合了道家教導、中國民間祖先崇拜，鼓勵了信徒作跨宗派的討論和探索。這種特性有利於英語群體的增長。因為它給予個人空間去探索他們自己的信仰和從不同的故事中去發掘個人的生命意義。

　　團體是通過促進小組內的人與人關係而建立的。群體對訪客的友善歡迎是一個可取的特性，我們的個案研究發現能夠建立有意義的人際連繫方是留住信眾的關鍵。有意義的故事和對禪修的興趣都不足以把新來者留下和持續參與。把新來者留下來持續參與的訣竅是使操英語的信眾在一個大體是單一種族的群體中感到自在。這可通過一些小步驟達致，包括在同修前後多製造機會給參與者建立共融、給各人發個人邀請參與同修和加強社交活動等。

　　當會眾和參與者在同修以外一起的時間增多，人與人的接觸便會產生和加深。所以一些需要會眾長時間合作的社交活動能使新來者更有效地克服他們的害羞。這比起大型的聚餐更有效用；因為後者反而會讓新來者感到尷尬和不自在。

111　阿姜鐵那達摩，〈團體的挑戰〉，查理與瑪丁編：《西方的佛方—— 亞洲以外的佛教》（加州大學出版社，2002），頁 247。

建議的活動包括舉辦佛教樂器班、傳統中國舞蹈班、中文班、廚藝班。若缺乏人手就舉辦非正式聚會，讓個體能好好花時間相處比活動的形式來得重要。操華語的會眾通常會有家人陪同參與活動，但說英語的會眾則無此支援。這是由於語言隔閡和他們多屬離開陪伴他們一起成長的基督宗教來獨自尋找新的宗有關。若能策略地著重於建立良好的人際關係，真佛宗便能漸次增加西方參與者的參與次數，甚至皈依數目。

對未來增長的估計

在策略方面，我們建議分堂繼續支持中文與英文分開同修。當英文組同修增長至成員能成功建立他們的身份認同和聲音，而且對能比他們更強的集體覺得自在之時，分堂便能分配一些資源去使兩種同修再融合。以英文弘法在真佛宗由九十年代初方才開始。當適當的資源建立起來之際，可預計非操華語的信徒數目會慢慢增加。行政人員與義工都有責任推廣和促進非華語信徒對盧勝彥和宗派教導的接受度。可是這項工作是具挑戰性的，因為它需要一種對多數族裔的接納和消除文化歧視。基於我們對宗派在華人群體中成長因素的研究，我們估計宗派在操英語群體的增長會從現在擔起領袖位置的同門開始，而非由新加入的同門開始。當在宗派內義工人數增長時，操英語群體的留有率亦會續漸提高。這

是由於集體努力建造的團結所致！

2015 年最新的出席數字之增長

2013 年 5 月 26 日，多種促進混合群體的建議策略被提到卡爾加里白雲雷藏寺中的董事會考慮。建議都被熱心地參考，當中有一些策略被通過了。自從 2013 年 11 月建議被執行以來，從 2015 年 1 月到 2015 年 4 月的後續觀察顯示，英語組同修的數字持續倍增；更有三倍地增長的時候！

在 2013 年 3 月我們田野考察之初，在十二名同門中，參加同修的非操華語信眾每星期有二到五人。自從 2015 年 5 月以來，在廿四名同門中，每星期同修的非操華語信眾人數增加至七到十五人！因此，不單是同門的人數增加了，同門參加同修的次數也增加了！

2015 年 5 月起，每週平均非操華語信眾參加的人數是十二人，2015 年 8 月 14 日，英文組同修在艾伯塔省卡那那斯基斯山谷所舉辦的第一屆金剛乘退修營，有共十七名操英語的同門參加。參加率增長是由於以下實行的措施：

（一）有一條宣傳橫額被置於雷藏寺的前門，這樣就大大增加了社區四週的參加人數，因為這條橫額打破了過往大眾對雷藏寺的誤解，以為廟宇的活動都是為華人群體而辦的！

（二）當參與人數增加後，助教就更加倍用心與個別人士談話和溝通以促進人與人之間的聯繫。在交談的過程中，參與者常常與助教及雷藏寺同門分享個人煩惱，得到關心和情緒上的支持。

（三）雖然義工沒有增加雷藏寺聯誼活動的多元性，英語同修組的成員自發地組織同修後一起午膳。這類每週的活動創造了參與者之間的聯繫；這樣就增加了他們繼續參與的動力。因此留有率也隨之增加。

（四）英語組的成員之間的友誼連繫使他們也參與了雷藏寺的社會服務，參與者在這些社會外展活動中因而增加了彼此見面的機會。當友誼增強了後，他們在整個群體中的自在感覺也增加了，也導至皈依率提高了：在他們當初參加了活動的第四個星期後，有三位成員便自動尋求皈依真佛宗了。

（五）自在感增強了後，使成員有更高的參與率，這包括了每週的英語同修和每月的混合同修。英語同修組的成員也主動集體地出外尋找新的參與者和探訪者，這也增加了彼此創造一個混合群體的努力，這與過往只賴雷藏寺的助教的主動工作不同。甚至有幾次英語組參與的人數還比中文組的參與人數為多！

增長的基本要素

　　若真佛宗要在廣大的公眾群體中達到擴展的目標，我們建議有四點要素：

　　（一）必須發動一些義工來專門進行推廣工作。

　　（二）宗派內須注入適當的基金和資源來進行推廣的工作！

　　（三）對由改變服務而帶來漸次的增長結果必須有合乎現實的期望。

　　（四）對建立一個混合的群體的必要策略是忍耐、忍耐和更多的忍耐！

參考書目：

1. Aronson, Harvey B. *Buddhist Practice on Western Ground*. Boston: Shambala Publications, 2004.

2. Barnes, Douglas F. "Charisma and Religious Leadership: An Historical Analysis," *Journal for the Scientific Study of Religion* 17 （1978）: 1-18.

3. Ho, Jacqueline. "Insular Buddhist Communities and Attendance Patterns: The True Buddha School and the Calgary PaiYuin Temple's Outreach to the Wider Community." PhD diss., University of Calgary, 2015.

4. "Jesus, CEO; Churches as Businesses." *The Economist* 377 （2005）: 41-44.

5. Lu, Sheng-yen. "The Importance of Our Thoughts." *Padmakumara* [digital audio recording]; Available at http://www.padmakumara.org/forum/viewtopic.php?t=7017 （accessed on 3 June 2009）.

6. ＿＿＿＿＿＿＿＿*The Inner World of the Lake*. San Bruno: Amitabha Enterprises, 1992.

7. ＿＿＿＿＿＿＿＿*A Plethora of Scenic Splendours*. Singapore: Yuan Zheng Tang, 1995.

8. Melton, Gordon J. "The Affirmation of Charismatic Authority: The Case of the True Buddha School." *Australian Religion Studies Review* 20, no. 3 （2007）: 301.

9. Miller, Peggy, Angela R. Wiley, Heidi Fung, and

Chung-hui Liang. "Personal Storytelling as a Medium of Socialization in Chinese and American Families." *Child Development* 68 （June 1997）: 557-568.

10. Nisbett, Richard. *The Geography of Thought: How Asians and Westerners Think Differently . . . and Why?* New York: Free Press, 2003.

11. Tiradhammo, Ajahn. "The Challenge of Community." In *Westward Dharma: Buddhism Beyond Asia*.Edited by Charles S. Prebish and Martin Baumann, 245-254. Berkeley: University of California Press, 2002.

12. True Buddha Foundation. "Implementation of Rules Governing Selection of Assistant Dharma Instructor for the Year of 2013." True Buddha School Net [Official Website]. http://www.tbsn.org/english2/news.php?id=362&class id=1 （Accessed August 8, 2013）.

13. _____ "Fourth Dharma Assistant Examination Manual."Redmond: True Buddha Foundation, 2009.

14. True Buddha Pai Yuin Temple."Contract for Permanent and Temporary Reverends（Monks）." Calgary: True Buddha Pai Yuin Temple, 2009.

15. *The True Buddha School Introductory Handbook*. Oakland: US Daden Culture, 2008.

人名索引

關鍵字索引